走近 李宏塔
LIHONGTA

胡开建 叶 庆 著

上海大学出版社

图书在版编目(CIP)数据

走近李宏塔/胡开建，叶庆著.—上海：上海大学出版社，2023.10（2024.4重印）
ISBN 978-7-5671-4832-1

Ⅰ.①走… Ⅱ.①胡… ②叶… Ⅲ.①李宏塔—传记 Ⅳ.① K820.7

中国国家版本馆 CIP 数据核字（2023）第 190155 号

责任编辑　陈　强
封面设计　倪天辰
技术编辑　金　鑫　钱宇坤

走近李宏塔

胡开建　叶　庆　著

上海大学出版社出版发行
（上海市上大路99号　邮政编码200444）
（https://www.shupress.cn　发行热线 021-66135112）
出版人　戴骏豪

*

南京展望文化发展有限公司排版
上海华业装璜印刷厂有限公司印刷　各地新华书店经销
开本710 mm×1000 mm　1/16　印张19.25　字数267千
2023年10月第1版　2024年4月第3次印刷
ISBN 978-7-5671-4832-1/K·281　定价 62.00元

版权所有　侵权必究
如发现本书有印装质量问题请与印刷厂质量科联系
联系电话：021-39978673

序

一百年前的1923年4月15日,李大钊从北京专程来到成立刚刚半年的上海大学,为师生们作了题为"演化与进步"的演讲。这一年的下半年,他又到上海大学作了四次演讲。李大钊义无反顾、不避斧钺的壮举和深入浅出、精彩生动的演讲,充分体现了马克思主义的坚定传播者不懈的奋斗精神和精深的理论修养,为中国共产党组织在高校的创立和发展打下了坚实的基础。在这个值得纪念的年份,我欣喜地读到展现李大钊之孙、"七一勋章"获得者李宏塔的人物传记《走近李宏塔》。祖孙两人已相隔百年,但他们的高尚品格、奋斗初心却毫无二致,令人颇有"天涯共此时"之感。

早在30年前,宏塔任安徽省民政厅厅长时,我就从百姓口中听到他许多大公无私的模范事迹。现在读了胡开建、叶庆两位作者合著的《走近李宏塔》,知道了他更多"为生民立命"的感人肺腑的生动故事,禁不住潸然泪下,感慨万千。

宏塔不论在什么岗位上,都一直保持艰苦朴素的作风。哪里有困难他就奔向哪里,哪里有问题、有矛盾,他就去哪里与群众一起商量,找出解决的办法。从皖南到皖北,从淮河流域到大别山麓都有他的足迹。他深入群众,与群众打成一片;他热爱群众,群众喜欢他。他不拿群众一针一线,他见到贫困的人会自掏腰包;他先人后己,舍己为人,当厅级干部近30年并经手分配住房200余套,而他全家却长期住在只有55平方米的旧房子里。

宏塔这种高尚的品格不是天上掉下来的,是他自幼受到良好家教家风教育和熏陶的结果,是他长期坚持勤于学习、严于律己形成的。既是他内心深处道德情感的自然表达,又是持之以恒道德修炼的外在表现。

我比宏塔大11岁。他父亲李葆华任中共中央华东局第三书记时,我是华东局政治研究室年纪最轻、级别最低的研究人员。当时,他们家住在上海的以竹篱笆当围墙的康平路100弄,我这个未婚的单身汉就吃住在离他家只有几十米远的地方。我当时就听说宏塔在高安路小学和五十四中学读书时都是优秀生。

20世纪60年代初,我还听说过这样一个故事:上海市体委主任杜前去看望老领导李葆华书记,适逢宏塔兄弟俩放学回家。杜前问他俩喜欢看球赛吗,兄弟俩齐声回答说:"爱看。"几天后,杜前寄来了两张足球票。第二天,李葆华马上给杜前寄去一元四角钱(一张足球票价为七角)。杜前把此事说了出去,在市直机关和华东局机关广为流传。这也让幼小的宏塔懂得什么叫"一尘不染"。

宏塔上初中时,老革命靖任秋曾跟宏塔兄弟姊妹几人讲他们的父亲李葆华当选中共第七届中央候补委员的故事。他父亲是中共七大代表,因北方局的工作需要没能赴延安开会,却光荣地当选为中央候补委员。靖任秋拿出七大中委名单给他们看。他们在名单中找不到父亲的名字,靖任秋告诉他们:"赵振声"就是他们父亲的化名。宏塔回家后把此事告诉父亲,父亲神情凝重地告诉他:中共七大不仅把没有到会的选进去,而且还把已牺牲的烈士陈潭秋选进中委,因为不知道他已经于两年前牺牲在新疆,还以为他在狱中。中共七大的秉公办事,也教育了宏塔在人事安排上坚持大公无私,拒不搞歪门邪道。当然,他不搞歪门邪道,也会得罪那些企图搞任人唯亲、走歪门邪道的人,但宏塔毫不在意。

我们手中的这本《走近李宏塔》十分详尽地叙述了李宏塔同志的模范事迹,是传记,更是教材。

《走近李宏塔》一书生动地告诉我们,在新时代应当如何做人,应当如何做领导干部。我们的权力是人民群众给的,因此,权应当用在为人民服务上。脱离群众就是叛徒,违背群众利益就是罪过。《走近李宏塔》一书还告诉我们,领导干部怎样才能学会听取群众的意见,了解群众的呼声。顺耳的要听,逆耳的更要听,万万不可把附和当赞同,把吹捧当拥护。

楷模写楷模,楷模遍中国。《走近李宏塔》一书之所以有高度,有温度,是因为两位作者是用宏塔的作风来写宏塔。他俩不辞劳苦,走访宏塔的同事、领导和部下。访问者要尊重和服从被访者的时间,有几次在被访者滔滔不绝时,访问者却饥肠辘辘。两位作者不仅四处访问,而且还查档案、找线索,可以说是"搜尽奇峰打草稿"。初稿出来,他们又精益求精,不断修改。"为求一字稳",常常是写到深夜。就在我写序的过程中,作者又几次告诉我,书稿中哪里有改动。

宏塔今年74岁,还有很长的路要走。我相信,他几十年如一日,不管社会风云变幻,也不论是在顺境中还是逆境中,始终坚持从自身做起,廉以修身,廉以养德,廉以持家,廉以处事,传承良好家风,教育督促亲属子女和身边工作人员走正道的事迹,还会延续下去,也将会通过此书,被更多的人所了解,所学习,所践行。

邓伟志
2023年4月5日清明节之夜

目 录

引　言 001

第一章　立志铁肩担道义，更思妙手著文章 003

　　一、祖父李大钊 003
　　二、革命家风代代传 017
　　三、记忆中的少年时代 028

第二章　昂昂不坠青云志，脚踏实地当自强 039

　　一、难忘的军旅生活 039
　　二、在化工厂的日子 053
　　三、大学校园岁月稠 059

第三章　"五四"火炬映青春，朝气蓬勃显风流 067

　　一、从工厂到机关 068
　　二、青少年的知心朋友 075
　　三、干实事的书记 083

第四章　丹心如故私为公，肝胆披沥为民忧 095

　　一、查出来的好干部 096
　　二、民政连着民心 106
　　三、路遥知马力 117

第五章　闳言崇议倾全力，参政议政谱新章 129

　　一、乐做基层的代言人 129
　　二、献计献策总关情 135
　　三、不变的是心系人民 142

第六章　泮池杨柳今又绿，红色学府百年缘 153

　　一、历史可以作证 153
　　二、走进上海大学 157
　　三、守常党支部的荣誉书记 176

第七章　莫愁前路无知己，天下谁人不识君 190

　　一、老战友的情谊 190
　　二、倾力相助见真情 201
　　三、旧雨新知的不解之缘 209

第八章　老牛亦解韶光贵，不待扬鞭自奋蹄 223

　　一、乐亭再出发 224
　　二、义不容辞的传播者 234
　　三、小车不倒只管推 242

第九章　笙磬同音福瑞至，守常家风有人传 253

　　一、难忘母亲　 254

　　二、相濡以沫度天年　 268

　　三、自有后来人　 278

附录：李宏塔年表　 291

后　记　 294

引　言

2021年11月下旬，30多年前我们在安徽省共青团工作时的老领导、"七一勋章"获得者、安徽省政协原副主席、李大钊之孙李宏塔应有关单位邀请来上海作"李大钊清廉家风代代传"专题报告。在宾馆看望他的时候，随我们一同前往的陆金云提到他公司所在的练塘镇是陈云的家乡，有个陈云纪念馆，并建议李宏塔抽空去看看。想不到的是，李宏塔一口就答应下来。

李宏塔告诉我们，整整80年前的1941年，在延安的窑洞里，陈云曾为他的父亲李葆华与母亲田映萱的婚事专门找田映萱谈话。陈云笑着对田映萱说："李大钊同志的儿子应该有后代嘛！"

作为自己父亲母亲红叶之题的见证者，陈云的纪念馆李宏塔当然要去参观。

11月25日下午，我们陪同李宏塔到位于上海市青浦区练塘镇的陈云纪念馆参观。在这个建筑面积5 500平方米的纪念馆，李宏塔用了两个多小时仔细地观看、详细地问询，对陈云使用的每一件旧家具、旧衣服、旧餐具等展品都饶有兴趣。在一个精致典雅的酒瓶前，李宏塔停了下来，在认真阅读了展品简介后，又沉默了很久。

1992年10月，一家公司特制了一瓶酒送给已卸任中顾委主任的陈云，并在瓶身上印上了"献给尊敬的原中顾委主任陈云同志留念"字样。陈云听说后，坚决退回了这瓶酒。陈云纪念馆知道后，认为很有意义，特地征集了这个酒瓶作为馆藏展品，并作了展品说明。

陈云对于党风廉政建设一向非常重视。作为中共十一届三中全会决定恢复重建中央纪律检查委员会之后首任中央纪委第一书记,陈云一方面大刀阔斧领导平反冤假错案,一方面领导中央纪委狠抓执政党党风建设,把党风问题提高到"有关党生死存亡问题"的战略高度。陈云认为:中国共产党绝不能脱离群众。群众的拥护与支持是党的事业兴旺发达的根本。如果党内不正之风盛行,腐败现象滋生,必然损害群众利益,削弱甚至瓦解党的群众基础,动摇党的事业的根本,必然走向自我毁灭。重温陈云的这些论断,在今天仍然不失其现实意义。

"浓绿万枝红一点,动人春色不须多",看见李宏塔在思考,我们也深受触动。

李宏塔在想些什么呢?也许,他想到了党风廉政建设的任重道远,想到了好家风传承体现了"一屋不扫何以扫天下"的重要意义,想到了自己还能够为塑造良好的党风和社会风气出点什么力……

有感于此,我们觉得自己是不是也应该做点什么?要做,又该从哪里入手呢?

2022年10月10日,著名社会学家邓伟志教授向我们建议:李大钊清廉家风已传承四代,很不容易,大有加大向全社会宣扬力度的必要。特别是进入新时代,正如习近平总书记强调的,虽然我们党员干部队伍的主流始终是好的,但也要清醒地看到,当前一些领域消极腐败现象仍然易发多发,一些重大违纪违法案件影响恶劣,反腐败斗争形势依然严峻,人民群众还有许多不满意的地方。党风廉政建设和反腐败斗争是一项长期的、复杂的、艰巨的任务。反腐倡廉必须常抓不懈,拒腐防变必须警钟长鸣,关键就在"常""长"二字,一个是要经常抓,一个是要长期抓。既要狠煞歪风,更要弘扬正气。你们作为李宏塔的老部下,应该把从李大钊到李宏塔脍炙人口和不为人知的故事都付诸纸笔,通过这些文字使李宏塔祖孙三代人的清廉家风、崇高精神被更多的人知晓,为大家树立学习的榜样。

邓伟志教授的话令我们茅塞顿开。

当然,这是一个困难的任务,但也是我们静心学习、自我净化的一个好机会,义不容辞。

第一章
立志铁肩担道义，更思妙手著文章

> 苟犹在儿童或青年之期，前途自足乐观，优游乐土，来日方长，人生趣味益以浓厚，神志益以飞舞；即在丁壮之年，亦属元神盛涌，血气畅发之期，奋志前行，亦当勿懈；独至地球之寿，已臻白发之颓龄，则栖息其上之吾人，夜夜仰见死气沉沉之月球，徒借曜灵之末光，以示伤心之颜色于人寰，若以警告地球之终有死期也者，言念及此，能勿愀然。
>
> ——李大钊《青春》

李宏塔，曾名李虹塔，河北乐亭人，1949年5月28日（农历己丑年五月初一）出生于和平解放不久的北平。

李宏塔16岁参军，退伍后当过工人，上过大学，此后又先后在安徽省共青团、民政、政协等部门担任过领导工作。而最为特殊的是，他是李大钊的孙子、李葆华的儿子，是中国共产党成立100周年时中共中央颁发的"七一勋章"获得者。

一、祖父李大钊

提起李大钊这个名字，恐怕没有人不知道的。

李大钊，原名李耆华，字守常，1889年10月29日出生在渤海之滨的河北乐亭县大黑坨村。由于他牺牲得早，加上种种历史的原因，多数人恐怕

中国共产主义运动的先驱李大钊

李大钊之妻赵纫兰

也仅仅知道他是北京大学教授,是中国共产党的主要创始人之一,而对他短暂却不平凡的一生,对他曾经作出的巨大历史贡献知之甚少。

要讲李大钊,就不能不提他的妻子赵纫兰。"纫兰"之名取自屈原《离骚》中"纫秋兰以为佩"句。她与李大钊是同村人,父亲赵文隆与李大钊的祖父李如珍是多年的挚友,在李大钊尚未出生时,两家就订下了娃娃亲。

李大钊幼年孤苦凄凉。出生前父亲就已病故,不满两岁时母亲又去世。他由年迈的祖父李如珍抚养。李大钊10岁时,李如珍已年过七旬,缠绵病榻多年的祖母更是自顾不暇,全家亟须有个女人来操持。思量再三,李如珍和赵文隆按照当地早婚的习俗,让16岁的赵纫兰与李大钊完了婚。

赵纫兰嫁到李家,使这个艰难的家庭焕发出生机。特别是在李大钊祖母病逝后,她更是扛起了全家的重担。

乐亭当地民风淳朴,老百姓历来有关心国事和时事的传统。不管再穷,只要有口饭吃,卖田卖地也要送子弟读书。祖父对李大钊管教甚严,4岁时便亲自教他识字,并经常给他讲做人的道理,念叨百姓的苦楚,意欲把他培养成一位知书达礼、关心民生疾苦之人。

1902年,李大钊第一次参加童试便名落孙山。对此,他十分沮丧。但在赵纫兰的鼓励和支持下,他夙兴夜寐,发愤苦读,三年后再次参加童试,被录取为永平府中学堂学生。

不久,李大钊的祖父去世,家中陷入困境。李大钊不忍赵纫兰一人辛苦,遂萌生退学之意。赵纫兰深知李大钊自幼爱读书,不忍其半途而废,于是逼着他回到学堂。只要她的"憨坨"(对李大钊的爱称)需要,她可以不计较一贫如洗的生活,不计较他对家庭照顾不周,亦做好了随时可能做出更大牺牲的心理准备。只是那时她并不知道,自己的丈夫后来走上的,不是光宗耀祖的通衢大道,而是一条充满了动荡和危险的中华民族救亡之路。

1907年,李大钊考入天津北洋法政专门学校。其间一度加入中国社会党,主张民族、民主革命。1913年,李大钊得到天津绅士孙洪伊资助,东渡日本,入东京早稻田大学政治本科学习,开始接触社会主义思想。为表明自己救国救民的远大抱负，他依《方言》中"钊，远也，燕之北郊曰钊"改名李大钊。1914年他组织神州学会，进行反袁活动。1915年以留日中国学生总会名义发出《警告全国父老书》通电，号召国人以"破釜沉舟之决心"反对日本灭亡中国的"二十一条"。

在此期间，赵纫兰一边艰难地维持着李大钊的学业，一边在家中抚养儿女，心甘情愿地去成全李大钊的理想，不让家庭变成他的拖累。当他们的第一个孩子、爱女钟华因误诊病殁，赵纫兰悲伤得几近发疯。但她没有责怪丈夫一句，只是深深自责没有守护好女儿。

李大钊在《狱中自述》中记录了自己求学期间妻子任劳任怨的支持："钊在该校肄业六年，均系自费。我家贫，只有薄田数十亩，学费所需，皆赖内人辛苦经营，典当挪借，始得勉强卒业。"

"人生的最高理想，在于求达真理。"1916年5月，李大钊回到祖国。他先在北京创办《晨钟报》，热切期待着"振此'晨钟'"，"发新中华青春中应发之曙光"，"索我理想之中华，青春之中华"。后转至《甲寅日刊》任编辑，积极宣传民主、科学精神，抨击旧礼教、旧道德，致力于推动新文化运动，向封建顽固势力展开斗争。

1917年俄国十月革命胜利后，李大钊备受鼓舞，连续发表《法俄革命之比较观》《庶民的胜利》《布尔什维主义的胜利》《新纪元》等文章和演讲，热情讴歌十月革命。他以敏锐的眼光，深刻认识到俄国革命将对20世纪世界历史进程产生的划时代影响，并从中看到了中华民族争取独立和中国人民求得解放的希望。他曾断言"试看将来的环球，必是赤旗的世界！"

在学习和宣传十月革命的过程中，李大钊自己也实现了从爱国民主主义者向马克思主义者的根本转变，成为我国最早的马克思主义实践者和传播者之一。

1918年，经章士钊向北京大学校长蔡元培推荐，29岁的李大钊出任北京大学图书馆主任，后又任经济、历史等系教授，参与编辑《新青年》，并和陈独秀创办《每周评论》。他将自己负责的《新青年》第六卷第五号编成"马克思主义研究"专号，并协助北京《晨报》副刊开辟"马克思研究"专栏,发表了一系列介绍马克思生平、学说和贡献的文章。他还与王光祈等发起成立"少年中国学会",毛泽东、恽代英、邓中夏、李达、蔡和森、赵世炎、张闻天等都曾参加过这一组织。该学会很快成为新文化运动中参加人数最多、存在时间最长、影响最大的组织。在"少年中国运动"过程中,李大钊以"青春中华之创造"为题确立了"青春中华"的基本含义:"青春","非由年龄而言,乃由精神而言;非由个人而言,乃由社会而言。"李大钊认为,复活民族精神之"青春中国"运动的主要方式,是倡导"厚青年之修养,畅青年之精神,壮青年之意志,砺青年之气节"。李大钊指出:"国家不可一日无青年,青年不可一日无觉醒",先有青年"自我觉醒之绝叫",后有"众之沉梦赖以惊破"。

为了常年分处异地的一家能团聚,也为了多尽一些为夫为父的责任,李大钊将赵纫兰和儿女接到北京。他深知妻子睡惯了农村土炕,便拆掉家里的床,做了一个和老家一模一样的土炕。炕盘好后,他看着妻子心满意足地坐在上面,唤着他"憨坨"的名字,并为孩子们飞针走线地缝缀衣服,倍感家庭生活的温暖。

李大钊与赵纫兰,一个是学贯中西的大学教授,一个是目不识丁的家庭妇女。在当时的人看来,两人有云泥之别,实不般配。当有人劝李大钊休妻再娶时,却遭断然拒绝。于李大钊而言,赵纫兰如姐、如母,更是他最爱最尊重的妻。李大钊曾回忆说,赵纫兰就像个大姐,自小就对他无微不至地照拂。他忘不了她每日端上桌的热气腾腾的饭菜,忘不了她在煤油灯下纳底缝衣,忘不了家徒四壁时她却毅然将他送进学堂,更记得在相继失去孩子时她大恸失声的悲楚,记得她从不曾阻止他前进的脚步,与他一起呵护种在他心中的理想之苗……

一次客人造访,误将赵纫兰认作保姆。赵纫兰也深感与李大钊之间的差距,此后再有客人来访,便自觉地躲起来,尽量不给她的"憨坨"丢脸。看到妻子的窘迫,李大钊便握着她的手,热情地把她介绍给到家里来的同志和朋友。他还帮助妻子换衣服,扣扣子,细心地拉平衣襟。在大学里李大钊是教授、学者,可一回到家里就帮妻子做饭、照料孩子,没一点教授、学者的架子。闲暇时,李大钊就教妻子读书认字,使她能够"读懂《红楼梦》"。他常对客人说:"革命者对待爱情,不能像那些纨绔之人,当了官就另交朋友,发了财或地位变了就改娶老婆。"

1919年五四运动爆发,李大钊参与并领导了这场中国近代历史上第一次彻底的反帝反封建的爱国运动,最早公开提出了建立全国性统一的共产党组织的主张。李大钊积极营救在五四运动中不幸被捕入狱的陈独秀出狱。为保障陈独秀的安全,李大钊扮成车夫,护送陈独秀经天津乘船去上海。陈独秀原名陈庆同、陈乾生,字仲甫,"独秀"本来是他的笔名,而李大钊也曾经给自己取笔名"孤松"。在途中,两人就建党问题交换了意见,成为"南陈北李,相约建党"的开始。"孤松独秀",成就了中国共产党历史上的一段佳话。

五四运动的爆发和马克思主义的传播,为中国共产党的成立做了思想上和组织上的准备。在这场运动中和运动后,李大钊更加致力于马克思主义的宣传。他在《新青年》发表的《我的马克思主义观》,系统介绍马克思主义理论,在当时的思想界产生了重要影响。

1920年3月,李大钊与刘仁静、邓中夏、高君宇、黄日葵等在北京大学发起组织马克思学说研究会。同时借助自己是图书馆主任的便利,搜集、选购了许多马克思主义方面的藏书,如《共产党宣言》《社会主义从空想到科学的发展》《哥达纲领批判》《家庭、私有制和国家的起源》《法国1848年—1850年的阶级斗争》《法兰西内战》《费尔巴哈与德国古典哲学的终结》《国家与革命》等。

1920年10月,李大钊又与张申府、张国焘等三人在北大红楼发起成立共产党在北京的早期组织北京共产党小组,后又吸收罗章龙、刘仁静、邓中夏等参加。同年秋,他还领导建立了北京社会主义青年团,并积极推动建立全国范围的共产党组织。

1921年7月,中国共产党在上海召开第一次全国代表大会。当时李大钊除了担任北京大学图书馆主任、教授外,还兼北京国立大专院校教职员代表联席会议主席,并被选为北大评议会评议员。评议会是该校的最高权力机构,由教授互选产生,每年改选一次。从1920年至1923年,李大钊连续四年当选。时值学年终结期间,李大钊除本职工作外,还要全力领导已持续几个月的反对北洋政府拖欠教育经费的"索薪斗争",无法亲自前往上海出席会议。据张国焘回忆:"上海、北京和广州各地同志们互相函商的结果,决定于六月中旬在上海举行中国共产党第一次全国代表大会……各地同志都盼望李大钊先生能亲自出席,但他因为正值北大学年终结期间,校务纷繁,不能抽身前往。结果便由我和刘仁静代表北京支部出席大会。"

李大钊很早就开始注意研究农民问题。他说:"在经济落后沦为半殖民地的中国,农民约占总人口百分之七十以上,在全人口中占主要的位置,农业尚为国民经济安家落户基础。故当估量革命动力时,不能不注意到农民是其重要的成分。"又说:"在乡村中做农民运动的人们,第一要紧的工作,是唤起贫农阶级组织农民协会","中国的浩大的农民群众,如果能够组织起来,参加国民革命,中国国民革命的成功就不远了。"李大钊还亲自到中共北方区党委开办的第一个党校以"土地与农民"为题给学员讲课。讲课内容陆续发表在1925年12月30日至1926年2月3日的《政治生活》刊物上,后被毛泽东收入农民运动讲习所教材。同时,李大钊组织国共两党党员深入农村,建立农民协会和武装,使直隶、内蒙古、山西等地的农民运动迅速发展起来,令帝国主义和反动军阀惴惴不安。

在此前后,李大钊还直接领导了对产业工人的组织发动工作。他把"五一"劳动节作为双向互动的时机,坚持每年进行大规模宣传活动。1920年的五一节,《新青年》出版"劳动节纪念号",以李大钊的《"五一"运动史》作为发刊词,介绍国际劳动节的由来。同时登载孙中山题词"天下为公"、蔡元培题词"劳工神圣"、陈独秀的《劳动者底觉悟》及《上海厚生纱厂湖南女工问题》、唐山等地的劳动状况调查等。当天,李大钊还在北京大学组织召开了有500多名工友和学生参加的纪念大会。会后,又安排工读互助团成员分乘两辆汽车到东西城游行,宣传"劳工神圣""劳工万岁",散发《五月一日北京劳工宣言》,与当天上海、广州、九江、唐山等各工业城市工人群众的集会游行相呼应。这是中国历史上第一次以大型活动纪念"五一"劳动节。1921年5月1日,李大钊安排邓中夏等到长辛店机车车辆厂教工人们唱由他指导北京大学学生创作的《五一纪念歌》,宣传五一国际劳动节的意义,鼓舞工人斗志。1922年5月1日,李大钊在北京高师工学会、北大马克思研究会、北京学生联合会举行的五一纪念大会上,作题为"五一纪念于中国劳动界的意义"的演讲。1923年5月1日,李大钊署名T.C.L在《晨报》副刊发表《工人国际运动史》,对世界工人阶级的国际组织演进做了翔实的介绍。1924年5月1日,李大钊在《北大经济学会半月刊》上发表题为《这一周》的短文,指出五月里有五一纪念日、五四纪念日,五月五日是马克思诞辰、五月七日是日本帝国主义提出致我国死命的"二十一条"的国耻纪念日。1925年5月1日,李大钊在广州出席全国第一次劳动大会和全国农民代表大会并发言。1926年5月1日,李大钊在中共北方区委刊物《政治生活》第76期发表《马克思的中国民族革命观》,把马克思的《中国及欧洲的革命》全文翻译成中文,介绍给广大读者。

李大钊特别关注京汉铁路沿线的工人运动。1921年3月,他亲赴郑州了解工运工作。他在工人夜校的黑板上先写了个"工"字,又在下面写了个"人"字,解释说两个字连起来就是"天"字,勉励工人们自立自强、组织起来争取自己的权利,并指导成立了郑州铁路工人俱乐部。可以说,在京汉铁路沿线工会组织的建立、京汉铁路总工会的成立,以及1921年11月陇海铁路工人为反对资本家压迫、剥削而发动的全路大罢工,1922年8月郑州京汉路工人为支援长辛店工人反对工头压迫和争取工人权利的同盟罢工,1923年为反对军阀吴佩孚暴行的京汉铁路工人大罢工(史称"二七"大罢工)和1922年反对英帝国主义、要求增加工资改善待遇的开滦五矿工人大罢工中,李大钊都发挥了不可替代的领导作用。这是中国共产党领导下的第一次大规模工人运动的高潮,意义重大,影响深远。因此,北京政府发布了对李大钊的通缉令。

1922年7月,中国共产党第二次全国代表大会在上海召开。李大钊原本是准备出席中共二大的,但因临时有事不能与会,故由他的学生高君宇参会（后高君宇成为中央执行委员会五位成员之一）。

二大是中国共产党历史上一次十分重要的会议，会议第一次将党在民主革命中要实现的目标同将来进行社会主义革命要实现的长远目标结合起来，不仅明确提出反对帝国主义、反对封建主义的民主革命任务，还指出要通过民主革命进一步创造条件，实现社会主义和共产主义。这是中国共产党人对中国国情和中国革命问题认识的一次深化，是党把马克思主义基本原理同中国革命实际结合的一个重要成果。它为灾难深重的中华民族获得独立和解放、为中国革命的正确进行指明了方向。

中共二大还决定，中国共产党正式加入共产国际，但共产国际代表并没有参加二大。直到大会闭幕后的8月12日，被委任为共产国际和红色工会国际代表的共产国际执行委员会委员马林才从莫斯科抵达上海。根据共产国际指示，马林的新使命就是促成国共合作，共同进行"国民革命"。

1922年8月29日至30日，中共中央执行委员会在杭州西湖召开特别会议（史称"西湖会议"）。

人们一定非常好奇，为什么在二大召开仅仅一个月后，中共中央执行委员会要召开这次特别会议？且缺席中国共产党一大、二大并且不是中央执行委员的李大钊为何特别受邀在百忙中参加这次特别会议？会议的主要议题又是什么呢？

据北京师范大学历史学院特聘教授、中国李大钊研究会副会长侯且岸介绍，马林到上海后，认为中共未能落实共产国际指示，未能解决与不同党派合作的问题。并了解到，孙中山只同意中共和青年团分子加入国民党，服从国民党，而不承认党外联合。因此，必须立即改弦更张。他需要得到更多的支持，特别寄希望于同国民党上层有着信任关系的李大钊能参与其中，使会议有令人满意的结果。马林迅速制订计划，与陈独秀、邓中夏等会谈后决定，邀请李大钊参加会议，并亲自在"8月27日，与张国焘和李大钊教授讨论工作"。

此时的李大钊仍异常忙碌，他正全力协助蔡元培校长在北大进行教育改革，组建新式研究机构——研究所。8月17日，他正在北京，与蔡元培、胡适接待苏联驻华代表越飞。接到马林的电报后,他感受到马林的苦衷,认识到实现国共合作的难度和党内重大分歧所在,于是决定利用暑期间隙赶到杭州参会。

参加"西湖会议"的有共产国际代表马林,时任中央执行委员会委员长的陈独秀,中央执行委员张国焘、邓中夏、蔡和森、高君宇,以及李大钊和张太雷(时任青年共产国际执委,为会议担任翻译)。会议主要任务是为国共合作统一认识,做好准备。

会议一开始并不顺利。马林通报的共产国际关于与国民党实行合作的指示,特别是共产党员无条件加入国民党,共同进行"国民革命"的要求,与中共二大刚刚通过的关于建立"民主联合战线"、组织"民主主义大同盟"的决议不同,引起了与会者激烈的争论,而且持反对意见者占多数。

"西湖会议"最后是如何经过争论形成共识,并通过了"决议"的,现在已不得而知。但张国焘对此有个回忆,比较具体,可供参考。他认为,是李大钊的意见打破了僵局,使会议发生了关键性逆转。张国焘回忆说,"我和蔡和森发言反对马林这种主张","国民党是一个资产阶级政党,中共加入进去无异于与资产阶级相混合,会丧失它的独立性"。"如果组织一个联合战线的委员会,可以推孙(中山)为主席",因此,"我们要求不接纳马林的主张,并请共产国际重新予以考虑","陈独秀先生也反对马林的主张,而且发言甚多"。面对激烈的反对意见,"李大钊先生却采取了一个调和的立场"。他认为,"联合战线不易实现,采取加入国民党的方式是实现联合战线的易于行通的办法"。"李大钊先生根据他的这种看法,向我们疏通,认为有条件的加入国民党和中共少数领导人加入国民党去为两党合作的桥梁,是实现第二次大会既定政策,同时避免与马林乃至共产国际发生严重争执的两全办法"。

"西湖会议"最终采纳了李大钊的建议,"以一种谅解的方式"结束了关于"党内合作"的争执。并决定由李大钊代表中共中央赴沪与孙中山会面,商定国共合作大计。这是中国共产党历史上第一次以理性处理党内重大分歧、化解党内矛盾的成功实践,难能可贵。而在这个过程中,李大钊发挥的作用最大。

"西湖会议"一结束，李大钊立即前往上海，与孙中山会面，开启了国共两党高层的第一次直接接触。关于这次会面的历史资料留存不多，但李大钊在自己的《狱中自述》中做了比较清晰的记述。李大钊写道："大约四五年前，其时孙中山先生因陈炯明之叛变，避居上海。钊曾赴上海与孙先生晤面，讨论振兴国民党以振兴中国之问题。曾忆有一次孙先生与我畅谈建国方略，亘数时间，即由先生亲自主盟，介绍我入国民党。是为钊献身中国国民党之始。"

1922年9月17日，李大钊接受日文《北京周报》记者采访，介绍了他与孙中山会面的情况，以及对中国统一的看法。其中，他特别提到要"改组中国国民党"。他说，孙先生"目前正在改组中国国民党，使本党能有更多的工人参加进来。这样经过改组后的大政党，一方面要讨论政治手段的运用，作一般政党应作的工作；另一方面，为了谋求社会的根本改革，还要努力唤起民众的觉醒，归根到底是要把它建成一个群众革命的先锋组织"。

1923年6月，李大钊到广州参加中国共产党第三次全国代表大会，会议正式通过了国共合作的决议，共产党员以个人身份加入国民党，帮助国民党改组成为民主革命联盟，同时保持共产党在政治上和组织上的独立性。会议期间，孙中山特邀李大钊会面，进一步商讨国民党改组问题。

为了参与改组国民党，李大钊率先加入了国民党。在李大钊的带动下，蔡和森、张太雷、张国焘、毛泽东等也相继以个人身份加入国民党。1924年1月20日至30日，中国国民党第一次全国代表大会在广州举行。按照中共三大的决定，共产党员李大钊、谭平山、林祖涵、张国焘、李立三、瞿秋白、毛泽东等20多人参加会议。为了出席国民党一大，李大钊不得不临时停掉了正在给史学系开设的"史学思想史"和在政治学、经济学两系讲授的"社会主义与社会运动"课程，为国共合作的最终实现发挥了无以替代的重要作用。

李大钊被孙中山指派为大会主席团成员。大会审议并通过的《中国国民党第一次全国代表大会宣言》草案，确定了联俄、联共、扶助农工的三大政策,并对三民主义作了新解释,称之为新三民主义。新三民主义的政纲同中国共产党的民主革命纲领在基本原则上是一致的,成为国共合作的共同纲领。共产党员李大钊、谭平山、于树德、毛泽东、林祖涵、瞿秋白、张国焘、于方舟、韩麟符、沈定一等当选为中国国民党中央执行委员或中央候补执行委员。共产党员谭平山、林祖涵、彭湃等还担任了国民党中央党部组织、农民、工人等部门的部长或秘书。随后,在北京翠花胡同8号设立了中国国民党北京执行部和北京市党部,李大钊任执行部负责人,勉力维系着国共合作,同破坏国共合作的国民党右派进行坚决斗争,一直到1926年3月国民党"二大"后取消执行部。

1924年6月,李大钊作为中国共产党首席代表,率王荷波、罗章龙等至苏联出席共产国际第五次代表大会,并在大会上作报告。会后,他被任命为中共驻共产国际代表。11月,李大钊根据中共中央指示回到北京,任新成立的中共北方地区执委会负责人,领导北方各地党组织深入各阶层开展工作,发展党员。

在1926年发生的"三一八"惨案中,李大钊和赵世炎等一起主持天安门前的反对帝国主义集会并参加群众在铁狮子胡同的请愿示威,险遭不幸。事后,段祺瑞执政府紧急下令,以"假借共产学说,啸聚群众,屡肇事端"的罪名,通缉李大钊。虽然李大钊总是将自己的行踪告诉妻子,但面对敌人的询问,无论威逼还是利诱,赵纫兰始终守口如瓶,即使枪口对准了她,她依然镇定自若,展现出了不同于一般女子的坚定和勇敢。

1926年4月18日,张作霖占领北京,加紧对共产党人的迫害。国民军一位旅长恳切要求保护李大钊出京暂避,遭到婉拒。李大钊转入地下坚持工作,并于3月底将国共两党北方领导机关迁入东交民巷苏联驻华使馆西院的旧兵营内。在李大钊领导下,至1927年2月,仅北京一地,共产党员就由300多人发展到1 000多人,国民党员也由2 000多人发展到4 000多人。

1927年4月6日,在获得帝国主义公使团默许后,张作霖悍然派兵闯进苏联驻华使馆,将李大钊与妻子赵纫兰、两个女儿,连同国共两党北方领导机关和苏方人员共80余人逮捕。

在法庭申辩时,李大钊看到妻儿,平静地对法官说:"我妻子是个乡下人,我的孩子年纪都还小,她们什么也不懂,以前都跟他们没有关系……"那是赵纫兰最后一次听到李大钊说话。她与他铁栅相隔,咫尺之遥,却成无法逾越的天堑,只看到他眼中的万般不舍,与视死如归。

在生死抉择面前,李大钊首先考虑的是如何在恪守原则的前提下采取灵活的斗争策略,避免共产党组织再次遭受破坏,如何最大限度地保护被捕同志。在监狱中,在法庭上,李大钊始终大义凛然,用血迹斑斑的双手写下《狱中自述》,利用国民党党员身份合情合理合法地进行答辩,天谈国民党方面的事务,闭口不谈共产党的事务,或者只谈共产党与国民党合作有关的事务,尽量撇清和苏联、共产国际方面的关系。最后,连法官也不得不承认李大钊"素来光明磊落","无确供"。但张作霖必欲置李大钊于死地而后快,不顾社会舆论的强烈反对,仍匆匆忙忙判处了李大钊等革命者的死刑。4月12日,蒋介石在上海发动反革命政变。4月15日,广州也发生反革命政变。一时黑云滚滚,白色恐怖笼罩四方。

"出师未捷身先死,长使英雄泪满襟。"1927年4月27日,赵纫兰与孩子被释放回家。4月28日下午2时,李大钊等20人被押至司法部街后面的刑场执行死刑。李大钊第一个走上绞刑台,他步履从容,神色自若。当行刑官问李大钊对家属有何遗嘱时,李大钊镇定地说:"我是崇信共产主义者,知有主义不知有家,为主义而死,分也,何函为?"说完,他用眼一一扫过19位即将与他一起遇难的同志后,将头伸进绞环,连声高呼"为主义而牺牲",从容就义,时年38岁。

得知李大钊被残忍杀害的消息,赵纫兰一病不起。此时的她刚生下小女儿才三个月。"悲痛号泣,气绝复苏者数次,病乃愈加剧,以致卧床不起。小儿女绕榻环立,其孤苦伶仃之惨状,见者莫不泪下。"

李大钊牺牲后,全家陷入困顿不堪的境地,甚至无钱为他下葬,灵柩只能先后暂停宣武门外的妙光阁长椿寺和浙寺。赵纫兰遵照丈夫的遗嘱、在众多朋友的帮助下,强撑起柔弱的身躯,带着四个孩子回了乐亭老家。

六年后，赵纫兰自感时日无多，遂请求北大出面将丈夫妥善安葬。当时的中共党组织征求赵纫兰意见，希望借李大钊的下葬仪式来举行一场声势浩大的示威游行。赵纫兰毫不犹豫地说："李先生是属于党的，他是为革命而死的，党组织怎样指示，就怎样办吧。"

"为革命而奋斗，为革命而牺牲，死固无恨；在压迫下生活，在压迫下呻吟，生者何堪！"1933年4月10日，在征得赵纫兰同意后，蒋梦麟、周作人、胡适、傅斯年、沈尹默、钱玄同等13人联合发起向社会募捐活动，决定为李大钊举行公葬。据统计，捐款者多达94人，共捐款2 300多银元。梁漱溟、白眉初、李青峰、李凌斗等人捐款购买了一副上好的棺椁重新装殓李大钊遗体。

4月23日，虽然国民党政府重重阻挠，甚至派宪兵现场抓人，仍有700余人参加了由河北革命互济会出面举办的公葬活动，沿途祭奠送别的更达数万人。遗憾的是，李大钊棺木虽得以安葬，由刘半农撰写碑文的墓碑终因反动当局的阻挠未能立于李大钊墓前。

"你是为穷苦大众而生的，我是为你而生的。"在李大钊灵柩下葬不久，赵纫兰由于悲痛过度，加之积劳成疾，于1933年5月28日（农历五月初五）离开人世，被葬在李大钊墓旁，时年49岁。

1936年6月，为表彰赵纫兰对中国革命的突出贡献，她被中共河北省委追认为中国共产党党员。

有人可能觉得，李大钊既没有出席中国共产党的一大和二大会议，也没有在一大和二大会议上被选为中央领导人，是不是因为他并没有那么重要呢？其实这完全是一种误解。中国共产党在建党之初，虽然规模不大，活动范围有限，但受五四新文化精神的深刻洗礼，党内充满民主与平等氛围。党员把党内的职位首先视为工作岗位，并没有当成"荣誉与资本"，更不会像今天一些人那样将其看作"级别和待遇"。中共一大选举陈独秀（书记）、张国焘和李达三人组成中央局，中共二大选出由陈独秀（委员长）、张国焘、蔡和森、邓中夏、高君宇五人组成的中央执行委员会，其中张国焘、邓中夏和高君宇都是北京大学学生，都是在李大钊影响下树立起共产主义信仰,走上革命道路的。张国焘和高君宇是代表李大钊分别出席中共一大和二大的,他们能够分别担任中共的领导职务,与李大钊的提携是分不开的。李大钊作为中国引入马克思主义、开创中国共产主义运动及传播其思想传统的第一人,作为中国最早公开向世人表明"马克思主义观"的第一人,他是中国最早富有理性思维的马克思主义者和马克思主义中国化最早的探索者之一,是共产国际代表来华接洽的第一人。对于早期中国共产党人来说,李大钊是他们心目中的精神领袖。就连年长他10岁的陈独秀,别人的账一般不买,对李大钊却是礼让三分。陈独秀曾自谦道:"'南陈'徒有虚名,'北李'确如北斗。"因此,尽管李大钊没有在党内担任重要领导职务,但他作为中国共产党创始人的历史地位是不可动摇的,他作为中国共产党北方地区最高领导人发挥的作用是毋庸置疑的,他对中国革命和中国共产党的巨大贡献永垂青史。

1949年3月,当毛泽东率领中共中央从西柏坡进京,望到北平的城墙时,他深情注视着脚下久违的大地,无限感慨地说:"我第一次到北京,到现在整整30年了。那时,是为了寻求救国救民的真理而奔波。还不错,吃了点苦头,遇到了一位好人,那就是李大钊同志。可惜呀,李大钊同志已经为革命献出了宝贵的生命。他是我真正的老师呀!没有他的指点和教导,我今天还不知道在哪里呢!"毛泽东第一次的北京之行就结识了李大钊,并在李大钊的影响和引导下研读了马克思、恩格斯关于共产主义运动的理论书籍,确定了自己的终身政治信仰,开始了站在历史潮头的生涯。毛泽东这段感人肺腑的回忆叙述,足以证明在中国最早传播马克思主义、领导五四运动、创建中国共产党这些开天辟地的历史伟业中,李大钊的盖世之功将彪炳史册、流芳千古!

二、革命家风代代传

"铁肩担道义,妙手著文章",这副由李大钊亲笔书赠杨子惠的对联,立意宏大深远,字体刚劲有力,是李大钊最为欣赏的,也是李大钊一生的写照，更是李大钊留给家人的传世之宝。据说李大钊曾两次将此对联书赠友人。给杨子惠的这一副的原件已由李大钊家人捐赠给中国共产党历史展览馆收藏，另一副则不知去向。

李宏塔出生的时候，离李大钊遇难已经过去了22年。但时空的间隔并不能影响他对祖父李大钊的感情，反而更加激起他想要从各个方面多了解一些李大钊生平事迹的愿望。

李宏塔记得，从他懂事时开始，就看到父亲的书房里挂着"铁肩担道义，妙手著文章"这副祖父书写的对联。后来又看到，伯伯、姑姑、叔叔家里也都挂着这副对联。再后来，他这一辈每个人的家中也都挂着这副对联，使他总有种祖父就在身边的感觉。

父亲李葆华和母亲田映萱经常给李宏塔兄妹讲一些祖父李大钊的故事，要他们向祖父学习。读书识字后，李宏塔也开始从书中了解李大钊的事迹。虽然他与祖父未曾谋面，可在李宏塔心里，从未觉得祖父陌生，李大钊的形象似乎一直是那么熟悉，那么亲切。从祖父的故事中、从父亲的一言一行中，李宏塔把共产党人的革命传统和艰苦朴素、严于律己、一心为民的优良作风，不知不觉地融入自己的为人处世中。他曾说过：我可以从父亲的身上看到我祖父的样子，父亲跟着祖父学，我就跟着父亲学，一代一代往下传。

父母亲给李宏塔他们讲李大钊，讲的大多都是一些小事、琐事，主要讲李大钊如何做人，如何做事。做人如何清廉正直、成人之美，做事如何认真负责、敢于担当。在父亲的讲述中，祖父是一个极有人格魅力的领袖型人物。他在工作中颇具号召力，总是能够带动许多勇敢的人跟他一起反抗压迫，撕碎黑暗；他在生活中严厉而又不失温柔，总能找到对待学生、对待朋友和对待家人最合适的方式。父母亲要求李宏塔他们在这些方面向祖父学习，踏踏实实地、一点一滴地从小事情、从细微处做起，而很少讲那些轰轰烈烈、众所周知的大事。李宏塔印象最深、对他影响最大的也正是这些小事。

比如父亲给他讲的一块银元的故事。

李大钊和赵纫兰共育有六个子女，除长女钟华早逝外，分别是长子李葆华、次子李光华、三子李欣华、次女李星华、三女李炎华。虽然人口不少，但李大钊收入也高。他担任北京大学图书馆主任时月薪起步就有120块银元，担任教授后更涨到200块银元，加上他在北京其他大学任教的薪水、文章稿费等，月收入在300块银元以上。那时候一般职员的月工资不过几块银元，都能养活一家人，李大钊一家完全可以过上非常优裕的生活。但李大钊一生节俭，"黄卷青灯，茹苦食淡，冬一絮衣，夏一布衫"。他对家人的消费要求也极其严格。在北京工作的十年间，他先后住过八处地方，却都是租房，没有购置任何房产。李大钊每月都从工资中拿出80块银元作为党的经费。他还慷慨助人，接济贫苦青年。北京大学的罗章龙、刘仁静等都曾接受过他的担保或资助。他自己手头的钱没了，就从工资里预支。以至于到领工资时，经常只剩一把欠条，有时甚至造成家中无钱买粮的窘况。校长蔡元培实在看不下去，不得不专门吩咐会计每月预先从薪水中扣下50块银元直接交与李大钊夫人赵纫兰，以免他家断炊。

　　李大钊曾说过："吾人自有其光明磊落之人格，自有真实简朴之生活，当珍之、惜之、宝之、贵之，断不可轻轻掷去，为家族戚友作牺牲，为浮华俗利作奴隶。"他是这样说的，也是这样做的。

　　据当年《晨报》《京报》等报道，李大钊被杀害后，其遗产竟然只有一块大洋，"身后极为萧条"，"室中空无家具，即有亦甚破烂"，其子女亦"服饰朴实"。由于无钱安葬，尸骨以一口薄皮棺材装殓，先后在宣武门外长椿寺、浙寺内停厝，竟放了六年之久。在此期间，赵纫兰及孩子们生活竟无保障，全靠李大钊在北京、上海、天津等地的生前好友，包括章士钊、鲁迅、蔡子民、马夷初、马叙伦等人的捐款，才帮他们度过了生活难关。

　　一滴水可以反映太阳的光辉。从一块银元可以感受到李大钊不贪钱财、不图享受、先天下之忧而忧、后天下之乐而乐的高尚情操。

　　李葆华给李宏塔讲祖父李大钊的这些往事，很自然，很平静，似乎都是应该做的正常的事，是一个人应该有的品行素质。虽然由于工作忙等种种原因，李葆华与子女们接触的时间并不多，但李宏塔仍能感受到父亲

李宏塔与父母合影

对自己严格的要求，感受到父亲希望他这一辈能继承好李大钊良好家风的良苦用心。

作为李大钊的长子，李葆华，曾用名赵升阳、赵振声，化名杨震，1909年10月2日出生于河北省乐亭县大黑坨村，并随母亲在此度过了自己的童年时代。1920年8月，李葆华到北京孔德学校就读。1925年，他在父亲李大钊引导下先后加入国民党和共产主义青年团，积极参加革命活动，成为父亲工作的得力助手。

1927年李大钊被捕的那天，李葆华刚巧因头天随周作人等出城植树，没有回家，而躲过一劫。李大钊遇难时，李葆华还不满18岁，但是他的沉稳与镇静却如一位久经沙场的老兵，令周作人等深为折服。周作人在回忆录里写道："这天是四月二十九日，又是吃了一惊。守常已于前一日执行了死刑，报上大书特书，而且他和路友于、张挹兰几个人照相，就登载在报上第一面。如何告诉他儿子知道呢？过一会儿他总是要过来看报的，这又使得我没有办法，便叫电话去请教尹默，他回答说就来，因为我们朋友里还是他会得想办法。尹默来了之后，大家商量一番，让他说话，先来安慰几句，如说令尊为主义而牺牲，本是预先有觉悟的。及至说了，乃等于没有说，因为他的镇定有觉悟，远在说话人之上，听了之后又仔细看报，默然退去。"周作人、沈尹默等为了安全，随即送李葆华赴日本留学。

在日本，李葆华先进入位于东京神田区中猿乐町的东亚高等预备学校学习日文。1928年1月，考取东京高等师范学校理化系。1930年冬，李葆华参加了中华留日学生社会科学研究会。1931年6月，由陆毅夫（温胜刚）介绍加入中国共产党，7月，任中共东京特别支部书记。"九一八"事变爆发后，中国十七省留日学生代表集会，决议全体回国参加抗日斗争。

随即，李葆华由日本长崎登轮回上海，参加上海留日学生会、上海民众反日救国联合会、上海反帝大同盟等进步组织开展的反日爱国斗争。从此继承父业，开始了新的革命生涯。

1932年后，李葆华先后担任中共北平市门头沟矿区支部书记，中共河北省京东特委宣传部部长、组织部部长，中共京东特委书记，中共河北省委宣传部部长,中共北平市委书记。1937年1月,调中共北方局工作。4月,任中共山西省工作委员会组织部部长,主持工作。

"七七"事变后,1937年10月,中共晋察冀省委成立,李葆华先后任书记、组织部部长,参与创建晋察冀边区抗日根据地。1939年,当选晋察冀边区中共七大代表。1942年2月14日,李葆华与田映萱结婚。同月,调任中央党校第三书记。1943年6月,调陕甘宁晋绥联防军司令部,任贺龙政治秘书。1945年在中共七大上当选候补中央委员(公开姓名为赵振声)。1948年3月起任中共北岳区党委书记兼北岳军区政委和晋察冀军区第一纵队政委,中共中央华北局委员。中共中央华北局党校创办后,李葆华任校长。

北平和平解放前夕,中共中央和华北局任命彭真为北平市委书记,叶剑英任第一副书记兼军管会主任和市长,李葆华任第二副书记。1949年3月,李葆华出席在平山县西柏坡召开的中共七届二中全会。9月,出席第一届全国政协会议,当选全国政协常委,参加了国旗、国徽、国歌的审议和人民英雄纪念碑奠基典礼。

1949年10月19日,新成立的中央人民政府任命李葆华为水利部副部长,兼任中共水利部党组书记。1956年9月,中共八大召开,李葆华当选中央委员。1958年12月,水利部与电力工业部合并成立水利电力部,李葆华任副部长、党组书记,主持工作。

1961年1月,李葆华调任中共中央华东局第三书记,为常务书记,主持工作。1962年2月,在"七千人大会"后,李葆华被任命为中共安徽省委书记,直至"文化大革命"。

1999年的一天,在水利部工作的幼子李亚中下班回到家,李葆华神情平淡地交给他一张光盘。这是我国专家从俄罗斯档案馆里找到的一段35毫米胶片影像,记录着一段无声的、仅有几秒钟的历史画面——1924年9月22日,李大钊作为中共代表,在莫斯科国家大剧院的一次大会上发言。这是目前所知李大钊唯一的动态影像。画面中正在进行的是苏联"不许干涉中国"协会组织的数千人参加的群众大会,李大钊在大会上向世界各国共产党代表讲述年轻的中国共产党的诞生与成长,他慷慨陈词,饱含

第一章 立志铁肩担道义,更思妙手著文章

李大钊在苏联莫斯科国家大剧院演讲的历史影像

深情地为中国共产党发声。演讲结束,他振臂高呼"无产阶级世界革命万岁""反对武装干涉中国"等口号,赢得全场暴风雨般的掌声。这是李大钊第一次也是最后一次在共产国际上演讲。已经90岁高龄的李葆华,时隔72年再次见到李大钊的形象,他流下了热泪。

  据李宏塔介绍,从他记事起,父亲很少对他讲人生的大道理,也没有搞什么"约法三章",从不规定只准这样、不准那样,而是身体力行,言传身教,用实际行动给孩子做出榜样,"在我们家,一向是身教大于言传"。李宏塔记得,他上中学的时候,一次放学回家,看见桌上放着两包葡萄干,老阿姨说是刚才新疆来的一位中年人看望父亲带来的,可以吃。李宏塔就拆开一包吃起来。父亲下班发现了,问清情况后严厉地批评了他,并说:"要记住,我们只有一个权力:为人民服务。做了一点工作,就收礼物,这不是共产党员干的事。"随后,父亲将李宏塔拆过的一包葡萄干折成钱,连同剩下的一包葡萄干一并退给了新疆来的同志。

  2021年11月15日,李宏塔应邀在上海大学作题为"李大钊清廉家风代代传"报告,在回忆父亲李葆华时,他说:

> 新中国成立后,父亲担任过水利部和水利电力部党组书记、副部长,在水利战线上奋斗了12个春秋,做了大量卓有成效的工作,领导建成了新中国第一座大型水库北京官厅水库。为了根治淮河,他和傅作义部长亲自到深山大河徒步实地考察了半个多月。他是新中国水利事业的主要开创者和奠基人。父亲经常到各个水利工程视察指导工作,深入实际,调查研究,团结工程技术人员。有一次陪同兼任淮河水利委员会主任的国务院副总理谭震林到安徽霍山县佛子岭水库工地,当时工地上没有招待所,两个人干脆就睡在一个潮湿的工棚里。大别山区雨特别多,工棚防雨性差,漏雨的夜晚无法入睡,两人竟通宵达旦地聊了一夜工作。
>
> 三年困难时期,家里的生活同一般老百姓一样,十分清苦,饭桌上根本看不到荤菜。父母亲让我和弟弟在屋子旁边的空地上开了块

菜地，从农科所要了些改良过的蔬菜种子让我们种上。每天放学后，我和弟弟一起抬水浇菜。虽然辛苦，但到了收获的时候，心里还是特别得意。父亲常对家人说："当人民群众温饱难济之时，干部的生活也必须艰苦，不允许搞特殊化。生活中有许多东西在变化，但有一样东西永远不能变，那就是共产党的宗旨。这一点如果改变了，那就不是共产党了。"

1962年，父亲调任安徽省委第一书记。在当时的政治条件下，他以非凡的政治勇气纠正了一些错误，不仅为4 000多名被错划的右派平反，还在安徽放开农贸市场，允许农民在完成征购后将粮食拿到市场上销售。他群众观念特别强，主政安徽期间，在当地留下轻车简从、埋头苦干、实事求是的名声。他上任后第一件事就是检查城镇居民的粮食供应配额。他借了一个粮本，到一家粮店买粮，营业员给了他3斤大米、7斤红薯干。父亲说："不对，国家规定的是每人每月7斤大米、3斤红薯干。"两人争执起来……后来问题清楚了，李葆华微服私访的故事也在社会上流传开，安徽群众还给他起了一个"李青天"的绰号。

"文化大革命"的十年，父亲有六年多被揪斗、关押。直到1973年5月中共中央召开工作会议，才将父亲与谭震林、李井泉等13名老干部一起宣布解放。5月底，中央调他任中共贵州省委第二书记，主持省委工作。在中共十大、十一大上，他当选中央委员。

1978年，父亲被调到中国人民银行主持工作，69岁的高龄和生疏的领域，对他来说是巨大的挑战。然而，在银行工作的四年里，父亲经常通宵达旦地工作，规划金融业发展蓝图，有计划、有步骤地推进金融业的恢复和改革工作，遏制通货膨胀，控制信贷规模，大力培养金融人才，完成了金融业的拨乱反正，推动了金融体制改革的全面展开，也为我国成功加入国际货币基金组织和世界银行作出了杰出贡献，并被增补为国际货币基金组织理事。

后来，父亲还被选为中央顾问委员会委员。然而这样一位高级干部，家中却简朴得让人难以置信——老旧的三合板家具、人造苎蒙皮的椅子，客厅的沙发坐下就是一个坑。除了去中央开会有一身中山装，其他衣服都和普通人一样。房子是20世纪70年代的建筑。2000年，中央有关部门要为他换房，他说："住惯了，年纪也大了，不用换了。"

我的哥哥李青是父亲的长子。哥哥说，他有两件事一直铭记在心。一件事是，1994年，父亲到杭州开会，时任浙江省委书记李泽民到驻地看他，当时在浙江工作的李青也在场。李泽民告诉父亲，李青表现很好。父亲马上对李泽民说："你们对他要严格要求！"另一件事是，1995年，李青在中央党校培训学习，周末回家看望父亲，一般要骑一个多小时自行车。当时李青已经50多岁了，骑车一个多小时也挺累的，但父亲并没有因此而照顾李青，父亲从不让他的司机接送。不仅对李青，我每次到北京出差去看他，他也从不让我用他的车。我姐姐怀孕生孩子了，按照大家想当然的话这么高级的干部派个车不很容易？但我姐姐是怎么去的？是弟弟李亚中用自行车把马上要临产的姐姐送到医院的。公车不许私用，这是规则，不能破坏。

从这些小事和细节，可以看出父亲是怎样严格要求子女的。我们深深地体会到，这是父亲对子女的大爱，是真诚的、严格的爱。

好在李葆华的后代都很争气，都能很好地继承和发扬祖父、父亲传下来的清廉家风、革命传统。

"历览前贤国与家，成由勤俭破由奢。何须琥珀方为枕，岂得真珠始是车。"李葆华去世后，有记者问李宏塔："你父亲给你们留下了多少遗产？"李宏塔回答："没有遗产，我们也不需要什么遗产，李大钊的子孙有精神遗产就足够了。"他认为，一个人是否富有，更多地在于精神层面，物质方面并不太重要。听着祖父李大钊的故事长大，受到祖父的革命精神的影响，李宏塔总会下意识地用更高的标准来要求自己。尤其是后来亲眼看到父亲是怎样为国家和人民奋斗之后，他就更受鼓舞。他常常对自己说："我是李大钊的孙子，我是李葆华的儿子，就算不为我自己，我也一

第一章 立志铁肩担道义，更思妙手著文章

穿越时空相遇的祖孙两人——在中共一大会址纪念馆的油画前

定不能给他们丢脸。"

李宏塔对别人动不动就称他是"红二代""红三代"的说法很不认同。他认为："现在中国就兴这种东西，但我觉得没什么意思。本身划出这样一个群体，如果自己不警惕一点，就脱离了人民群众。这些人的聚会，除了号召社会发扬党的好传统外，其他没什么正面意义。"党的好传统首先就是要把自己看作是普通群众中的一员，而不是高居在群众之上的"贵族"。

2005年7月3日，《中国纪检监察报》用一个整版的篇幅登载了题为《在李大钊革命家风沐浴下》的长篇通讯，重点介绍了李宏塔清廉的事迹。其中说的主要就是坐车子、分房子这类"小事"。但实际上正是这些所谓的"小事"，是许多人最容易忽视，最不容易做到的，是一些人走向腐化堕落的起点，往往也是深刻反映一个人理想情操、精神志趣的真实标准。

慎始慎终，防微杜渐。一个人追求享乐，就难以在艰苦困难的环境中奋勇向前。反之，一个一心扑在事业上的人，又哪有考究一餐一饭、一冠一带的闲心呢？李宏塔不讲究住，对吃、穿同样不讲究。他不抽烟，不好酒，更从不上歌厅等娱乐场所。李宏塔说："我家的良好家风，让我们能够心平气静地固守清贫，我们是心甘情愿的，没有任何装潢门面。'革命传统代代传，坚持宗旨为人民'。我经常用这副对联自勉，并以此教育子女，一定要把李大钊的良好家风继续传承下去，不忘初心，踏着先辈的脚印继续往前走。"

三、记忆中的少年时代

李宏塔虽然出身高级干部家庭，但从一出生，便没有因为祖父、父亲的身份享受过一天优渥的生活，而是一直过着"祖传"的清贫、简朴日子。但他确实也享受了其他孩子没有的"特殊待遇"——听着祖父的故事启蒙，目睹着父亲的一言一行长大……

李宏塔与新中国同龄，他在襁褓中见证了中华人民共和国中央人民政府的成立庆典。

为防止敌对势力破坏，举行开国大典的消息一直处于绝密状态。1949年10月1日上午10点，中央人民广播电台的前身——北平新华广播电台突然向全世界发出预告："北平新华广播电台及全国各地人民广播电台，决定全部转播今天下午三点钟举行的中华人民共和国中央人民政府成立庆祝大会实况。"随后，这一重大喜讯立即经过电波，传遍全国。

10月1日中午刚过，作为开国大典活动主要组织者之一的李葆华便提前登上了天安门城楼。下午3时，在位于北京市委宿舍的家中，已经六岁的李青早就被小伙伴们不知约到哪里去玩了。母亲田映萱坐在收音机旁，怀抱着特意从托儿所接回来的四个月大的李宏塔，两岁半的女儿李乐群依偎在身边，一起收听开国大典的实况转播。

"同胞们，中华人民共和国中央人民政府今天成立了！"当收音机中传来毛主席洪亮的湖南乡音的那一刻，熟睡中的李宏塔突然睁开了眼睛。一个全新的世界已经在他的面前展开，任由他去拥抱了。

当时，李宏塔的父亲李葆华刚刚留任重新成立的北平市委第二副书记，母亲田映萱新任中共长辛店机车车辆厂党总支副书记兼宣传部部长。由于父亲母亲都在没日没夜地为新中国成立而忙碌，李宏塔出生仅16天，就被送进了托儿所。这个托儿所是全托制的，但除了管吃管喝管睡，别的一概不管。直到快六岁，就要上小学了，李宏塔竟连数数还不会。刚被任命为投产不久的北京棉纺一厂党委书记、副厂长的田映萱这才着急了，赶忙将李宏塔转到新建的北京棉纺一厂幼儿园。虽然在幼儿园得早上送晚上接，比以前辛苦得多，但好歹可以有一点学前教育，不至于上小学后与其他同学差距太大。

小时候的李宏塔，就已经是一个比同龄儿童更加独立的孩子了。1956年秋天，李宏塔被送进北京第一实验小学，开始了他独特的学生时代。

本来，李宏塔也有机会像他哥哥姐姐一样被送到专为中共高级干部子弟建立的住宿制学校八一学校。但不知是因为八一学校离家较远，还是因为不想再让李宏塔封闭在干部子弟的小圈子里，或者是因为北京第一实验小学的名气，希望能给李宏塔一个更好的学习环境，田映萱放弃了八一学校,而是为李宏塔选择了北京第一实验小学。

确实,北京第一实验小学是一所极有特色的学校。学校创办于1912年9月,坐落在北京琉璃厂古文化街北侧,前身是"国立北京高等师范学校附属小学校"。这是北京第一所全新的、有实验和示范性质的小学。既为实验,自无旧制可循。当年创设该校并兼任首任校长的北京高等师范学校校长陈宝泉亲自为其拟定的办学目标是:"吸纳世界最新学理加以试验,为全国小学改进之先导","当以培养国民道德为首务","尤以养成善良习惯为要……故对于规则也,必使一一遵守而养成守法之习惯;对于号令也,必使一一遵行而养成从顺之习惯;问答举手,进退以次,以养成静肃秩序之习惯;取放用具,须迅速安置物品有定处,随时督查,以养成尚敏捷、好整顿之习惯;课毕扫除,分处值日,均使竭尽心力诚实服务,以养成清洁勤劳且重公务之习惯;以至姿势、容仪、言语、行为等,凡一切举止动作无不注意考察,切实矫正而不肯有丝毫宽假之处,务于学校之中植其完善基础,使将来处世不至为游惰无用之国民,则直接造福于学生之个人者固多,而间接影响于国家之全体者亦甚大,诚能如斯,则于教育之责尚可谓尽一二也。"后学校虽几易其名,宗旨却始终如一。1955年10月,正式改名北京第一实验小学。

李宏塔在北京第一实验小学整整学习了五年。这也是他在一个学校待过的最长的时间,几乎占到他整个中小学学习时间的一半。虽然那时候他年纪小,具体的事情记得不多,但学校良好的风气润物无声,在潜移默化中对他一生道德、品格、习惯的养成,无疑产生了决定性的影响。

1961年,随着父母亲调到位于上海市的中共华东局机关工作,李宏塔也转学到上海市高安路小学(即今上海市高安路第一小学)六年级学习。

对于一直生活在北京的李宏塔来说,突然来到上海这样一个与北京完全不同的南方城市,还真是有点不习惯。北京的街道又宽又直,上海的街道弯弯曲曲;北京的家属院、学校都很宽敞大气,上海的家属院一览无余,学校更小得可怜,竟然连个操场都没有;北京话简洁明快,上海话一句听不懂……好在高安路小学就在李宏塔家旁边不远,上学放学都很方便,几天下来周围的街道就基本熟悉了。学校里的同学也有不少是中共华东局或中共上海市委、市政府机关干部的子弟,来自五湖四海,不全是说上海话,课后交流也不那么困难。

几个月转眼过去,李宏塔要上中学了。那时候,初中还不是义务教育,还得通过考试。李宏塔的学习成绩一直很好,对于考试,他倒一点也不害怕。虽然父母亲对他上中学的事没有怎么过问,李宏塔还是顺利地考上了与高安路小学仅一墙之隔的上海市第五十四中学。

上海市第五十四中学(以下简称五十四中学)创办于1955年,是在新中国实施第一个五年计划建设高潮中,上海市政府兴办的第一批公办完全中学之一。现为徐汇区实验性示范性学校。校舍初设于谨记路266弄41号,第二年迁至环境幽静的康平路34号。建校将近70年,学校秉承"弘爱求实,人人发展"的办学理念,始终坚持"以爱育人"的教育传统,努力探索"以爱育人"的培养体系,处处凸显"以爱育人"的人文氛围,教育、教学、管理各项工作成果丰硕。学校还与上海体育科学研究所合作,围绕学生健康成长,从家庭环境、学校环境等方面入手,开展体教共建结合项目。学校还被评为体育传统项目(篮球)学校、区科技特色学校、区艺术特色学校,在篮球、武术和民乐教学方面形成了自己的特色,取得了优异的成绩。校初中男子篮球队代表徐汇区队荣获2019年上海市青少年十项系列赛篮球总决赛男子初中甲组第一名。校民乐队是上海音乐学院校外实习基地。校民乐队55名学生演奏的《丰收锣鼓》,在2019年12月"丝弦华韵"第十五届"长三角"民族乐团展演中获得优秀演奏奖。校学生剧社《三道智慧题》节目荣获首届上海"剧HUI"学生戏剧展评活动"最佳舞台呈现奖",王琛、殷逸凡、朱宸樱分别荣获首届上海"剧HUI"学生戏剧展评活动"最佳舞台风采奖""最佳创意奖""最佳人气奖"。2022年11月28日,"艺海逐梦青春,亦悦向美扬帆"——五十四中学第31届艺术节顺利开幕。同学们"向真、向善、向美、向上"的精神风貌和良好的艺术风采,通过精心制作的视频《成长的故事——绽放》,用一个个获奖同学的艺术成长故事,让大家认识了身边那些明亮的艺术之星,带领大家回顾了精彩的艺术节历程。同学们用歌声凝聚集体，用舞蹈书写梦想，充分展现了青春的热血和激情。

1962年，李宏塔考进五十四中学的时候，学校整个建筑只有一栋楼。楼名"亦悦"，倒是颇为雅致。更难得的是，在楼的后面还有一块运动场。虽然形状不太规则，但这在"螺蛳壳里做道场"的上海市中心，对从小就喜爱体育运动的李宏塔来说，实在是太有吸引力了。

被分到初一（2）班后，也许是因为李宏塔个子高，比一般同学至少高出半个头，也许是因为班主任林松云老师慧眼识珠，看出李宏塔擅长体育，因此从一开始他就被选为班体育委员。

这是李宏塔第一次当"官"。虽然是个没有档次的"官"，虽然父母亲得知后并不当一回事，但李宏塔自己还是有点小激动的。他工作积极主动，尽职尽责。同学们看他个子大，也很服从他，支持他的工作。班主任林松云老师更是充分体现了"以爱育人"的高尚师德，以爱传递爱，在李宏塔和其他同学们心中种下了"爱"的种子，对李宏塔的人生产生了深刻的影响，留下了难以磨灭的印象。

多少年过去，李宏塔仍然忘不了五十四中学，忘不了班主任林松云老师，总想着什么时候有机会再回去看看。

1972年夏天，李宏塔和合肥化工厂设备科的几位师傅一起出差到上海青浦县某化工厂考察反应釜的升级改造。虽然青浦离徐汇比较远，那时候公交远没现在方便，但李宏塔还是动了回五十四中学转转的念头。工作结束以后，大家特意多停留了一天时间。其他人都结伴去了南京东路、外滩购物、游玩，只有李宏塔一个人选择来到了康平路。

十年过去，康平路景色依旧，几乎没有一点变化。五十四中学的大门也还是老样子。李宏塔正要往里走，看门的大爷拦住他，问他找谁。李宏塔说找林松云老师。大爷说林老师刚刚出去，不在学校里。李宏塔尴尬地站在大门前，进也不是，退也不是。

"曾记否，到中流击水，浪遏飞舟……"学校里正在上课，不时传来朗朗的读书声。他朝大门里望了又望，最终依依不舍地离开了。

忆往昔,同学少年,风华正茂;再回首,时光荏苒,情意绵绵。只要有心,机会总是有的。

2022年11月11日上午,经上海大学终身教授邓伟志和五十四中学退休教师陈金生牵线搭桥,赴上海开会的李宏塔特意抽出时间,偕夫人赵素静再一次来到五十四中学。

雨后的亦悦楼显得分外清新,只是在西侧新增了一幢以教学实验和图书阅览为主要用途的新大楼,和一幢五层高的教学综合楼。迎着大门的电子显示屏上"您好,校友!欢迎回家!"的一行红色大字分外亲切。

李宏塔在亦悦楼前停了下来,静静地站着。

他在想些什么呢?

也许,他想到了已经去世的林松云老师……任何一个人的成长,与他所受的教育,与他的老师,与他的母校,都是密不可分的。从北京第一实验小学,到上海市高安路小学、上海市第五十四中学,再到安徽省合肥市第一中学、合肥工业大学,这一路走过,虽然各个学校的条件有好有坏,老师有亲有疏,学习的时间有长有短,不管怎样,总是师恩难忘呀!

也许,他想到了上海市第五十四中学1962级初一(2)班他那些年过古稀的同学。当天到场的方为群、曹琦、戴树红等三位,只有曹琦、方为样的名字他还记得,其他许多人的名字他都记不得了,有的人甚至可能都不在世了。岁月蹉跎,物是人非。当年坐在一间教室里的同学,这些年各自又都经历过了些什么,现在又生活得如何呢?

也许,他并没有想那么多。他只是在体会着"亦悦",只是在品味着"校友"这两个字的含义。

在校党总支书记、校长张岚的引导下,李宏塔参观了校史陈列室,听学生讲解员介绍了学校的发展和变化。又在会议室与昔日的同班学友、部分老师同学代表及校领导座谈,并回答了亦悦小记者的提问。

初三(1)班黄子涵同学以刀为笔,以木板为纸,给李宏塔送上了亲手制作的以李大钊为主题的版画《信仰之光,照亮前行路》,李宏塔向她回赠了亲笔签名的《李大钊》一书。

2022年11月11日,六十年后再相聚于母校上海五十四中的老同学们

参加母校上海五十四中同学们的主题活动

面对小记者们的问题，李宏塔讲述了他与父亲李葆华的故事，讲到他从老一辈身上学到的良好的家风家训、身体力行的作风以及严谨、细致的工作态度，并与大家分享了自己参军入伍后的难忘岁月，也谈到曾在民政部门工作的经历。李宏塔说，"作为党员干部，把人民群众的事当做自己的事，为党分忧，为困难群众解愁，是共产党员的职责所在。"他以祖父李大钊题赠友人的名言"铁肩担道义，妙手著文章"寄语同学们，希望新时代的青少年学子能传承老一辈不怕困难、甘愿奉献的奋斗精神，"须知吾青年之生，为自我而生，非为彼老辈而生，青春中华之创造，为青年而创造，非为彼老辈而造也"，积极向上，自立自强，用行动担负起民族复兴的使命和责任。

回顾纯真的青春岁月，难忘欢乐拼搏的奋斗年代，一场穿越时空的对话，让人在欢声笑语间为之动情。与李宏塔老校友的交谈，使参加座谈的小校友们兴奋不已。初一（4）班王艺诺同学说："很荣幸能够作为少先队代表参加本次活动。聆听校友故事，特别是李宏塔爷爷分享的学习工作经历，都让我心生敬佩之情。我将牢记爷爷'铁肩担道义，妙手著文章'的勉励，早日成为一个对国家有贡献的人。"赵家望同学说："这是我第一次与革命先烈的后代面对面交流，心情很激动。通过和李宏塔爷爷互动交流，让我体会到那一代人的艰难和不易，感受到革命精神薪火相传，老一辈将个人理想与祖国发展、人民需求紧紧结合在一起，也提醒着我们青年一代要接续奋斗，努力成为党的事业的继承者和开拓者。"

张岚校长代表全体师生热情欢迎李宏塔、方为群、曹琦、戴树红等1962级初中校友回到母校。她真诚地向校友发出邀请，希望他们多回母校，常回家看看，与大家分享宝贵的人生经历，为学校发展献计献策，共同谱写五十四中学美好的未来。她还为李宏塔颁发聘书，聘请他为五十四中学关心下一代工作委员会荣誉顾问。李宏塔愉快地接受了聘书，并分别与大家合影留念。

李宏塔在上海市第五十四中学只读了一年书。由于父母亲工作调动，1963年，他再次转学到安徽省合肥市第一中学（以下简称合肥一中）。

合肥一中是合肥地区最早、历史最久远的一所新式学校。其前身为庐州中学堂，由李鸿章嗣子李经方于光绪二十八年（1902）创办。120年来，学校栉风沐雨，几次更名、几易校址，到新中国成立后才定名为安徽省合肥市第一中学。1955年定为安徽省重点中学，1995年成为联合国教科文组织俱乐部成员，2000年定为安徽省级示范高中。2007年9月后，合肥一中整建制迁入合肥市最具发展前景的滨湖新区，成为一所寄宿制的高级中学。

合肥一中向以培养高素质人才著称。学校以"全面施教、广育英才"为办学宗旨，以"怀天下抱负、做未来主人"为校训，始终重视对学生综合素质的培养，在各项教育教学活动中努力培养学生具有渊博的学识、闪光的才智、庄严无畏的独立思想和洒脱自信的人生态度，特别是具有创新精神和实践能力，鼓励他们放眼世界，面向未来，精益求精，勇攀科学高峰，不断探求新知识、新领域。学校还通过组织各种学生社团，开展丰富多彩的社会实践活动，邀请专家、学者开展普及性讲座和学术讲座，开设百家讲坛，举办校园经贸节、校园科技节、校园微博会、校园文化艺术节，成立阳光心理活动中心，鼓励学生追求健康心理，创造美好青春，为同学施展才情、放飞理想搭建一个个宽阔的舞台。合肥一中同学在国内外各类学科大赛中成绩骄人，在国家及省级各种科技创新大赛中硕果累累，多次在国家及省市级电脑机器人大赛中创造佳绩，在省市级的合唱比赛、篮球、乒乓球等多项赛事上展现风采。林傲同学获第22届国际奥林匹克化学竞赛金牌，周謇同学获第18届国际中学生生物奥林匹克竞赛金牌，李晶晶同学获第15届国际中学生生物奥林匹克竞赛银牌……

作为从合肥一中初中部毕业的李宏塔，对母校的感情是深厚的。

2022年6月6日下午，李宏塔应邀回访母校，高兴地佩戴上由杨振宁校友题写的校徽，与合肥一中的师生们亲切交流，共叙黉舍深情，追忆青葱岁月。

在校史馆，李宏塔听取了校庆办吴晓云老师关于合肥一中历史沿革、领导关怀、名师团队、对外交流、杰出校友和红色基因等内容的介绍。从

1902年学堂初立，到2022年赓续辉煌，合肥一中已走过120年的漫漫征程。昔日的合肥一中，孕育了燃遍江淮大地的革命火种，留下了无数仁人志士投身革命的成长足迹，谱写了大量革命先烈可歌可泣的英雄事迹，形成了特有的红色资源。童汉章以教书为掩护，成立了中国共产党合肥县第一个党小组并担任组长；"龙潭三杰"之一的胡底深入龙潭虎穴，为中国革命的胜利抛洒热血……多年来，合肥一中为国家、社会培养学子万千，有中科院院士七人，著名物理学家、诺贝尔物理学奖获得者杨振宁教授，联想集团有限公司执行董事、总裁兼首席执行官杨元庆，中国空间技术领军人物、"神六""神七"总设计师杨保华等一批杰出校友。

李宏塔在每一个展区前驻足，边听介绍，边不时回忆在母校学习生活的点点滴滴。那些熟悉的景，那些难忘的人，无不唤起无尽的怀想。

在行政楼六楼会议室，合肥一中校长封安保以"我们都是追梦人"为题，详细介绍了合肥一中集团办学、五育并举、校园文化、文化理念等方面的守正与创新，让李宏塔对母校近些年的发展有了更全面的认知。

听完封安保校长的介绍，李宏塔对母校丰硕的办学成果深感欣慰。在谈到教育的责任时，李宏塔说，百年大计，教育为本，教育对国家与社会的价值与意义不言而喻，这些年，合肥一中始终不忘教育初心，勇担责任使命，从教育援疆到对贵州多地的教育帮扶无不闪耀着"合一人"的教育精神，相信在不久的将来，合肥一中定能在教育的园地里有更大的作为。

在与"学弟学妹"们进行交流时，应同学们的请求，李宏塔回忆了他在1963—1965年于合肥一中学习生活的点点滴滴，以及他于2021年6月29日受颁"七一勋章"的情况。讲到动情处，李宏塔自然而然地背诵起祖父李大钊的名篇《青春》，并以《青春》中的经典段落和毛主席关于"青春"的论述勉励大家。李宏塔说，合肥一中有着辉煌的办学历史，在这里学习生活，不仅能增长知识、茁壮身体，更可形成正确的价值观和世界观。希望大家能够珍惜眼前的大好时光，锤炼品格，增强本领，为国家第二个百年建设与发展作出自己应有的贡献。

最后，李宏塔还挥毫寄语母校，并与大家合影留念。

2022年6月6日,回到母校合肥一中

2022年11月11日,在母校上海五十四中教学楼前合影

第二章
昂昂不坠青云志，脚踏实地当自强

青年呵！你们临开始活动以前，应该定定方向。譬如航海远行的人，必先定个目的地，中途的指针，总是指着这个方向走，才能有达到目的地的一天。若是方向不定，随风飘转，恐怕永无达到的日子。万一能够达到，也是偶然的机会。靠着偶然机会所得的成功，究竟没有很大的价值。

——李大钊《现代青年活动的方向》

托尔斯泰有句名言："人生不是享乐，而是一桩十分沉重的工作。"李宏塔从小受到温暖而又严格的革命家风熏陶，祖辈、父辈无私奉献、勇于牺牲、埋头苦干、实事求是的高尚品质，潜移默化地影响着他，引导着他，注入了他的灵魂深处。到了20世纪60年代中后期，他已是一个有理想、有担当、意志坚强、不畏艰苦、勤奋务实、胸襟坦荡的青年。他用不辜负时代、不蹉跎岁月的饱满热情，以勇往直前的坚定意志，毅然投入到轰轰烈烈的社会主义革命和建设事业中，留下了一串串深刻的人生印记。

一、难忘的军旅生活

1965年上半年，即将初中毕业的李宏塔从合肥一中考入解放军南京军区机要学校，穿上了军装。

离家前，父亲李葆华语重心长地对他说："路是自己选的，既然选择

李宏塔入伍后的军装照

了,无论如何都不能放弃。你不是什么天之骄子,身上也不会有任何特权。到部队要准备吃苦,吃大苦。不能吃苦,就不能成人!"

听了父亲这推心置腹的叮嘱,李宏塔在心里默默地对父亲说:放心吧,我做好准备了。

想不到的是,刚穿上军装不久,由于军队院校设置的调整,李宏塔和其他同学还没来得及进军校学习,就被编入了陆军部队。

1965年8月,16岁的李宏塔被分配到陆军第27军80师238团(对外番号6315部队),当上了一名解放军战士,正是"男儿有志带吴钩,卫国辞家不识愁"。

中国人民解放军第27军的前身是华东野战军第9纵队,这是一支有着光荣传统的部队,曾作为主攻部队参加过著名的孟良崮战役、济南战役、淮海战役,以能打硬仗闻名的济南第一团、先遣渡江英雄连、钢八连这些英雄群体都出自27军。

1949年5月25日,27军作为上海战役的主力部队与兄弟部队进攻上海市区,27军先后攻占了虹桥、龙华,控制了龙华机场。紧接着,他们越过徐家汇铁路,进入上海市区。为了保护上海市的建筑和居民安全,27军指战员们坚决执行野战军首长"瓷器店里打老鼠"的要求,不顾自己蒙受巨大的伤亡,对盘踞在苏州河对岸的敌军坚持不使用重武器,发动群众支援,开展统战工作,迫使敌军放下武器投降。5月27日上海解放,当夜,27军上自军长下至炊事员全部露宿街头,不入民宅,秋毫无犯。新华社战地记者陆仁生把这些"晓战随金鼓,宵眠抱玉鞍"的感人场景拍摄了下来,成为珍贵的史料。27军指战员在上海以实际行动扩大了人民解放军的政治影响,受到了上海人民及社会各界的交口称赞。

朝鲜战争爆发后,27军于1950年11月入朝,随即参加了第二次战役。他们在长津湖与美海军陆战队第一师和步兵第七师交战,在零下30摄氏度的严寒中浴血奋战,歼灭美军4 000余人。80师239团奉命围歼新兴里的美军,一举捣毁了有"北极熊团"之称的美军第10军第7师第31团指挥所,缴获了第31团团旗。这是整个抗美援朝战争中志愿军唯一全歼美陆军一个完整团建制的范例。1952年10月,在抗美援朝两年的战斗中出生入死的27军全体指战员奉命从朝鲜回国,驻防于太湖之滨的无锡。

1963年11月底,27军接受了对上海虹桥机场跑道进行加厚混凝土层改造工程的任务。这是经国务院批准,将虹桥军用机场扩建为军民合用国际机场的重要工程之一。当时的虹桥机场跑道始建于1921年,1950年曾进行过重建,这条长3 400米的跑道一直处于超负荷运行状态,抓紧实施改造,使跑道道面承载能力达到国际同类跑道水平,十分必要。上级要求半年内完成任务,一些外国专家听说后连连摇头,他们认为解放军靠少得可怜的一点施工机械和两肩双手,半年时间想完成近20万方混凝土的施工任务,完全是天方夜谭。而27军指战员发扬了上海战役的攻坚精神,以越是艰险越向前的钢铁意志和不怕疲劳连续作战的顽强作风投入到施工中,终于在1964年4月29日完成了这个外国专家认为不可能完成的施工任务,历时仅五个月。李宏塔当时还未到这支部队,比他早入伍的战友朱亚云、冯永仙都亲身参加了这个令人难忘的艰巨施工。后来,李宏塔听朱亚云讲述了这件事,他对自己部队的前辈和战友们创造的卓越功绩极为钦佩,他决心要继承部队的光荣传统,争取做一个军政素质高的优秀军人。

李宏塔到27军的时候,他所在团的部队主力驻地已从上海移防到位于江苏省溧阳县(今溧阳市)的河口农场,主要从事农业生产。对于一直生活在城市且从未干过农活的李宏塔来说,到这天高地阔的江南水乡,一切都是那么陌生,一切又是那么新鲜。

部队驻地当时属河口人民公社,坐落于苏皖交界处。这里自古就物产丰富、人烟稠密、文化底蕴深厚,是中国傩文化之乡。南宋词人张孝祥曾在此留下名句"寒光亭下水如天,飞起沙鸥一片"。在围子山东侧有岳飞军营寨遗址,相传岳飞军队曾在这一带安营扎寨。岳飞之孙岳珂还有描述自己来到此处的诗句:"夜深闻过橹,知自溧阳还。"

这里还是一片具有光荣革命传统的红色土地。1938年,陈毅在这一带建立了新四军一支队的第五兵站,它是接通皖南新四军军部到溧阳的重要枢纽,承担着递送情报、运送物资、护送部队人员、组织动员群众支前、筹集部队给养及开展统战和建立地下党组织等工作,归江南指挥部领导。这里还曾建有新四军的后方医院。陈毅常来此地看望部队和伤员,战地服务团也常来给群众和伤员演出。当年这里的许多群众为新四军传送情报,最后参加了新四军,加入了革命队伍。1944年10月,周城战役在河口附近打响,新四军与日伪军展开激烈的战斗,全歼伪军一个团。战斗中,有四位新四军战士为胜利献出了宝贵的生命,他们的遗体被埋在这里,后人为他们建立了烈士陵园,树立了"周城战役纪念碑",永世凭吊。

当时,部队在农场的营房都是大房间,一个房间住一个排,30多名指战员按班次顺序安排床位。李宏塔被分在一班,和副班长朱亚云分在一张双层床。朱亚云看李宏塔个子大,又是学生兵,便让李宏塔睡下铺,自己睡上铺。

那时,在朱亚云和其他战友眼中,李宏塔是个高高瘦瘦、满脸稚气的小伙子,他服从命令,遵守军纪,待人和气,虚心好学。一开始谁也不知道,更不会想到他是李大钊的孙子、李葆华的儿子。

军号是军营里最美妙的音乐,也是军营里最严肃的号令。军人每天的行动,几乎全靠它来"指挥"。日复一日,年复一年,闻号令而动,是每个军人习以为常的基本遵守。清晨,李宏塔伴随着起床号声迅速起床,第一件事就是和战友们一起整理内务。因在军校的时间短,缺少锻炼,一开始李宏塔的动作总是要比其他人慢半拍。朱亚云告诉李宏塔,部队整理内务的标准是"整体划一",只要认真做难度并不大。整理内务中"技术含量"最高的叠被子,李宏塔还是来到27军才学会的。一开始,他叠的被子总是不像老兵们叠的那么规整。于是,他利用休息时间,无数次地把被子抖开,按照朱亚云叠出的样板,反反复复地将被子叠成"豆腐块"。为了让"豆腐块"线条清晰、棱角分明,他和几个新战士一道用木板对叠起来的被子固定塑形,终于熟练掌握了叠被子的技巧。他很快就像一个老兵一样,可以把一条松软的被子变得如同一张折纸,随便一叠,都会有棱有角,像刀切的豆腐块。内务整理完毕,李宏塔就和战友们跑出宿舍迎着朝霞整队出操。

当时,李宏塔所在的27军80师238团担负着军事训练和粮食生产双重重任,农忙季节,部队全力投入农业生产。每天早饭后,李宏塔和战友们按照部队首长的分派,到各自的劳动岗位。他们有的到荒滩丘陵开荒,有的在旱地水田耕作,的确是"筚路蓝缕,以启山林"。从未干过农活的李宏塔,一开始是手不能提肩不能挑,无论是体力还是技术都比不上从小生长在农村的战友们。但是经过认真地向战友们请教和一段时间的咬牙坚持、刻苦磨炼,李宏塔不仅体力增强了,干农活的技术水平也提高得很快。无论是犁田、播种、插秧、割稻、锄草、沤肥,李宏塔样样都在行。

劳动虽然辛苦,这些年轻的战士们仍不改其乐,用革命的乐观主义精神相互交流、相互鼓励。在稻田里插秧时,战友们常开玩笑说"我们都是'装甲兵'(庄稼兵)!"而爱读诗文的李宏塔此时却朗读起唐末五代僧人契此的《插秧偈》:"手捏青苗种福田,低头便见水中天。六根清净方成稻,后退原来是向前。"有的战友不懂这首诗的意思,李宏塔便向他们讲解诗中富涵的哲理。尤其是到了稻穗扬花结实的时候,看着自己辛勤劳动的成果,闻着醉人的稻花香,战士们不仅忘记了劳累,而且对从事农业生产的意义理解更深刻了。

谈到部队的农业生产,朱亚云说:"李宏塔后来在我们一班成了生产主力和能手,在生产劳动中他充分体现了吃苦精神。他一次可以挑200斤重的稻谷,而且因为他个子高,所以比别人跑得快。冬天,我们先挖一些大坑,用塘泥与稻草混合后埋到里面沤烂,到来年春天就是很好的沤肥。为了提高功效,李宏塔总是不顾寒冷,带头赤脚下到坑里把塘泥和稻草搅拌均匀。上来时,他双脚多处都被稻草茬刺得血痕累累。为此,部队首长多次表扬李宏塔不怕苦不怕累的先进事迹,他后来被部队评为劳动能手。"

"春种一粒粟,秋收万颗子""谁知盘中餐,粒粒皆辛苦",经过部队艰苦的农业生产,李宏塔才懂得了这些小时候背得滚瓜烂熟的古诗的真正含义。

第二章　昂昂不坠青云志，脚踏实地当自强

"每逢佳节倍思亲"，1966年春节，是还不满17周岁的李宏塔在部队过的第一个春节。在部队热闹的春节联欢会结束之后，他把对远在合肥的父母亲的思念付诸笔端，给他们写了一封信，把自己在部队的情况和感想向父母亲作了个汇报。过了一个月，李宏塔就收到了母亲田映萱的回信，他迫不及待地拆开信封，认真地读起来。

母亲在信中写道：

> 宏塔：来信收到，连部也来了一信，寄来一张游泳能手的奖状。从连部和你的信中，知你去部队以后有很大进步，部队同志们给你很多培养和帮助，锻炼了不怕苦不怕累的意志，应该说比入伍前有不少进步。我们听到你的进步很高兴。这是一方面。但另一方面，应该说和老战士比，和雷锋、王杰比，差的太远了。所以不能松劲，要在刚刚取得进步的基础上，更大踏步的前进。立志作一个彻底革命的战士，树立一切为革命、一切为人民的革命意志，严格要求自己，每一件事、每次训练都根据上级的要求，使自己达到高标准，不要求马马虎虎过得去，而要求功夫足、质量硬。现在和副班长结对开展一对红，这是领导上有计划的安排副班长帮助你、培养你，因此一定要发扬自觉革命精神，多征求副班长意见，多检查自己思想并向班长谈，主动和副班长配合，把自己锻炼成政治、思想、军事、劳动都过硬的好战士。
>
> ……
>
> 祝
>
> 工作学习进步
>
> 妈妈
>
> 1966年2月21日

母亲信中语重心长的教诲，使李宏塔进一步明确了自己在部队的奋斗目标，更加珍惜部队首长和战友们对自己的培养、帮助，他在以后的政治学

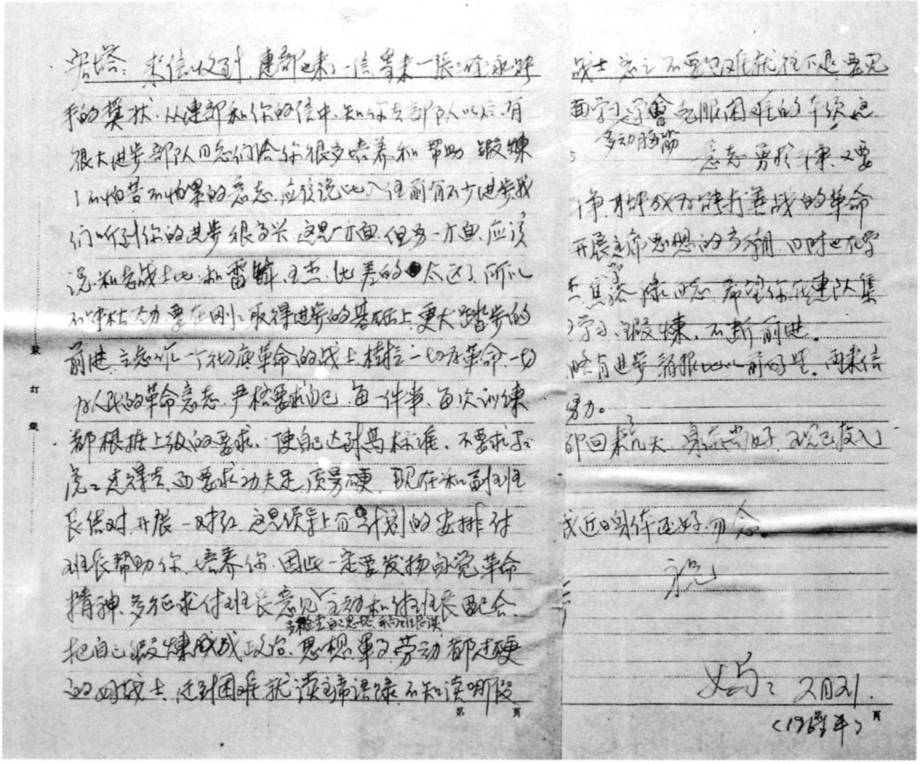

1966年2月21日，母亲田映萱写给李宏塔的信（安徽省档案馆藏）

习、军事训练和生产劳动中更加努力了。而母亲信中提出的"一切为革命、一切为人民"和"使自己达到高标准,不要求马马虎虎过得去,而要求功夫足、质量硬"的要求,则成为李宏塔几十年来在工作学习上始终度己以绳的标准。

1966年春天,已经入党的朱亚云担任了一班班长,他以"宁为百夫长,胜作一书生"的精神状态对班务工作更加投入,对战友们的管理和服务也更加热心。这时,连指导员代表组织告诉朱亚云,李宏塔是我党创建者之一李大钊之孙,他父亲是中共安徽省委书记李葆华,部队各级有关领导在保密的同时都要对他加以关心。朱亚云暗暗吃惊:这么一个高干子弟竟从未以任何形式向任何人表露过自己的身份。从那时起,朱亚云在军事训练和农业劳动中更加关注李宏塔了。

50多年后,朱亚云回忆道:"李宏塔在部队的农业生产和军事训练中,战友们都看不出他与大家有什么不同,更看不出他是高干子弟,他把自己只是当作普通一兵,在军事训练和农业劳动中吃苦在前,在日常生活中艰苦朴素,多好的同志啊。"当时在炊事班的战友冯永仙回忆说:"我们当时不知道李宏塔是个高干子弟,只知道他是个能吃苦的城市兵,他从不要求部队的特殊照顾,给我留下了很好的印象。"

部队的共青团组织一直在关注着已经递交了入团申请书,并且在政治学习、农业生产、军事训练和团结同志各方面都表现很好的李宏塔,经常派团干部找他谈心。李宏塔也积极参加团组织的各种活动,认真学习共青团的历史,进步很快。1966年4月,他在部队光荣地加入了中国共产主义青年团。

1966年5月开始的"文化大革命"运动,几乎波及所有领域,表现为"怀疑一切、打倒一切",在全国形成了大动乱局面。在这个大动乱中,被安徽人民称为"李青天"的省委书记李葆华也未能幸免,他被作为安徽省最大的"走资派"揪斗、关押,他的夫人田映萱和几个孩子也都受到不同程度的牵连、影响。对此,李宏塔心如明镜,他相信父亲对党对人民的赤胆忠心,绝没有造反派强加给父亲的那些罪名。当然,他也知道:每个人的生活都不会是一帆风顺的,总是常常有坎坷、时时有挫折,若能在困难时不失信念,不失信心,不失希望,才是一个革命者应有的品质,应有的胸怀。自己的爷爷李大钊不就是如此吗?爷爷有一个阳光从容的襟怀、一个乐观笃定的心态,无论生活如何对他,他都不会以沉默、以怨言、以眼泪去凝视生活,而是以笑容、以进取、以奋斗来拥抱生活,将生活变成他所期待的那么美。

部队首长此时也十分关心李宏塔的思想情况,安排班长朱亚云找他谈心。在与班长谈心时,李宏塔说:"请部队首长放心,我会正确对待父亲的问题,不会影响工作的。因为父亲是父亲,我是我,人生的路是靠自己走出来的。我相信毛主席和党中央。"

在此后的日子里,朱亚云欣慰地看到,李宏塔仍然像往常一样出操、站岗、劳动、训练,跟战友们朝夕相伴、和睦相处。朱亚云心中暗喜:这小伙子是个好苗子,他的未来可期,他的明天会更好。

那时,部队每天都要组织一个小时的政治理论学习。在当时的历史背景下,主要学习内容就是毛主席语录和"两报一刊"上的文章。由于李宏塔的文化程度相对较高,因此,凡是以班为单位学习时,一班的领读人就是李宏塔。看到班里大部分战友文化程度较低,李宏塔在领读时总是放慢节奏,对一些较难理解的概念和生词,他就通俗地讲解一番。一次,在学习毛主席关于军队文化建设的论述时,李宏塔读道:"没有文化的军队是愚蠢的军队,而愚蠢的军队是不能战胜敌人的。"他接着给战友们解释说,毛主席的这句名言是在抗日战争即将取得最后胜利的关键时期,在陕甘宁边区文教工作者会议上作演讲时提出来的,强调的是军队必须做好文化教育工作,使军队成为一个大学校,把笔杆子同枪杆子很好地结合起来。学习结束时,战友们都对李宏塔通俗易懂的解释赞不绝口。朱亚云清楚地记得,当学习毛主席关于"帝国主义和一切反动派都是纸老虎"的论述时,李宏塔也给大家作了细致的讲解:毛主席是告诉我们,从本质和长远看,帝国主义和一切反动派都是纸老虎,因此在战略上即总体上要藐视一切敌人和困难;而另一方面,它们又是活老虎、铁老虎、真老虎,应该在战术上即每一个具体问题上重视一切敌人和困难。

那时的部队文化生活比较单调，唱歌就成为活跃部队文化气氛、丰富战士文化生活的一个简便易行的活动。"饭前一首歌"是当时各部队普遍的做法之一，就是以连队为单位，在吃饭前大家齐声高歌一曲。整齐激昂的歌声有力地提升了部队的凝聚力，增强了部队指战员的荣誉感和使命感。"看电影（演出）前拉歌"也是当时各部队的"规定"动作。部队每周有一次组织看电影的机会，电影放映前，入场的各连队会开展一场类似比赛的"拉歌"活动。"拉歌"的口号是"某某连，来一个！"被"拉歌"连队的指导员这时会起立大声说："人家连队唱得不错，我们连会唱得更好，你们说是不是呀？"这个连队的全体指战员齐声回答"是！"接下来，这个连队就开始唱起来。李宏塔所在的连队是其中一个十分活跃的集体，而李宏塔常常成为领唱者之一。朱亚云回忆说："可惜那时可以唱的歌不多，我们经常唱的主要就是《解放军进行曲》《打靶归来》《三大纪律八项注意》和一些毛主席语录歌。"

"军歌应唱大刀环，誓灭匈奴出玉关。"军队首先是一个战斗队，是为打仗而存在的。李宏塔在部队的几年，不仅美国增兵越南燃起南方战火，而且中苏关系也很紧张，两国边防部队武装对峙，边境冲突以致流血事件时有发生。为了做好随时上战场的准备，部队在抓好农业生产的同时也加强了军事训练。

1966年春节前的一天深夜，练习了一天瞄准投弹的战士们已进入了甜美的梦乡。突然，紧急集合号响起，入伍不到一年的李宏塔和战友们迅速起身，离开了温暖的床铺，几分钟就打好背包配好武器在门外整齐列队，部队的又一次半夜紧急拉练开始了。冒着严寒，李宏塔紧跟大部队快速行进在冰雪覆盖的道路上。10公里过去了，20公里过去了，老兵们依然体力充沛大气不喘，而李宏塔的步速开始慢下来。朱亚云见状走过来，二话不说，就把李宏塔的枪拿过来扛在自己肩膀上。30公里过去了，40公里过去了……全班按命令要求准时到达了目的地，无一人掉队。朱亚云回忆说："行军几十公里，在冬天，衬衣会被汗水湿透，而在盛夏，汗水甚至会浸透背包,到驻地后大家都需要将湿了的被子晒干,否则无法睡觉。在夜晚和白天的多次拉练训练中,李宏塔不怕吃苦、从不掉队,到1967年时,他已成为一个越练越强的老兵。当时部队规定在行军时,各班的副班长负责背负全班的公用餐具。有一次行军中我们副班长生病,李宏塔主动要求自己背负全班公用餐具行军。到达目的地吃饭时,战友们开玩笑说:用小李背来的盆盛菜格外好吃!"

武装泅渡是一项重要的军事技能,而游泳是武装泅渡的必备基本功。溧阳地处太湖西部水网区,区内河湖纵横密布。部队驻地东边有一条大河,给部队游泳训练创造了较好的条件。李宏塔从小就喜欢游泳,在部队组织的一万米游泳测试中,李宏塔以优异的成绩名列前茅,获得了部队颁发的特等奖,引来许多战友的羡慕。但是在一班,也还有半数以上的战士不会游泳。李宏塔急战友们之所急,在进行游泳训练时,自告奋勇地担任游泳教练。他耐心地给战友们讲解动作要领,在水里做示范并鼓励大家要勇敢下水实践。当时,步兵部队的武装泅渡,要求下水时每人携带一支半自动步枪、四枚手榴弹、一个8斤重的沙袋和一个军用水壶,总重约10公斤,在水中连续泅渡距离是500米。这是一个难度很大的军事训练项目,没有经过平时严格训练、缺乏良好的体力和技巧是很难完成的。朱亚云原来不太会游泳,经过李宏塔的指导,他很快掌握了要领,游泳水平明显提高。在武装泅渡测试中,朱亚云和李宏塔都以优秀成绩过关,双双荣获了"游泳能手"称号。

枪是军人的第二生命,实弹射击是军人的核心本领之一,射击水平的高低是评价一个军人的重要标准。李宏塔知道,古代骁勇善战的将士大都有百步穿杨的本事,自己的部队里也有为数众多的战友是神枪手。然而他更清楚,无论是古代还是现代,想要获得高超的射击技术必须付出一番艰苦努力。所以,他在部队组织的射击瞄准练习中十分认真,夏天一身汗、冬天一身霜是他的训练常态。功夫不负苦练人。在部队来到靶场进行实弹射击的第一练习中,李宏塔就打出了"优秀"的成绩。在准备打第二练习前,他认真研究了两个练习的不同点:第一练习有依托,第二练习无依托；第一练习距离100米，第二练习距离200米；第一练习射击9发子弹击中80环为优秀，第二练习射击9发子弹不计环数，中靶7发为优秀。在射击能手的指导下，李宏塔针对自己臂力不太强的弱点重点强化臂力训练，俯卧撑、单双杠每天苦练不止。经过坚忍不拔的努力，他使自己的臂力有了较大幅度的增强。在实弹射击的第二练习中，李宏塔又打了个优秀，受到部队首长的表扬并被评为射击神枪手。在难度更大的白天400米射击训练中，射击者只要射中靶标就可定为特等射手，李宏塔又一次不负众望，击中了靶标。

1968年，朱亚云回家探亲时与邻村的姑娘董婉芳结婚。董婉芳比朱亚云小3岁，也是个贫苦人家的孩子，她从小就养成了忠厚朴实、吃苦耐劳的良好品质。婚后不久，董婉芳到离上海不远的溧阳探亲。部队的战友们见到了还是新娘子的董婉芳，免不了在向这对鸾凤和鸣的新人祝福的同时，向他们要喜糖，营房里外喜气洋洋。第二天下午，细心的董婉芳看见战士们晾晒的不少衣服有破洞或撕开了口子，她准备好针线，等战士们各自收回衣服后，她一一为他们缝补。李宏塔、冯永仙甚至连长的衣服、蚊帐，董婉芳都为他们缝补过。李宏塔每每回忆到这些事时就说：作为军嫂，董婉芳认为这都是自己的分内之事，但却给我们这些与朱亚云风雨同舟、亲密无间的战友们送来了家一样的温暖。

27军是淮海战役的主力部队之一，而淮海战役的胜利是军民齐心协力的结果。淮海战役期间，江苏、山东、安徽、河南四省共出动民工543万人，调用大小车辆88万辆，筹集粮食9.6亿斤。所以，陈毅说：人民才是我们真正的优势，淮海战役的胜利是人民群众用小车推出来的。军爱民、民拥军的军民鱼水情不仅体现在战争年代，也始终体现在和平年代，而李宏塔也多次为此作出了自己的贡献。

实弹射击靶场在离营房数十公里远的山区，部队进行实弹射击训练时要在靶场附近村子里的老乡家住一个星期。一班住的老乡家只有两间不大的旧房子，老乡全家住一间，腾出一间给一班。由于山区有狼，这家老乡晚上不得不把他喂养的一头猪也关在一班借住的房间里。老乡对比深感抱歉,朱亚云安慰他说:"这没有什么关系,我们大部分战士都是来自农村,知道养个猪不容易。"每天早晨,李宏塔总是抢着打扫和整理房间,不怕脏不怕累。实弹射击的间隙,他就与战友们一起帮这户老乡干些农活。射击训练结束要返回营房了,李宏塔和战友们又把房间恢复原样,与老乡握手告别。对这支即将告别的纪律严明、和蔼可亲的部队,这家老乡恋恋不舍,他握着朱亚云的手感动地说:你们真是人民的子弟兵啊。

部队农场附近有一条小河,河口镇的机帆船经常要在河里运输化肥、种子等农业物资。1967年深秋的一天,李宏塔和战友们正在农场的田里劳动,连长突然命令他们全排集合前往小河边执行紧急任务。原来,由于秋天雨水少,小河水位下降,一艘满载的机帆船在河道中搁浅,船上的人只好向部队求援。来到小河边,全排30多人分为两批,一批人在河岸上用绳索对船进行牵拉,一批人下到河中推船。很显然,下水推船的人肯定更吃力、更辛苦。李宏塔毫不犹豫地对排长说:"我个子高,我下水推船。"他和一些战友下到河里,不顾浑身的泥水,在排长的统一号令下与岸上的战友们奋力合作,终于把船推到了深水区。在晚霞的映照下,李宏塔和战友们高唱着《三大纪律八项注意》回到了营房。第二天,河口镇的领导专门来向部队表示感谢,充分体现了军民亲如一家、唇齿相依的深厚情谊。

1969年春节刚过,李宏塔和一批战友接到上级的命令,他们2月底将退伍离开部队,回到各自的家乡。汉代名将李广文武兼备、战功赫赫,但始终未得封授爵号,给后人留下了"李广难封"这个典故。而军政素质高、群众关系好、还不满20周岁的李宏塔,却因为父亲李葆华被诬为"安徽省最大的走资派"这样的所谓"政治问题"而受到牵连,这次也必须退伍了。

相处多年的亲密战友即将分开,天各一方,大家很有"此地一为别,孤蓬万里征"之感。经过一周左右的时间,工作交接、手续办理都井井有条地完成了,战友们最后分别的日子到了。李宏塔和朱亚云、冯永仙等退伍的战友,不仅依依不舍地同留在部队的战友们告别,他们互相之间也要告别了。这些在艰苦劳动和严格训练中从不落泪的刚强战士,此时都失声痛哭。他们互相再次敬了一个标准的军礼,各自踏上了回家的路程。

对李宏塔来说,四年多的部队生活是短暂的,但部队的影响和教育却给了他受益终生的精神财富,与战友们"相逢一醉是前缘"的深厚感情也永远刻印在他的心里。

二、在化工厂的日子

"雄关漫道真如铁,而今迈步从头越。"

1969年3月,李宏塔从部队退伍。按照政策规定,他由合肥市民劳局安排工作,被分配到合肥化工厂当了一名普通工人。

合肥化工厂位于合肥市东郊泗河之滨,南临合裕公路,北靠淮南铁路,这是个始建于1957年的国营老厂,主要生产用于农业的1605、六六粉等各种农药,在计划经济时代是国家政策确保的农资产品,具有十分重要的地位。

"文化大革命"开始后不久,工厂被部队接管,也学习部队建制。厂领导是6408部队派来的一个营级干部,于是,车间、班组便改称为连、排、班。李宏塔被分配到一连,即原来的氯化车间,工艺就是把氯气和苯混合,生产六六六农药,是合肥化工厂毒性最大的车间。

当时,和李宏塔一起进厂的青工还有不少,其中也有高干子弟。大家一进厂都纷纷打听可能会被分配做什么工作,有的忙于找关系说情,希望能够分配好一点的工作。只有李宏塔似乎像没事人一样,既不打听,也不议论。结果可想而知,还真的偏偏就是他被分配到了最艰苦的一连。有人说,这是因为他父亲李葆华是"走资派"的原因;也有人说,他母亲应该总还认得几个人吧,谁叫他不去找找关系……可李宏塔也许是根本就没听见,也许是根本就没想过这些,也许是根本就不在乎这些。"自知者不怨人,知命者不怨天。"就像他去上军校结果却当了个兵,而且还是个"庄稼兵",种了四年田一样,他认为:革命工作本来就是不分高低贵贱的,舒适的安乐椅里培养不出健全的灵魂,坐享丰裕的物质生活只会造就无能的侏儒。他想起了鲁迅的告诫:"上人生之途罢,前途很远……然而不要怕。不怕的人面前才有路。"出乎那些满以为李宏塔可能会去争取换个工作的人的意料,李宏塔什么反应也没有,竟高高兴兴地到一连报到上班了。

六六六农药俗称六六粉或林丹,成分是六氯环己烷,是苯的每个碳原子上的一个氢原子被氯原子取代形成的饱和化合物,剧毒。1825年由英国科学家迈克尔·法拉第首次合成,但直到1935年,六六六的杀虫性才被发现,1941—1942年,英国和法国的科学家也发现其杀虫性,1946年开始规模化生产。由于其分子式$C_6H_6Cl_6$中含碳、氢、氯原子各6个,正好是3个六,故称"六六六"。作为一种广谱杀虫剂,一般可加工成粉剂或可湿性粉剂使用。由于其用途广泛,制造工艺较简单,20世纪50年代到60年代曾在全世界广泛生产和应用,更一度是我国产量最大的杀虫剂。但由于其化学性质稳定,难以降解,对农作物和土地高污染、高残留,残留期可长达四五十年。更可怕的是有机氯类农药挥发性不高,脂溶性强,容易通过食物链在人体内蓄积,侵害肝、肾及神经系统,具有慢性和潜在的毒性作用,危害身体健康。因此,世界各国早已禁止生产和使用。我国也在1983年停止生产六六粉,1987年明令禁止销售和使用有机氯类农药,但它们曾在我国使用长达30余年,残留问题不容忽视,至今仍有检出。

作为六六粉生产车间,当时合肥化工厂技术条件还比较落后,有害气体腐蚀性很强,工人上班必须得戴着防毒面罩。由于是剧毒车间,工人享受的也是一级营养补贴费,每月8元。当时,学徒工每个月的工资只有18元。李宏塔虽然是从部队退伍进厂的,不需要经过学徒期,直接定为二级工,每个月工资也就是36元钱。李宏塔为人开朗豁达、诚恳朴实、待人和气,他牢记祖父"劳工神圣"的名言,始终与工友们友好相处,打成一片,安危与共,在大家眼里,他没有一点想象中高干子弟的习气。

在工厂与工友们接触时间长了,李宏塔能够从他们的言行中体悟到普通劳动人民的优秀品质:吃苦耐劳、坚忍不拔、艰苦奋斗、自力更生、勤劳俭朴、助人为乐、勇于牺牲……李宏塔在每天不断重复的操作中,按照工友们的标准锤炼着意志、塑造着品质、标记着初心。工友们提到他,都会不约而同地竖起大拇指说:"小李好样的。"

化工企业一般都是三班倒。巧的是,李宏塔上班第一天就轮上了夜班。那天晚上,是班长老包和青工小费的班。李宏塔刚来,老包便让他跟班学习,先熟悉熟悉再说。虽然上班主要也只是看看仪表,但还是不断地要作些记录和操作。到了深夜,小费看着看着竟睡着了,班长老包一个人忙不过来,李宏塔就主动上去当助手,在老包的指导下参加操作。老包很高兴,也很满意,事后逢人便夸奖李宏塔,说:"第一天就能动手,真不错。"

可李宏塔对自己却很不满意。虽然他按照班长老包的要求做了,班长对他做的也很满意,可他觉得自己其实是糊里糊涂的,完全不知道自己做了些什么,也不知道为什么要这么做,更不知道如果不这么做或做错了会有什么后果。这使李宏塔很不自在。他从小就有不畏难、不服输的性格。在经过部队大熔炉的锻炼之后,他变得更成熟了。

书到用时方恨少。李宏塔在初中阶段虽然也上过化学课,但那只是学了些基本概念,连"入门"都算不上。对于什么是"氯碱",什么是"六氯代苯",什么是"有机氯",什么是"化合分解",什么是"反应釜",他都是一知半解,似懂非懂。班长告诉李宏塔说,氯气弄不好会有外泄的危险,偶尔还可能会发生爆炸,必须十分小心。听了班长的提醒,他不是害怕,而是更急于想弄明白为什么会泄漏、在什么情况下会爆炸、怎样才能防止泄漏和爆炸。

如何找到这些答案,只有学习。向实践学习,向师傅学习,向书本学习。从此,李宏塔上班时便多了个心眼,注意观察、记录和思考。遇到一时想不通的问题便悄悄记下来,一有机会便向班长老包或其他师傅请教。他还多次到位于四牌楼的合肥最大的新华书店去买有关化工方面的书籍来读。只可惜当时李德生率中国人民解放军12军来安徽军管并成立省革命委员会稳定社会秩序才刚刚一年,"文化大革命"以"破四旧"之名毁书烧书的影响还远未消除,新华书店中除了马克思、恩格斯、列宁、斯大林、毛泽东著作之外,其他方面的书实在少得可怜,不能满足李宏塔的需要。

自古成才皆靠学,唯有坚持能成功。正如诸葛亮在《诫子书》中所说:"夫学须静也,才须学也,非学无以广才,非志无以成学。"李宏塔从小就受父母的教育,要虚心好学,所以他从小就养成了爱读书、爱学习的习惯。他明白,自己立足现代化工企业的生产岗位,对生产设备的应用管理、对产品的质量检测把关,不能只知其然、人云亦云,而必须要知其所以然,努力学习掌握化学基础知识和化工原理,才能当一名合格的工人。这时,他想到了中国的"保尔·柯察金"吴运铎、著名数学家华罗庚、美国的著名发明家爱迪生,他们都曾面对无学可上的窘境而不怨天尤人,以顽强的毅力坚持自学,终于攀登上知识的高峰。

苏轼说过:"古之立大事者,不惟有超世之才,亦必有坚忍不拔之志。"李宏塔就是这样一个一旦咬定追求目标就刻不容缓、立即行动、不达目标不止步的人。显然,一个人做什么事情都要有一个明确的目标,有了明确的目标便会有奋斗的方向。目标是永不熄灭的人生火炬。他在厂里向有关工程技术人员借阅他们珍藏的化工原理、化工机械、化工词典之类的书,回家后把几年前自己中学时的化学教材、物理教材和《新华字典》找出来,桌上的书经常堆叠如山,背包里也时常塞得满满当当。厂里还有几个刚从化工技校分配来的女学生,由于都是单身,住在厂里的集体宿舍,她们更是李宏塔借书和请教的重要对象。而她们对李宏塔也很热情,特别是后来成为李宏塔妻子的赵素静,可以说对李宏塔的帮助最多、最大。

在赵素静她们的鼓励下,李宏塔学习的劲头更足了,他的业余时间几乎都用来学习专业知识,古人描述的"孤村到晓犹灯火,知有人家夜读书"的场景在李宏塔的房间极为常见。

从道尔顿的原子论到门捷列夫的元素周期律,从化学反应原理到各种化学产品性能及其使用知识,从古人的炼丹术到科技发展史,李宏塔都广泛涉猎、认真研学。朱熹云:读书之法,在循序而渐进,熟读而精思。通过对无机化学、有机化学、分析化学有关基本理论、基本概念较系统的学习和对化学思考题、实践题、实验推理题、计算题的反复练习,通过对化工机械、化学工程与工艺主要知识的学习,李宏塔进一步认识到:化学是以实验为基础、研究物质及其变化的学科，它强调科学性和探究性。当今世界，工业革命引起传统生产方法和产业结构的变革，使社会生产力进一步得到解放。在这些巨大变革中，化学和其他学科紧密配合，起到了不容置疑的核心科学的作用，它在人类生活和社会活动各个领域中都显示出无可争议的极其重要的作用，得到了极其广泛的应用。这不由使他想到了列宁的一段精彩论述："只有用人类创造的全部知识财富来丰富自己的头脑，才能成为共产主义者。"

孔子把学习的过程划分为学、思、习、行四个阶段，其中"习"有温习、练习、实习的意思。他尤其主张"学而时习之"，把"习"看作是掌握知识的重要环节，可以"温故而知新"。当然，不同的人用来"习"的材料和形式也不尽相同。李宏塔的"习"主要是在化工厂的值守岗位上和与之相关的设备及工艺上，他拿出当年在部队练习射击的那股劲头，勤学苦练、锲而不舍、攻坚克难。1972年夏天，合肥化工厂在进行技改时，组织一部分工人和技术人员专程到上海参观较先进的反应釜，学习操作技术，李宏塔也参加了。他十分珍惜这次参观学习的机会，虚心向上海的师傅们请教，受到他们的称赞。

反应釜是化工企业一种实现物理或化学反应过程的设备，它可用来完成硫化、硝化、氢化、烃化、聚合、缩合等工艺过程。工欲善其事，必先利其器。不久，善于学习的李宏塔就掌握了反应釜的规范操作、安全维护技巧。李宏塔继续巧妙地把"习"与"行"结合在一起，使工作实践有效地得到了理论的指导。在自己的努力和工友们的帮助下，李宏塔很快就能独当一面了，他成为车间的生产骨干。由于他技术精湛，工作成绩突出，被提拔为厂里的技术专员。

"不积跬步，无以至千里；不积小流，无以成江海。"同在部队时一样，李宏塔忘餐失寝地刻苦学习、大胆实践，使他成为自主驾驭生产设备的行家里手。胡适说："没有一点努力是会白白丢了的。在我们看不见想不到的时候，在我们看不见想不到的方向，你瞧！你下的种子早已生根发叶开花结果了。"五十多年后，李宏塔在和朋友们聊天时，居然还能准确地讲述运用在化工厂生产过程中的电化学原理，可见当时他博学强记打下的基础多么扎实。

谈到氯化车间工作的危险性，班长老包最有发言权。在一次生产过程中，一个合成釜裂开了，剧毒的氯气泄露出来。老包叫大家撤出车间，他则冲向阀门。这时，李宏塔毫不犹豫地跟随班长，冲入了浓烈的氯气中。他们二人齐心协力，一口气关上了五个阀门。在最后一个阀门前，李宏塔用尽全力也无法转动。已经中毒的老包，趴在地上用最后的力量对李宏塔说：快去取扳手！李宏塔立刻跑到工具柜前，迅速拿出扳手回到六号阀门，很快将这个阀门关上，解除了危险。

1976年9月，从合肥工业大学毕业后，李宏塔放弃可以去更好的工作单位的机会，回到了他热爱的合肥化工厂，仍然与工友们朝夕相处。这是厂领导们想都没有想到的，也是使厂领导高兴的。因此，在李宏塔担任技术员的同时，厂里又安排他参与"革新、改革、挖潜"工作，并兼任共青团干部。

"待到山花烂漫时，她在丛中笑。"1978年4月，李宏塔在合肥化工厂光荣地加入了中国共产党，曾同他履险与共的班长老包是他的第一介绍人。

四十多年来，不管自己职位如何变动，李宏塔一直不忘包师傅，与他保持着如兄如弟的联系，正是"同门兄弟最情亲，水别云期四十春"。2023年春节前，年逾八十的师傅老包感染了新冠肺炎，病情严重，又因此时的医院病患过多无法入院就医。李宏塔听说后心急如焚，他因疫情防控隔离在家不能外出，于是打电话委托省政协老干部处的王守权想方设法联系了医院。老包师傅入院检查时已形成"白肺"，病情十分危急，经医院及时抢救才脱离了危险。

在合肥化工厂工作的几年，是李宏塔扎根工人群众和生产一线，虚心学习、锻炼成长的一个重要人生过程。可以说，有了这几年的经历，才使他在后来的各个工作岗位上都能想到基层的职工群众，以实现"初心"、完成"使命"的标准来要求自己。

三、大学校园岁月稠

李宏塔在学习上的勤奋努力、在工作上的认真负责闻名车间内外,也被组织上充分肯定。根据他的良好表现,1973年9月,合肥化工厂领导推荐他到合肥工业大学学习,他被分配到电机系发配电专业。李宏塔怀着对合肥化工厂莫大的感恩之心进入了合肥工业大学。

自"文化大革命"开始后,高等学校停止招生,"停课闹革命"长达四年之久。1970年,经中央批准,中断了四年的高等学校招收新生工作首先在北京大学、清华大学恢复。由于仍然是在"文化大革命"错误思想指导下的招生,所以高等学校历来实行的统一考试、择优录取的招生办法被诬蔑为"修正主义的招生考试制度"而明令废除,规定"实行群众推荐、领导批准和学校复审相结合的办法",学制缩短为2至3年。各高校课程设置原则为:以毛主席著作为基本教材的政治课,实行教学、科研、生产三结合的业务课,以备战为内容的军事体育课。虽然大学重新开始运转起来,但这些严重违背高等学校管理规律、教学规律的"改革",使得高等学校仍处于混乱状态。

合肥工业大学坐落于合肥市屯溪路193号,该校创建于1945年,几易校名,1958年9月正式定名为合肥工业大学,1960年被中共中央批准为全国重点大学,在全国具有较强的影响力,其巅峰期更是与哈尔滨工业大学并称为"南合北哈"。

迈入学校大门,迎面是三座教学大楼。李宏塔似乎听到了琅琅书声、看到了春风化雨。他认为机不可失,必须以只争朝夕的精神投入到学习生活中去。

在当时的形势下进入大学,对酷爱学习的李宏塔来说可谓喜忧参半。但他有着超常的自控力,可以很快从喧嚣中沉静下来,以"不破楼兰终不还"的坚强毅力,理性而自有主张地面对当时的学校生活,把主要精力投入到听课、复习、实验、读书上去。

从安徽省池州市科技局退休的谢庆生,在合肥工业大学上学时与李宏塔同届，但他是在农业机械系。谢庆生回忆道："李宏塔同学在学校衣着极为朴素，我看到他经常穿着合肥化工厂的工作服。他与同学们相处十分融洽，下了课，他和三五个同学一起手持饭盒，说说笑笑地到食堂排队打饭。"在合肥工业大学浓厚的学习氛围中，每天晚上，李宏塔都是在教室看书学习，经常乐而忘返，有时过了11点被同学提醒，他才恋恋不舍地回到宿舍。尽管家离学校不太远，但他经常利用星期天时间去图书馆看书而放弃回家的机会。

耳闻之不如目见之，目见之不如足践之。为了培养训练学生的动手能力，当时合肥工业大学在各个系都创办了校办工厂，作为学生的实践基地。电机系的校办工厂就在校内。李宏塔来自工厂，知道理论与实践相结合的重要性，所以他积极参加工厂实践，把课堂学到的理论知识在实践中加以巩固和提升。在学校农场的劳动实践中，他更是驾轻就熟，从部队学到的农业知识和技能在这里都有了用武之地。

李宏塔从小就养成了热爱体育活动的好习惯，尤其喜欢游泳、篮球和跑步，一直坚持不变。在合肥工业大学，他几乎每天跑步、打篮球，短跑和长跑更是他的强项。

汤锡川曾是安庆市教育系统的团干部，退休前是安庆二中数学高级教师。2023年3月19日，汤锡川在合肥与几位共青团老干部来李宏塔家拜访，他与李宏塔不约而同回忆起上世纪在大学里参加体育活动的情景。原来，1974年5月，他们二人分别是安徽师范大学和合肥工业大学校田径队的短跑运动员，每天进行强化训练，准备作为安徽省大学生运动员参加当年秋季在重庆举办的全国大学生运动会。汤锡川的跨栏项目成绩优秀，起跑快如闪电；李宏塔的一百米短跑疾如旋风、追光逐电，他那时的成绩稳定在12秒以内。当时如果不是这次全国大学生运动会因故被取消，他们两人在四十多年前就共同携手在体育竞技场上，早就成为老朋友了。

1975年秋天，合肥工业大学组织了一次环城马拉松比赛，锻炼多年的李宏塔理所当然也报名参加了。发令枪响后，参赛选手们在校内体育场先跑一圈，然后从学校大门跑出，按预先规定的路线，在合肥市区的街道上展开竞赛。李宏塔身高腿长体能强,在部队经常参加急行军训练,使他信心满满。但想不到强中更有强中手,不少人跑得比他更轻松。由于求胜心太强,李宏塔在跑过半程时,加速过猛,体力有些不支。这时,是半途而废还是坚持下去,考验着李宏塔的意志。

一定要坚持下去,不管得什么名次,一定要跑到终点,这才是最重要的。李宏塔想到参加部队万米游泳时的呼吸调整技巧,于是也如此这般地调整自己的呼吸,使步伐逐渐均匀起来了。

当李宏塔跑回学校大门时,已是第一梯队的选手。许多不跑马拉松的师生都站在学校大门口道路两侧观看,其中一些熟悉李宏塔的同学看见了他,便一起高声呼喊他的名字,为他加油助力。由于体力消耗过大,只见他接近终点线时显得有些疲劳,但仍然以顽强的意志坚持跑完了全程。冲线后,在两个同学的扶持下,他一边进行适应性慢走和调整呼吸,一边笑着向前来祝贺的同学们表示感谢。

以这次马拉松比赛可以见证,李宏塔自年轻时就具备了认准目标永不言弃的意志力。同时也使李宏塔感到,天外有天,人外有人。虽然自己有长跑基础,但如果为名次困扰,就很容易表现失常,甚至可能半途而废。只有不计名利,保持一颗平常心,才能够活得轻松,跑得欢快,顺利地走完人生的旅程。

合肥工业大学屯溪路校区的东南角有一个斛兵塘,又名站塘、量兵塘,面积约6.7公顷。这个已有1 700多年历史的斛兵塘,现在是合肥市级文物保护单位。相传三国时期,曹操率领大军进攻东吴时屯兵合肥,安营扎寨后人马浩荡、无法计数。为了清点士兵,曹操便命令开挖了口旱塘,作为计量士兵人数的场所。在清点时,让士兵排队依次下到旱塘中。士兵站满一塘后就上来,下一批再下去,如此反复,像用斛量大米一样,很快就点清了士兵人数。此塘用过后被废弃,积水成塘,"斛兵塘"由此得名。一代枭雄曹操巧妙运用这一化零为整的科学思维方法,解决了点兵难题。斛兵塘既是智慧的体现,如今也是合肥工业大学的文化符号之一,斛兵礼堂、斛兵学苑、斛兵论坛、斛兵学者、斛兵文化大讲堂等应运而生。合肥工

1975年秋与同学们合影于合肥工业大学大门口

业大学"厚德、笃学、崇实、尚新"的校训中也可以找到斛兵精神的内涵,指引着一代代合工大人不断奋勇前行。

20世纪70年代,合肥工业大学校园的排水设施不完备,校园偌大面积的雨水裹挟着泥土沙粒、枯枝落叶甚至垃圾都冲入斛兵塘,天长日久使塘底淤积,塘内水质腐败、气味难闻,成为校园环境卫生的突出问题。为了保持良好的校园环境,学校每两三年就要组织师生对斛兵塘进行一次清淤疏浚。在这一劳动中,李宏塔总是出现在又脏又累的挑淤泥队伍里。劳动结束时,他已是满身泥污和汗水。眼看着斛兵塘"霜明沙渚净,露寒岸草滋",李宏塔露出了欣慰的笑容。

世界上的事情有时就是这样奇妙。就在李宏塔在合肥工业大学学习的同一时间,陈独秀的孙子陈长琦也来到合肥工业大学学习。

想当年,在北京大学校园内,陈独秀和李大钊虽然相差10岁,却是志向相投的莫逆之交。早在北大共事之前,陈独秀与李大钊就曾于章士钊在日本办的《甲寅》杂志上有过关于爱国主义问题的思想对话。陈独秀鉴于对现实的悲愤,写了《爱国心与自觉心》,痛惜中国并未形成"近代国家观",国人也没有爱国的"自觉心"。而李大钊则以《厌世心与自觉心》一文进行呼应,呼吁人民不要放弃爱国主义信念,要提振信心,要"求一可爱之国家而爱之",试图"申独秀君言外之旨"。虽然陈、李二人的文章对爱国主义的陈述角度不一,但对爱国主义的追求却是一致的。这种一致性成为两人在北大天衣无缝地合作共事、共同领导五四新文化运动的思想基础。

北大共事期间,陈独秀与李大钊接触频繁。李大钊不仅成为《新青年》的轮流主编,也是主要作者之一。《新青年》及后来李大钊与陈独秀共同创办的《每周评论》成为他们宣传马克思主义和社会主义学说,以及俄国十月革命的重要阵地。

五四运动期间,陈独秀和李大钊并肩作战,不仅积极领导、支持和参加学生的爱国运动,而且当北洋政府逮捕爱国学生后,他们又努力营救并给予行动指导。1919年6月11日,陈独秀和李大钊共同起草了《北京市民宣言》传单。陈独秀在亲自散发传单时被捕入狱，李大钊立即展开营救，并责无旁贷地担负起这场爱国运动的领导重任。

1919年9月16日，经李大钊努力营救及在全国舆论的压力下，北洋军阀被迫同意陈独秀保释出狱。李大钊当日以激动的心情赋诗："你今天出狱了，我们很欢喜……什么监狱什么死，都不能屈服了你；因为你拥护真理，所以真理拥护你……"

1920年初，陈独秀受邀秘密前往武汉发表宣传社会主义革命的演讲，遭湖北军阀当局驱逐。早已收到消息的京师警察厅准备在陈独秀回到北京时再次将其逮捕。李大钊获此消息后，决定亲自护送陈独秀离京。此时恰逢北方收账时节，李大钊雇了一辆骡车，装扮成收账先生，让陈独秀坐在车内。为了避免暴露陈独秀的南方口音，沿途食宿等一切交涉皆由李大钊出面办理。也就是在这辆去天津的骡车上，陈独秀与李大钊"商讨了在中国建立共产党组织的问题"。这就是后来传为美谈的"南陈北李，相约建党"的故事。

1927年，李大钊被捕后，陈独秀领导的中共中央立即动员各界力量开展营救。当李大钊得知北方铁路工人组织想通过劫狱营救自己后，表示坚决反对，他说："我个人为革命、为党而牺牲，是光荣而应当，且已经是党的损失……我不能再要同志们来作冒险事业……不要使革命力量再遭损失。"得知李大钊等英勇就义的消息，陈独秀异常悲痛，他说："守常是一个难得的好人。他的生平言行，如日月经天，江河行地，光明磊落，肝胆照人。"

"北大红楼两巨人，纷传北李与南陈；孤松独秀如椽笔，日月双悬照古今。"1933年，在为李大钊举行公祭送葬的队伍中，有一副挽联是这样写的："南陈已囚，空教前贤笑后死；北李如在，哪用我辈哭先生。"作者将"南陈北李"四字嵌入挽联之中，可见当时"南陈北李"已在社会上享有盛誉，并广为人知。

也许谁也不会想到，半个世纪之后，两位伟人的孙子竟会再次来到同一个校园内。不知这是偶然还是天意？

尽管李宏塔和陈长琦原来并不认识，又不在一个系，但由于他们都爱好体育，也彼此知道对方的家世，两个人还是互相认识、有所接触的。只是在当时"文化大革命"极"左"思潮的环境下，曾被毛泽东称为"五四运动总司令""他对我的影响也许要超过其他任何人"的陈独秀，被扣上了机会主义的二次革命论、右倾机会主义、右倾投降主义路线、托陈取消派、反共产国际、反党、反革命、汉奸、叛徒等9顶帽子。而为了突出毛泽东为建立中国共产党的贡献，党的主要创始人李大钊的形象也被淡化。更何况，当时李宏塔的父亲李葆华被打成"安徽最大的走资本主义道路当权派"刚获平反。因此，李宏塔和陈长琦这两个因在各自岗位上表现突出而作为不同的典型被录取上大学的特殊青年，为人处事难免比其他人都要多几分谨慎。

剪不断，理还乱。不管是有意识或是无意识，显意识还是潜意识，承认也罢否认也罢，他们之间似乎总有一堵看不见的"墙"，他们各自的心中恐怕也都有几分不愿承认的顾虑，使他们已不可能再像他们的祖父一样，指点江山，激扬文字，无拘无束，自由奔放了。

时光荏苒，2019年11月16日，离开合肥工业大学已40多年，且已退休的李宏塔应合肥工业大学党委邀请，再次回到母校，作为主讲人，在"不忘初心、牢记使命"主题教育中开设了一堂特别党课。

这天下午，合肥工业大学学术会议中心大报告厅内座无虚席。合肥工业大学党委书记余其俊在阐述这次党课的意义时说："学校深挖红色资源、校友资源，将爱国主义融入主题教育之中，将红色教育作为主题教育鲜亮的底色。通过组织开展一系列形式多样的爱国主义教育、理想信念教育和革命传统教育活动，引领广大师生传承'红色基因'、秉承'工业报国'之志，以担当作为淬炼初心使命，确保主题教育显特色、出实效。"

参加这次党课的师生们对老校友李宏塔早有所闻，都知道他一家三代人为了革命事业"富贵不能淫，贫贱不能移，威武不能屈"，他本人也是"虽然大器晚年成，卓荦全凭弱冠争"，不仅对他充满了敬意，也期盼着他精彩的演讲。

讲台上的李宏塔果然不负众望,他开讲的第一句话,就获得了全场一片热烈的掌声。在党课中,李宏塔结合自身成长经历、工作经验、学习心得,深情回顾了我们党在创建初期面临的困难和严峻考验,重温了一代又一代共产党人创造、践行、丰富"革命精神"的具体实践。一根红线系三代,一袭家风传初心。他紧接着又讲述了自己作为革命后代,与祖父李大钊、父亲李葆华三代人关于革命初心和清廉家风的感人故事。他说,自己经常用"革命传统代代传,坚持宗旨为人民"这副对联自勉,并以此教育下一代。

红色传承赋予李宏塔牢记初心的政治本色、一心为民的家国情怀和修身律己的优良家风,在母校的这次党课上,他以最朴实的语言讲述了革命先辈最感人的故事。党课结束,余音绕梁。生动的故事内容在合肥工业大学引起了热烈反响,现场师生纷纷表示,要以李宏塔一家三代对共产主义理想的坚定信仰为榜样,以李宏塔一家三代所传承下来的勤俭质朴、清正廉明的家风为标杆,把党的初心和使命铭刻于心,培育高尚的道德情操,养成良好的生活作风,将爱国情转化为奋斗行,在自己的岗位上为学校的"双一流"建设、国家发展和人民幸福贡献智慧和力量。

第三章
"五四"火炬映青春，朝气蓬勃显风流

> 吾侪振此"晨钟"，期与我慷慨悲壮之青年，活泼泼地之青年，日日迎黎明之朝气，尽二十棋黎明中当尽之努力，人人奋青春之元气，发新中华青春中应发之曙光，由是一一叩发一一声，一一声觉一一梦，俾吾民族之自我的自觉，自我之民族的自觉，一一彻底，急起直追，勇往奋进，径造自由神前，索我理想之中华，青春之中华，幸勿姑息迁延，韶光坐误。
>
> ——李大钊《〈晨钟〉之使命——青春中华之创造》

"我们是五月的花海，用青春拥抱时代。我们是初升的太阳，用生命点燃未来……"这是中国共产主义青年团团歌《光荣啊，中国共青团》的歌词，她像一首英雄的赞美诗，体现了共青团组织为实现全国人民的共同理想奋发进取、建功立业，为社会主义现代化建设贡献青春和力量。

1922年5月5日至5月10日，中国社会主义青年团（1925年改名中国共产主义青年团）第一次全国代表大会在广州东园举行。由此，中国青年团组织正式诞生了，这是中国青年运动发展史上的一个里程碑。

百年实践证明，共青团不愧为党和人民事业的生力军和突击队，不愧为党的得力助手和可靠后备军。"文化大革命"结束后，国家百业待兴，百废待举，李宏塔在合肥化工厂被选调专职从事共青团工作，可谓风云际遇、百不得一。

一、从工厂到机关

　　1964年6月下旬,共青团九大闭幕。1966年,给国家和民族带来深重灾难的"文化大革命"就拉开了序幕。随着运动的全面发动,共青团组织和全国人民一道遭受了一场空前的浩劫。共青团不仅被污蔑为是"全民团、生产团、娱乐团",而且各级组织都受到冲击,工作机构均被破坏,活动被迫完全停止,青少年工作几乎完全被"红卫兵"所代替,以致在此后长达12年的时间里共青团没有了系统的组织领导。

　　但"文化大革命"初期由"左"倾思潮孕育的红卫兵组织很快就暴露了许多无法克服的弱点。1969年4月召开的党的九届一中全会上,毛泽东明确提出要开展整团建团工作的任务。然而,在"文化大革命"的形势下,整团建团工作始终受到"左"的思潮干扰和破坏,直到"文化大革命"结束,整团建团的任务始终没能完成。

　　1978年5月4日,中共中央发出《关于召开中国共产主义青年团第十次全国代表大会的通知》,决定10月召开共青团第十次全国代表大会。因此,选拔任用一批优秀的共青团干部,成为共青团十大前一项重要的组织工作。

　　如何选拔真正优秀的共青团干部?党中央提出了在政治上经受过考验、在工作上经受过一定锻炼,特别是经过一些艰苦锻炼,比较刻苦诚实等基本标准。"有非常之功,必待非常之人"。中共合肥市委经过严格考察,在一批工作于基层的优秀青年干部中,选定李宏塔作为共青团合肥市委副书记候选人。1978年9月,李宏塔告别了合肥化工厂的工友们到合肥团市委上班。59年前由祖父李大钊亲自点燃的"五四"火炬,如今传到了李宏塔的手上。

　　1978年10月16日到10月26日,中国共产主义青年团第十次全国代表大会在北京隆重召开。出席大会的有2 000名代表,他们代表着全国各个地区、各条战线的基层团组织和4 800万名团员。党和国家领导人出席开幕式,并且在会议期间接见了出席会议的代表。大会听取、讨论和通过了团十大筹委会主任韩英所作的题为《为伟大的新长征贡献青春》的工作报告。会议期间,代表们还听取了国家有关部门领导关于科学技术、国际形势、国内形势和任务的报告。李宏塔作为安徽代表团的一员参加了大会。

共青团十大的召开,标志着从1969年4月提出的全面恢复共青团工作的任务基本完成。这次大会是一次动员全国各族青年沿着社会主义道路进行新长征的誓师大会,是共青团紧跟党中央的战略部署,即将开始拨乱反正、继往开来的大会。李宏塔在这次大会上光荣地当选为团中央委员。他从北京满载而归,豪情满怀地投入到用青春书写壮丽篇章的光荣使命中。

"青春"一词,最早出现在楚辞里。《大招》开篇说:"青春受谢,白日昭只,春气奋发,万物遽只",意思是春临大地,阳光和煦,生命的气息奋发而起,沉睡的万物都开始复苏。此后的千百年里,文人都承袭了这一用法,以"青春"代指春天,诗人则以此引申比喻年轻人,"欲并老容羞白发,每看儿戏忆青春",感叹"岁月不饶人"。人的青少年时期意气风发、踌躇满志、强劲有力,正如春日初生,的确是"自古功名属少年"。

不同时代的青年,有着不同的经历,担负着不同的历史使命。由于历史原因,共青团十大之后这一时期的共青团工作,是在适应中前进、在恢复中发展、在拨乱反正中提高。伟大的事业都是艰巨的事业。说这个时期的共青团工作任务艰巨,不仅因为其历史使命伟大,还因为这是一个前人从未做过的事业,需要利用前人的成果和经验,但更多的是需要探索和创新,需要掌握新的本领和利用新的手段,需要开辟许多新的领域。

千里之行始于足下。李宏塔作为副职,在共青团工作的第一步,就是在做好分管工作的前提下,全力配合团市委书记抓全市团的基层组织建设。基层团组织是团的基础,它最经常、最直接地与广大团员青年保持着密切的联系。李宏塔用了一年多的时间,率领团市委的干部下农村、进工厂、跑社区、到学校,指导、检查、督促团支部的建设工作,认真解决少数松、瘫团支部问题,使全市绝大多数团支部组织健全起来,工作活跃起来,使团员队伍素质不断提高,团组织的先进性和战斗力不断增强。

在共青团工作岗位上,李宏塔敏锐地看到,青年代表着未来,影响着未来。"跨世纪的一代"是人民赋予当代青年的充满殷切期望的光荣称号。这个光荣称号,也包含了历史和时代赋予当代青年的神圣使命。青年人应该勇于投身时代的洪流,全面地开掘自身的潜能素质。广大青年人的思想活跃敏感,易于接受新思想、新观念,但同时因为阅历浅,自我防御和辨别是非的能力弱,容易动摇信念,误入歧途。因此,团组织必须始终坚持对青年开展行之有效的思想政治工作,培养他们关心集体、助人为乐、文明礼貌、遵纪守法的道德品质,激发他们的爱国主义热情,坚定他们的共产主义信念。他在一次共青团工作会议上的发言中说道:"无论从历史还是从现实来看,青年一旦有了正确的思想导向,他们的所作所为便会对社会产生积极的作用。青年人只有让自己青春的生命充分地燃烧起来,最大限度地开掘出自身的能量,才能无愧于'跨世纪一代'的光荣称号。"

当时,李宏塔自己也是年轻人。他深知团的工作和活动必须符合年轻人的特点,这样才能对广大团员青年产生吸引力。"乘众人之智,则无不任也;用众人之力,则无不胜也。"他在全市共青团组织中提出了具有时代气息和青年特点的"一个中心、两个口号":共青团要以实现社会主义四个现代化为中心,以争当新长征突击手、争当建设社会主义精神文明的先锋为口号。全市团组织闻风而动,年轻的生产能手、工作模范、改革闯将不断涌现,共青团工作在丰富多彩活动的推动下也趋于科学化、正常化、系统化。

1978年夏秋,安徽省遭遇百年罕见的特大旱灾,许多地方的农民被迫外出讨饭,以度荒年。那年冬天的一个夜晚,凤阳县小岗村18户村民用按红手印的方式,在全国率先实行"大包干",开启了波澜壮阔的改革开放时代巨幕。

中国的改革由农村开始,农村改革从安徽开始。李宏塔意识到,这场改革不仅是深刻的、广泛的,而且也给农村共青团工作提出了全新的课题。"山之妙在峰回路转,水之妙在风起波生。"他率队到肥西县、肥东县、长丰县农村进行了深入调查,还多次向省市农委的专家请教,对农村实际情况有了比较准确的把握。在充分调查研究的基础上,李宏塔和同事们对农村共青团工作提出了有针对性的方案。三个县的团组织在广大农村团员青年中开展了"劳动致富,冒尖送匾""学科学、用科学""助耕包户"等活动,涌现出一大批青年专业户、科技示范户,大大增强了农村团组织的凝聚力。

在工作上,李宏塔往往渊思寂虑,确保行成于思。他牢记着祖父李大钊的一句名言:"知识是引导人生到光明与真实境界的灯烛。"不但身体力行深入基层开展调查研究,而且十分注重学习和借鉴。他对当时中国社会科学院青少年研究所的调查结果进行了研究,发现在9个省的11 818名青年工人中,有56.57%迫切希望学习科学文化知识;在9个省的24 422名青年农民中,有46%表示学习是他们最强烈的愿望。通过对大量调查研究得到的第一手资料进行分析,李宏塔愈来愈清晰地认识到,当代青年的需求固然多种多样,然而他们共同的、最强烈的要求是学习,他们渴望获得更多的精神食粮。据此他制订了详细的工作目标和实施方案。在合肥团市委主动牵头联系下,以城乡青年为主体的各类学习组织、学习活动蓬勃兴起,城乡联谊、企校合作、短训班、专业培训等形式灵活多样,因地制宜,扬长避短,各显其能。

1980年4月,李宏塔担任了共青团合肥市委书记。1981年1月,他又被任命为中共合肥市委常委,成为当时全省最年轻的两个厅级干部之一。对此千里之任,李宏塔深知不能掉以轻心,必须保持平常之心、敬畏之心,一如既往地立足创新,奋力拼搏。合肥团市委机关的同事们发现,担任了市委常委职务的李宏塔仍然像以前一样,骑着自行车上下班,同大家一起下基层,和青年朋友们谈笑风生,与兄弟团市委频繁交流。

面对个人利益,李宏塔仍然是心如止水,超然物外。当时,市直机关正好有一次分配职工住房的机会。按照级别待遇,李宏塔可以分配到一套大户，这也是一家人期盼已久的。但当他看到团市委机关的许多年轻职工急需婚房时，他毅然对市机关事务管理局负责人说："需要房子的职工那么多，还是先解决他们的困难吧。我觉得我的生活条件已经很好了。"李宏塔坚持用分给自己的这套大面积住房换了3套小户型，分给了3个年轻人，自己一家人仍然住在只有55平方米的两居室里。这套住房在楼的最西面，冬冷夏热，他一家三口在此一直住了16年。

对此，李宏塔说："在合肥化工厂的那段经历，让我有更多机会了解群众。就拿我师傅来说，全家五口人挤在一间半的小房子里，连卫生间都是楼下公共的。所以我心里是有数的，作为机关工作人员，已经比一般群众强太多了。"在李宏塔的观念中，他在物质生活上要看齐的是一般群众，而不是领导干部，更不是富裕阶层。

丁磊退休前曾任中共安庆市委统战部副部长，他在2021年的一篇文章中回忆道："1978年我任安庆团市委书记，宏塔任合肥团市委书记，因工作关系，我们经常参加团省委会议，进行工作交流，彼此认识，逐步熟悉。由于理想相同，目标一致，天长日久，成为好友，至今如此。我们兄弟般的同志关系四十多年了，一直很好。"丁磊说，合肥是省会城市，在李宏塔的出色领导下，合肥团市委的工作总是走在全省各地市的前面，提供了许多值得学习的地方。例如，合肥团市委针对少数涉世未深的后进青少年所谓"看透了人生""看穿了历史"的消极状态，组成"帮教小组"，有的放矢地开展引导帮教工作，有效地将后进青少年转化了过来。经过向合肥团市委取经学习，丁磊把这个工作经验推广到安庆全市各级团组织，产生了很好的效果，受到了团中央的表彰。

1978年10月27日召开的共青团十届一中全会，通过了《共青团十届一中全会关于恢复中国少年先锋队名称的决议》《共青团十届一中全会关于中国少年先锋队队歌的决定》和《中国少年先锋队队章》，把"全团带队"的任务交到了各级团组织的手上。李宏塔边组织合肥市的团组织学习这几个文件精神，边回忆起自己在北京、上海上学时参加丰富多彩的少先队活动的自豪感、幸福感。他告诉团干部们：共青团是党的助手和后备军,少先队是党亲手创立并委托共青团领导的少年儿童学习中国特色社会主义和共产主义的学校。"全团带队"是党赋予共青团的重要职责,也是为党输送新鲜血液、保证党的事业后继有人的必然要求。团干部们对"全团带队"的认识提高了,任务落实了,成效也显现了,鲜艳的红领巾活跃在合肥市的大街小巷,豪迈的《中国少年先锋队队歌》响彻美丽的校园。丁磊回忆说:"当时,我们组织安庆市的一部分团干部和少先队辅导员专程到合肥学习,我们先后到中国科大附属小学、合肥市第46中学、合肥市少年宫观摩取经。在学习过程中,李宏塔向我们介绍了合肥市团组织如何搞好思想带队、组织带队和工作带队的经验,对安庆市的全团带队工作产生了十分有益的启发,促进了我们的工作。"

1981年下半年,中共安徽省委组织部领导找李宏塔谈话,告诉他组织上准备提升他担任团省委书记。从副厅级擢升为正厅级,标志着组织的信任和自己的进步,这是求之不得的好事。谁知坦荡如砥的李宏塔回答说:"前不久我参加全省青少年教育研讨会,在安庆一中听了该校校长的经验介绍,这位校长的年龄符合团省委书记的标准,他不仅有青少年工作经验而且也很有水平。我建议组织上的选贤任能可以先从他开始。"

组织部门从未遇到过这种情况,经过请示和研究,答复李宏塔说,我们把你的建议当作第一方案,对这个同志考察考察看看,如果确实优秀,那就开个先例;如果他只是一般,那就维持原来方案。

结果,在李宏塔正直无私的举荐下,经过组织考察,这位同志被破格提拔到团省委工作,在1982年10月18日召开的共青团安徽省第七次代表大会上当选为团省委委员,在紧接着的团省委七届一次全会上当选为团省委书记。而李宏塔因错过了这次机会,被安排平调,在副厅级上多干了16年。

"徘徊远林下,幽草为谁芳。"年轻的李宏塔高风亮节、举贤让"官"的故事在团干部中传为佳话,也给省委留下了深刻的印象。

1982年10月,李宏塔(左)作为合肥市代表团团长参加省第七次团代会

二、青少年的知心朋友

1983年10月,李宏塔调任共青团安徽省委副书记,他工作虽然还是在合肥市,可工作涉及面却扩大到了全省。面对这个新的工作,李宏塔翻阅了有关资料、文件、书籍,思考着、观察着。

安徽省是全国最早成立团组织的地方之一。团的一大后,在当时省会安庆的团组织更名为安徽省社会主义青年团,直属团中央领导。1923年6月13日,柯庆施受陈独秀的委派,召集安庆、芜湖两地的15名团员骨干举行中国社会主义青年团安庆地方执行委员会成立会议,推选柯庆施、何大年、卢春山为执行委员,杨溥泉为候补执行委员,并推选柯庆施为委员长和出席全国青年团二大代表。至此,安徽的团组织第一次产生了以共产党员为首的领导机构,在后来的革命斗争中,它成为考察和培养共产党员的预备学校,为中共安徽党组织的发展壮大奠定了基础。

回顾安徽的建团史,李宏塔深深感到担负全省共青团工作的任重道远,自己必须不遗余力地投入其中,才能对得起革命前辈的奋斗和牺牲。他翻阅着祖父李大钊的文章,一段赞美青春的文字跳入眼帘:"青年者,人生之王,人生之春,人生之华也。"是啊,青春蕴蓄着蓬勃的生机,包含着无限的追求,凝聚着不竭的活力,它是热血、激情、理想、信念、奋发向上的精神和无穷创造力所汇织的最美妙的交响曲。而用理想和知识来引导教育青年,让他们朝阳般绚丽的生命之光在彪炳千秋的伟大事业中放射出更加夺目的光彩,则是团组织责无旁贷的光荣任务。

李宏塔进一步分析,20世纪80年代的年轻人,绝不是"迷惘的一代""垮掉的一代",尽管他们中间确实有人一度迷惘与沉沦,但绝大多数在党团组织的引导教育下已经或正在觉醒。祖父李大钊在《青春》一文中曾写道:"进前而勿顾后,背黑暗而向光明,为世界进文明,为人类造幸福。以青春之我,创造着青春之家庭,青春之国家,青春之地球,青春之宇宙,资以乐其无涯之生,乘风破浪,迢迢乎远矣。"这是对青春的最高赞誉,也是对青年的最高期望。任何时代的青年,应该首先是社会责任的履行者。一个人一旦失去了对社会理想的追求,摈弃了社会责任感和历史使命感,精神就会沉沦。而有了社会担当的青年,他们就会有顽强的奋争精神,他们一定是精神的富有者。当代青年面临着的是一个世界动荡、科技飞速发展的时代,但同时也是马克思主义的科学世界观和方法论大普及、大发展的时代。它为青年们正确地认识历史、认识社会、认识人生、认识青春、特别是认识自身在自然界和人类社会中的位置提供了罗盘。做一个全面发展的人,这是每个青年应有的理想,是社会主义现代化建设的需要,也是时代精神的体现。"画竹必先得成竹于胸中。"李宏塔的理性思考,为他开展全省共青团工作形成了正确而有力的导向,他循着这个导向大踏步地向前迈进了。

李宏塔第一次以团省委副书记身份公开亮相于全省青年工作者面前,是在1983年12月16日召开的安徽省青年联合会第五届一次会议上。全国青年联合会是中国共产党领导下的人民团体之一,是以中国共产主义青年团为核心力量的各青年团体的联合组织,是我国各族各界青年广泛的爱国统一战线组织。安徽省青年联合会是全国青年联合会的地方会员。在中共安徽省委的领导下,团省委按照《中华全国青年联合会章程》开展了筹备工作。经过一年多的筹备,新一届省青联终于开始工作了。在这次会议上,来自全省各族各界的239名青联委员济济一堂,共同研讨探索新时期青联工作的新路子。全体委员一致认为,省青联当前的工作必须围绕"四化"中心,面向广大青年;发挥知识优势,引进智力资源;开展社会活动,作出实际贡献。在这次会议上,李宏塔当选为省青联副主席。

会议期间,李宏塔抓紧时间,广泛联系各界别的委员,与他们交朋友,向他们了解情况、征求意见。

马留柱是蚌埠歌舞团的青年男高音歌唱家,国家一级演员,中国音乐家协会会员,其代表作有安徽民歌《摘石榴》《大鼓镲》,曾主演歌剧《小二黑结婚》等。他在参加文艺界委员分组讨论时,希望省青联能加大对青年文艺工作者的支持培养力度,让更多的青年人才脱颖而出,为振兴安徽省的文艺事业作出更大贡献。李宏塔边听边记,还偶尔向马留柱提出一两个问题。会议之后,李宏塔不仅及时向省文化厅领导提出了建议方案,还借出差蚌埠的机会专程到蚌埠歌舞团看望了马留柱,向歌舞团领导了解情况并争取他们加大对年轻人的培养力度。这对马留柱和其他年轻演员是个很大的鼓舞,他们对自己的要求更严了,自觉增加了基本功的训练。一年后,马留柱荣获安徽省首届青年歌手电视大赛专业组一等奖和安徽省"江淮之秋"歌舞节一等奖。

来自安庆黄梅戏剧团的郭霄珍在讨论时提出建议:希望省青联重视黄梅戏这一享誉海内外的艺术形式的继承发展和普及提高,重视黄梅戏人才的培养,让戏曲大省发展成戏曲强省。郭霄珍现在是国家一级演员,安庆师范大学教授。她回忆说,当时自己年纪很轻,当上省青联委员感觉很光荣,觉得应该为黄梅戏的发展奔走呼喊,但这毕竟不是文化系统的会议,说了不知是否有用。年轻的郭霄珍不知道,心细如发的李宏塔也记住了她的建议,在后来的多次工作协调中用心用意,为加强黄梅戏发展做了大量工作。20世纪80年代中期,安徽省青少年中的黄梅戏普及率达到了一个新的高度,这里当然有李宏塔和省青联的一份功劳。一年后,郭霄珍也以其精湛的表演技艺和丰富的舞台经验,1984年被选入电视连续剧《红楼梦》剧组饰演史湘云,1986年她又被选入电视连续剧《钟鼓楼》中饰演郭杏儿,这两个角色不仅让专家和广大观众好评如潮,也使她攀上了艺术的新高峰。

安庆市供电局的王南平是位台属,他在发言中建议省青联要发挥人才荟萃的优势,努力宣传"有关和平统一台湾的九条方针政策",积极参与开展对台工作,促进祖国和平统一大业。1981年9月30日,时任全国人大常务委员会委员长的叶剑英代表中共中央、全国人大、国务院,进一步阐明关于台湾回归祖国、实现和平统一的九条方针政策。叶剑英说:"我们希望广大台湾同胞,发扬爱国主义精神,积极促进全民族大团结早日实现,共享民族荣誉。希望港澳同胞、海外侨胞继续努力,发挥桥梁作用,为统一祖国大业贡献力量。"李宏塔极为重视王南平的这个建议。他多次组织省青联委员中的港澳台同胞、台属和侨胞座谈,请他们多向海外的亲人们宣传祖国的大好形势。他还指导安庆市青年联合会召开了专题报告会,帮他们联系邀请回大陆定居的原台湾地区《每日新闻》编辑部副主任胡溥元先生到安庆,为各界青年700余人介绍了台湾的社会、政治、经济等情况,使青年们对台湾地区的现状有了一定的了解。大家深深体会到:祖国统一是全体中华儿女的共同愿望,是顺应历史大势的必然结果,是实现中华民族伟大复兴的必然要求,是中国共产党矢志不渝的历史任务。青年们应该在两岸关系和平发展进程中作出积极努力,进一步拉紧两岸同胞的情感纽带和利益联结,促进两岸同胞对中华文化和中华民族的认同,打实祖国和平统一的基础。

省青联副主席虽然是李宏塔的兼任职务,但他却以高度的责任意识投入青联每一项工作中,殚精竭虑,毫不懈怠。他同团省委统战部的同事们经常到委员们的工作岗位学习、调查、慰问,并通过委员们了解广大青年的思想,倾听他们的呼声,关心他们的学习。李宏塔提出,省青联既要团结教育青年,又要在维护国家和人民根本利益的基础上,代表青年的特殊利益,维护青年的正当权利,把省青联办成各族各界青年所信赖的组织。

精诚所至,金石为开。李宏塔他们是这样说的,更是这样做的,他们把真诚的承诺体现于实实在在的行动中,使省青联真正成了具有强大凝聚力的"青年之家"。

1978年,以"大包干"为特征的家庭联产承包经营责任制揭开了中国农村改革的大幕,解放了农村生产力,促进了农业生产,解决了长期困扰中国农民的穿衣吃饭问题,使农民从温饱走向小康。随着物质生活的不断改善,农民精神文化生活需要也随之增加。但青年农民在这个改革大潮中对精神文化生活的需求具体有哪些呢?李宏塔认为,没有调查就没有发言权,应该对农村青年农民群体进行一次调查。任务落实在团省委青农部。调查组采用抽样调查的方式,在全省17个公社进行了较详细的调查。调查结束,调查组起草了调查报告《对安徽青年农民现状的调查》,发表在《社会科学》杂志1984年第1期上。调查结果显示,青年农民对文化生活的需求依次是读书、体育、音乐、科学,他们对文化设施需求非常强烈,普遍认为"公社应有青年俱乐部、电影院、业余剧社、体育场和科技培训班。生产大队应有图书阅览室、篮球排球场、游艺室、农民夜校和科学试验田。反映最强烈的是要求建立图书阅览室、青年俱乐部和体育场(篮排球场)"。

观水有术,必观其澜。李宏塔根据调查结果推而论之,全省青年农民对精神文化生活的需求同被抽样调查的样本单位肯定是一致的,应引起各级团组织的重视。由于团组织经费不多,难以独自开展这项工作。对此,李宏塔在全省共青团工作会议上建议,各地方团委要积极争取当地党委政府的支持,在党委政府的领导下,广泛联系文化、教育、广电、科技、体育、妇联等部门,形成合力、共同努力,为广大青年农民解决对精神文化生活的迫切需求。各地团委闻风而动,工作逐渐展开。以安庆市为例,到1985年底,安庆团市委与安庆市科委共同在农村青年中培养了2 000多个科技示范户,为农村青年学科学、用科学创造了便利条件。

20世纪80年代,欧阳刚在担任铜陵团市委宣传部部长时听说李宏塔分管团省委宣传工作,他很希望能有机会与李宏塔进行交流,以获得工作上的更大动力。1985年7月的一天,欧阳刚到合肥参加团省委宣传工作会议。报到后,他来到团省委办公室看望在此工作的同学,正巧与来谈工作的李宏塔不期而遇。欧阳刚在宣传岗位上养成了对人物、事件观察细致、记忆深刻的职业习惯,在同李宏塔握手和交谈时,他看到李宏塔衣着十分简朴,谈吐幽默而深刻,有很强的感染力。

欧阳刚回忆道:"我们虽然只是聊天,但李宏塔所言及的国家大好形势、工作体会却能引人入胜,让我们听得入了神。我记得他在这次聊天时反复强调'没有调查就没有发言权'这句话,他说经过下基层调查后,深感抓好希望工程、关心下一代责任十分重大。他像老朋友一样亲切地对我说,'欧阳部长,你们是否可以搞些调查研究?'我说'可以'。李宏塔听了很高兴,他说:'那我给你们两个调查题目,一是现在青少年犯罪率上升的原因,二是优秀青年入党难的问题如何破解。'"欧阳刚回到铜陵,针对李宏塔提出的这两个调查专题,组织了力量并且身先士卒投入了深入的调查研究。他们用了三个月时间,下社区、到学校、跑工矿走访,收集素材,到档案馆、图书馆查找资料。为了这两个专题的调查,仅欧阳刚就驾驶个人的摩托车行程一万余公里。功夫不负有心人,到年底,两份有案例、有分析、有建议的调查报告形成了,并分别获铜陵市调查研究一、二等奖,引起市有关部门的高度关注。谈到这些,欧阳刚总是感慨地说:"李宏塔同志以他深入实际、平等待人、思维敏捷的优秀品质,对团干部们形成了强大的感召力、凝聚力,从而有力地推动了全省的共青团工作,那是一个令人永远怀念的年代。"

80年代中期,经历改革开放洪流的洗礼,全国出现了一个读书学习的热潮,文化娱乐活动也非常丰富。夜校里灯火通明,年轻人昼作夜诵,广场上年轻舞伴翩翩起舞……青年人多样化的需求日益凸显,对彰显个性的渴望得到较好的满足。在新的形势下,如何对青少年们因势利导,这是共青团组织面临的一个新课题。

共青团安徽省委及时行动,带领各级团组织积极贯彻党的十二大精神,认真执行共青团十一大提出的任务,坚持新时期的思想政治工作,广泛开展了"学雷锋、树新风""五讲四美三热爱""新长征突击手"等活动。在这些热火朝天的活动中,李宏塔和团省委机关的同事们走出大院下到基层,直接参加团员青年们的各种活动,足迹遍及全省各地。

刘英退休前是黄山市科技局局长,她曾任共青团屯溪市委书记兼第五届省青联委员,在工作中多次得到李宏塔等团省委领导的指导。1984年3月5日,共青团屯溪市委组织了30多个基层团组织走上街头,开展"学雷锋为民服务"活动。李宏塔在刘英等人的陪同下,到现场看望了团干部们,并逐个走访服务队,与大家亲切交谈,鼓励服务队员们再接再厉。刘英回忆说:"我们在活动结束后召开总结座谈会时,团干部们异口同声地赞扬李宏塔不打官腔、没有架子,待人和蔼可亲、平易近人、朴实无华,是我们学习的好榜样。"

朱玉萍是群众文化研究馆员、广东省中山合唱团团长,这个团在她的出色领导下,2013年获得全国优秀合唱团称号,她本人也获得全国优秀合唱团团长称号。20世纪80年代她在安徽省团校担任音乐教师,培养共青团干部。数不清的全国和安徽省团代会的代表、省青联委员、少先队辅导员、团校毕业生在她的指导下,高唱着《光荣啊,中国共青团》和《中国少年先锋队队歌》走上青少年工作岗位。当时的团省委机关与省团校在合肥市长江中路419号同一个大院,朱玉萍的家也在这个大院里,无论早上去食堂打饭,还是上班或晚上散步,她都经常遇见早早来上班、加班至夜晚、始终在为工作忙忙碌碌风尘仆仆的李宏塔。

朱玉萍回忆说:"李宏塔的身先士卒、谦虚朴实、平易近人在团省委大院中是大名鼎鼎的。1985年的夏天,因工作需要,团省委在篮球场上修建了简易临时办公室。有一天早上我去食堂,远远看见有一个人在简易办公室的棚顶上猫着腰,似乎在查找什么。我的心一下就悬了起来:这么大个子的一个人踩在简易屋顶上,连扶梯子的人都没有,要是失足掉下来可不得了。于是,我快步走近提醒他:太危险了,赶紧下来!他抬头时我才看清是李宏塔书记。他笑了笑,一边继续检查一边回答:昨夜狂风暴雨,估计它们漏了,所以今天一大早赶紧过来检查一下,果然它们有点'小伤',我已通知办公室去请维修师傅了。他继续轻松地调侃说:放心吧,我这登梯爬高的基本功在部队和工厂练得很扎实。很快,专业维修师傅到了,李宏塔这才从屋顶上下来,用他那双沾满泥水的大手为维修师傅指出哪里漏雨、哪里需要加固。古人说'垂大名于万世者,必先行于纤微之事',李宏塔何尝不是如此。看着李宏塔走向办公大楼的背影,我对他躬先士卒、深入实际的工作作风钦佩不已,心中对他的敬意油然而生。"

安徽省青年企业家协会成立于1988年,是全省性青年企业家的群众性组织,是共青团联系青年企业家的桥梁和纽带。2000年6月,协会的第五次会员大会即将召开了。时任安徽团省委青工部部长的董鸿宾作为团省委职能部门负责人,手持请柬来到省民政厅李宏塔厅长的办公室,请他出席大会。李宏塔一看是共青团牵头的活动,毫不犹豫地答应了。董鸿

参加安徽省直机关义务劳动

在团省委工作时到淮南煤矿调研并参加井下采煤劳动

宾高兴地说:开会前我们用车来接您。李宏塔和气地对董鸿宾说:不用了,我有车。董鸿宾告辞后暗自思忖,厅长开会怎能没车接送呢?

开会这天,董鸿宾在宾馆广场负责接待省直各部委、厅局的领导,他看着一辆辆小轿车鱼贯而入,领导们下车后步入会场。突然,他看到李宏塔熟练地骑着一部自行车来到宾馆门口。董鸿宾充满深情地回忆说:"我几乎不相信自己的眼睛了。我们的老书记已是厅长了,但仍然还用着他在团省委时期的'老三件':一部旧自行车、一个旧牛津文件包、一个塑料大水杯。20多年了,这一感人的场景一直历历在目,难以忘怀。"在这次大会上,李宏塔和其他省委、省政府部门的有关领导被聘为安徽省青年企业家协会顾问。

三、干实事的书记

青少年宫是共青团组织管理的青少年校外活动场所,是中国特色社会主义教育事业的重要组成部分,是青少年全面发展的实践课堂,是加强思想道德建设、推进素质教育、建设社会主义精神文明的重要阵地,是专门面向青少年开展实践教育、社会教育和校外活动的公共文化服务设施,是直接服务青少年的重要工作平台。20世纪80年代,安徽省不少地市团委在当地党委的重视下,新建了一批青少年活动营地和青少年宫。这些设施建成开放后,在教育引导青少年树立理想信念、锤炼道德品质、培养法治意识、践行社会责任、发展兴趣爱好、养成行为习惯、促进体质健康、增强创新精神、提高科学素质和实践能力、实现全面发展等方面起到了重要的作用。

作为团省委领导班子里分管青少年宫工作的李宏塔,虽然在北京、上海、合肥上中小学时多次参加过少年宫的活动,学到了很多知识,对这些校外教育机构有着印象深刻的好感,但对于如何建设、管理、运行青少年宫,他还不熟悉,没有多少发言权。"升高必自下,陟遐必自迩。"于是,对工作兢兢业业的李宏塔开始认真地钻研起有关青少年宫的知识。同事们常常见他手不释卷、移樽就教。

经过一段时间的研读学习、实地考察,李宏塔对青少年宫工作已成竹在胸,基本了解了。在深入思考中,他对这项工作条分缕析,清晰地认识到:青少年宫工作必须始终坚持党的领导,面向全体青少年、面向校内外、面向未来,通过发挥教育服务功能,落实立德树人的根本任务,引导青少年听党话、跟党走,"从小学习做人、从小学习立志、从小学习创造";必须广泛开展思想道德、文艺体育、科学技术普及、劳动与社会实践、夏(冬)令营、游戏娱乐等丰富多彩的活动,服务引导广大青少年快乐生活、全面发展、健康成长;必须积极承接与青少年成长成才相关的政府购买服务,承接共青团和少先队直接联系和服务青少年的工作;必须大力加强与宣传、文化、教育、体育以及工会、妇联、科协等部门的联系,整合社会资源,增强工作协同,积极推动与博物馆、图书馆、文化馆、美术馆、科技馆、体育场馆、爱国主义教育基地等具备青少年校外实践教育和社会教育功能的场所共享教育资源;必须积极改革创新,着力探索实践,不断加强理论与实践研究,充分发挥示范引领功能,促进社会教育和学校教育、家庭教育的融合;必须打造品牌,突出特长,办出特点,在相关场所空间的规划设计和使用过程中,注意成年人活动空间与未成年人活动空间的有效区分、隔离,切实保障和维护未成年人的合法权益……

凡事"非知之艰,行之惟艰"。李宏塔亲手参与筹建的第一个青少年活动场所是安徽省青少年野营基地。当时这个基地选址在徽州地区的太平县(现黄山市黄山区)焦村。

黄山古称黟山,地处安徽省南部黄山市境内,山境南北长约40公里,东西宽约30公里,总占地面积约1 200平方公里。黄山以奇松、怪石、云海、温泉、冬雪"五绝"和历史遗存、书画、文学、传说、名人"五胜"著称于世,被世人赞为"五岳归来不看山,黄山归来不看岳"。在这里创建青少年野营基地,显然十分适合对青少年进行爱国主义和革命传统教育,有利于开展青少年野外科考、体育、文化活动。

1984年春节后,李宏塔带着筹建队伍进驻到对基地来说还是一无所有的焦村。这里距离黄山风景区6公里，处于"黄山——太平湖——宏村、西递"旅游线路的中心位置。他们在这里每天调查、踏勘、选址，协调与太平县有关部门的合作关系，工作按部就班地推进着。

经过一年多的规划设计、基建施工，野营基地建设基本竣工。根据全省各地团委申报来基地活动的计划安排，1985年8月初，基地迎来共青团安庆市委组织的少先队辅导员夏令营。这是基地试运营的第一个接待对象。李宏塔明白"天下之难事，必作于易；天下之大事，必作于细"的道理，特地赶到基地考察接待工作。

那时还没有高速公路，安庆市的这30多名营员乘坐的长途班车在近40摄氏度的高温下，顺着蜿蜒起伏的山路行驶了4个多小时，下午5点多到达了营地。

高进在退休前是安徽高速传媒有限公司董事长兼党委书记，当时他任安庆团市委学校少年部的部长，是这个夏令营的领队之一。高进回忆说："大家下车后，我们安排营员们对号入室。这时的山区正值高温，大家把行李放到宿舍就到盥洗室准备放水洗脸，没想到供水系统出了故障，水龙头滴水不下。正在与营员们亲切聊天的李宏塔看到这个情况，马上高声向我们表示抱歉，并说请大家稍事休息，很快就会有洗脸水了。不到十分钟，我看见李宏塔穿了件背心挑来了两桶水快步走到盥洗室，后面还跟着他刚满七岁的儿子李柔刚，他用一双小手端着一个盛了半盆清水的脸盆，父子俩满头大汗。李宏塔放下桶，热情地招呼大家洗脸，并告诉我们供水很快就可恢复，离这儿不远的地方有洁净的山泉水，让我们放心用吧，他马上再去挑。李柔刚也对我说：'叔叔洗脸吧！'看着他们父子晒黑了的脸庞，就像当地的山民父子，李宏塔身上一点也看不到厅级干部的样子，令人十分感动。古人说：一德立而百善从之。看到团省委领导如此关怀备至，营员们原来的埋怨情绪顿时烟消云散。我趁机对他们说，不能让团省委书记给咱们挑洗脸水，我们自己动手去打水吧。"在这天晚上的篝火晚会上，营员们拉着李柔刚围坐在李宏塔身旁说着笑着唱着，直到深夜。

1985年9月,在黄山市安徽省青少年野营基地参加修建游泳池的义务劳动

1985年暑期,李柔刚在青少年野营基地

在安徽省青少年野营基地的运营过程中,李宏塔和团省委领导班子根据青少年的实际需求,经过多次调研,广泛征求意见,决定要扩大野营基地规模。在向当地团组织征求意见时,共青团屯溪市委书记刘英等向李宏塔反映,黄山的旅游集散中心是在屯溪市,焦村远离集散中心,不利于充分发挥营地的最大效益,建议在屯溪市重新选址扩建。经认真分析研究,团省委同意了这个建议,并派李宏塔代表团省委到屯溪市商谈有关事项。刘英把这个消息向屯溪市政府作了汇报,引起了重视,市政府主要领导在李宏塔到的当晚就赶到徽州地委招待所商谈并达成了初步合作意向。不久,在屯溪市新选址的安徽省青少年野营基地便拉开了基建的序幕。

李宏塔之所以尽心竭力地支持在徽州建立安徽省青少年野营基地,是因为经过学习和调研后,他知道这里具备比较完善的青少年教育资源。他认为,爱国主义道德情感对于一个国家来说,由于它植根于坚实的历史基础,有着深厚的自然资源和社会资源,因而成为维系祖国统一和民族团结的强大纽带。伟大的中华民族世世代代生息在特有的自然环境和文明的社会环境中,从而激发了人们对祖国壮丽山河特别的热爱,对祖国悠久历史和灿烂文化特别的景仰,对祖国各族同胞特别的依恋,对祖国治乱兴衰特别的道义责任感。这种情感的生发经过日积月累,交织成牢固的民族意识和祖国概念,逐步达到稳定化和深刻化,从而形成神圣的爱国主义道德情感,构成中华民族立国安邦的强大精神支柱,成为伟大的中华民族的传统美德。

1984年下半年,屯溪市领导决定筹建屯溪青少年宫。当时的屯溪市是中共徽州地委、徽州行署所在地,它地处世界文化与自然遗产黄山脚下,新安江穿城而过,山水秀丽,环境优美,四季分明,气候宜人。屯溪历史悠久,在城内各处都能够看到大大小小的徽派特色的古街道、古建筑,街上的路面是清一色的褐红色麻石板,街道两旁鳞次栉比的店铺叠致有序,粉墙黛瓦、砖雕木刻、马头墙、照壁相映成趣,构成了徽派建筑的群体美。显然,老街上是不宜建青少年宫的。经过全面衡量,屯溪市领导决定把青少年宫建在与老街一水之隔的江心洲上。

江心洲位于屯溪中心城区的新安江上,屯溪的老人们称其为"扁担洲"。江心洲面积约8.25万平方米,洲形状狭长,地处市中心繁华地段,由新安江大桥与两岸连接。这里春有春的美好,夏有夏的景致,新安江中的水和岸上的风景随着季节更替而变换,美不胜收。青少年宫选址在江心洲广场的东端。在青少年宫建设期间,李宏塔曾多次前来调研,在施工现场听取共青团屯溪市委领导关于施工进度和存在问题的汇报。李宏塔不仅听汇报,而且对照图纸到实地察看,对有关结构布局调整提出了很在行的建议,对青少年宫建设给予了实实在在的指导。当了解到"青少年宫建成后需要购置一批设备,但资金上还有一定困难"时,李宏塔爽快地答应回去认真研究,力争解决。刘英回忆:"李宏塔真是一位'智足以周知'的好领导。他那次调研离开后不到半年,团省委就给我们青少年宫支持了4万元的经费,这在当时的确是一笔不小的数额,解决了屯溪青少年宫当时缺乏设备购置费的燃眉之急,确保了青少年宫按时顺利开放。"

1986年6月1日,是屯溪青少年宫开放的日子。建筑面积3 000多平方米的主楼周围彩旗招展,屯溪市各系统团组织和少先队组织都派了代表前来参加开放仪式。青少年宫开放后,先后开设了舞蹈、音乐、美术、书法、文学、外语、科技、围棋、航模等13个培训项目,始终保持近千名在学学员。屯溪团市委自那时起,就有了自己花园式的青少年校外文化教育活动场所,这使他们原本匠心独运、有声有色的共青团工作如虎添翼,亮点纷呈。

"九层之台,起于垒土;千里之行,始于足下。"在几年终生难忘的共青团工作岗位上,李宏塔经常用祖父李大钊的这句名言鞭策自己:"其变者青春之进程,其不变者无尽之青春也。其异者青春之进程,其同者无尽之青春也。其易者青春之进程,其周者无尽之青春也。其有者青春之进程,其无者无尽之青春也。其相对者青春之进程,其绝对者无尽之青春也。其色者差别者青春之进程,其空者平等者无尽之青春也。"与青年朋友们心心相印、白首同归,这在李宏塔已习以为常,所以他不论到了哪个工作岗位、甚至退休后,都不忘关心和爱护青少年,可谓"丈夫未可轻年少"。

1987年6月,李宏塔调任安徽省民政厅副厅长。同年9月2日,共青团安徽省第八次代表大会在合肥开幕,607名代表代表全省各条战线上的251万名团员参加了大会。李宏塔应邀出席开幕式并代表共青团安徽省第七届委员会向大会致开幕词,他高亢清晰、充满激情的致词感染了全体代表,赢得了热烈的掌声。

这是李宏塔最后一次以团省委副书记身份参加团组织的活动。散会后,李宏塔依依不舍地离开了他专职干了九年的共青团组织,迈向更加广阔的天地。这时,他想到了王昌龄的诗句:"洛阳亲友如相问,一片冰心在玉壶。"他默默地对代表们说:青年朋友们,让我们在不同的工作岗位上继续共同努力,为祖国为人民再立新功。

离开团省委后,李宏塔仍高度关注并积极参加共青团和青联组织的活动。在任民政厅厅长,特别是到省政协任副主席之后,这样的机会确实也比较多。几年间,他单独或与省委、省人大、省政府领导一起参加共青团或青联的重要活动就有:省青年企业家协会第五次会员大会(2005年4月29日),纪念改革开放30周年安徽青年群英会暨大中学生18岁成人仪式(2008年5月15日),"安徽希望工程2009年迎新春爱心慈善晚宴"(2009年1月10日),纪念五四运动90周年大会(2009年5月4日),中国少年先锋队安徽省第四次代表大会(2009年6月1日),第四届"省直机关十大杰出青年"颁奖典礼(2009年10月22日),省暨合肥市2009年"12.4"全国法制宣传日大型广场宣传活动(2009年12月5日),省纪念五四运动91周年大会(2010年5月4日),"安徽希望工程2010年迎新春爱心慈善晚宴"(2010年1月21日),"红领巾心向党"——安徽省暨合肥市庆"六一"主题队会(2011年5月31日),第十一次全国宗教界青年代表人士学习考察活动开班式(2011年9月9日),省青联第十届委员会全体会议、省学联第八次代表大会(2011年12月13日),由团省委、省司法厅、省青年联合会、省监狱管理局联合开展的"关爱明天·情暖高墙——安徽省'阳光关爱'基金成立仪式暨庆元宵文艺演出"(2012年2月6日),等等。

2008年12月4日，安徽省青年志愿者协会第二次会员代表大会在合肥举行。中国青年志愿者协会向大会发来贺信，团省委和省直有关单位领导出席大会，来自全省各行各业的200名优秀青年志愿者参加大会。李宏塔出席大会并代表省政协向大会的召开表示祝贺。李宏塔指出，我省青年志愿者协会成立以来，紧紧围绕党政工作大局，紧跟时代步伐，不断丰富活动内容、拓展服务领域、创新工作手段，志愿者服务事业取得可喜成就。李宏塔希望，全省广大青年志愿者要志存高远、牢记使命，振奋精神，迎难而上，积极投身和谐安徽建设，努力促进志愿服务事业持续发展。要积极弘扬志愿精神，倡导文明新风，服务特殊群体，努力抓好机制建设、项目建设、队伍建设，不断开创事业发展新局面。大会通过了《安徽省青年志愿者协会章程（修正案）》，选举产生了省青年志愿者协会第二届理事会。团省委宣传部负责人代表省青年志愿者协会第一届理事会作了题为"推进青年志愿服务事业，服务安徽和谐社会建设"的工作报告。会议还表彰了第七届安徽省青年志愿者行动"十杰百优"先进个人和集体。

李宏塔特别关心"希望工程"建设。2009年6月18日，由安徽中烟工业公司捐资300万元援建希望小学的启动仪式在合肥隆重举行。李宏塔出席仪式并讲话。他首先代表省政协充分肯定了安徽中烟公司对希望工程和安徽基础教育事业的关心和支持，同时希望有更多的企业，积极参与到社会公益事业中来，为安徽省的教育事业、为青少年的健康成长贡献自己的力量。他同时要求希望小学实施县的党委、政府以及共青团组织要进一步增强责任感、使命感，按照希望工程的管理规定，履行好职责，完成好使命，把希望小学建设成捐方满意、社会满意、群众满意的一流学校。

据安徽中烟工业公司负责人介绍，此次安徽中烟捐赠的300万元是在2008年捐赠300万元开展"黄山圆梦计划"，资助500名困难大学生新生、援建25个"留守未成年人之家"的基础上，再次援手安徽希望工程，主要用于在肥东、寿县、泾县等10个县市建设10所希望小学，帮助一些校舍较为紧张的农村偏远学校改善办学条件。今后，安徽中烟公司将更多地积极参与社会公益事业,以回报社会各界对安徽中烟的厚爱。团省委领导和安徽中烟工业公司等有关部门主要负责同志出席了启动仪式,来自肥东等10个援建希望小学实施县的分管县长、团县委书记、县教育局负责人以及拟建希望小学校长参加了启动仪式。

2009年9月1日,由省委宣传部、团省委、省文明办、省青基会联合举办的"安徽希望工程爱心圆梦大学行动"捐赠暨助学金发放仪式在合肥梅山饭店举行。活动共收到各类捐款1 512.2万元,资助优秀困难大学新生5 895名。李宏塔再次出席仪式并讲话。

2010年5月19日,纪念安徽希望工程实施暨全国第一所希望小学建成20周年大会在金寨县举行。李宏塔与中国青基会、团省委以及省直各有关单位、六安市、金寨县党委及政府负责同志以及来自全国各地的捐方代表出席了庆祝仪式。主办方为捐方代表——78次赴金寨老区助学的江苏昆山老人周火生颁发了"安徽希望工程特别贡献奖"铜牌。希望工程形象大使苏明娟、全国希望工程首个科大少年班学生邓磊为来宾朗诵了诗歌——《希望之歌》。毕业于全国第一所希望小学的学生代表、正就读于清华大学硕博生曾龙代表安徽19万名希望工程受助生现场发言。学生们还表演了精彩的舞蹈。

李宏塔在大会上发表了热情洋溢的讲话。他指出,20年前的今天,全国第一所希望小学在金寨县这片红色的土地上建成,标志着希望工程一个重要历史阶段的开端,也拉开了安徽希望工程实施的历史序幕。今天的安徽希望工程事业,正在成为凝聚爱心、传播爱心的通畅桥梁,正在成为广大社会公民参与群众性精神文明建设的重要载体,正在成为广大团体企业奉献爱心、播撒希望的宽广平台。李宏塔希望,安徽的希望工程事业,要在系统总结过去20年工作经验的基础上,以更加强烈的责任感和使命感,担当起自己的社会责任。要把服务农村基础教育,服务困难学生作为希望工程工作的目标和任务。要始终关注社会发展进程中出现的新情况新问题,从公益的角度,敏锐把握社会发展中新需求,奋力开拓,积极创新,在安徽省经济社会发展中,不断深化和拓展工作内容和工作领域,努力为和谐安徽建设作出更多更大的贡献。

2010年8月25日,由团省委、省文明办、省青基会联合举办的"安徽希望工程爱心圆梦大学行动"捐赠暨助学金发放仪式在合肥举行。截至8月24日,这次活动共收到捐款1 790.3万元,资助优秀困难大学新生6 172名。李宏塔出席仪式并讲话。随后与团省委、省文明办、省广电局等有关单位负责同志共同向大学生代表颁发了助学款。

据了解,"安徽希望工程爱心圆梦大学行动",是一项为帮助家庭困难、成绩优秀的大学新生顺利跨进大学校门所开展的希望工程公益助学活动。活动开展后,得到社会各界的广泛关注,尤其是困难大学生在困境中所表现出的自强不息、积极进取精神,深深感动了社会各界人士,他们纷纷慷慨解囊,为困难大学生献出一份爱心。在活动连续开展的5年间,全省各级希望工程实施机构共筹集爱心捐款7 233万元,救助当年的大学贫困新生26 753名。中国移动通信集团安徽有限公司、安徽利港投资集团、上海浦发银行合肥分行、湖南中烟工业有限责任公司、庐江县众友房地产开发有限公司等数十家单位纷纷向这些困难大学生伸出了援助之手。

十年树木,百年树人。2012年4月7日,安徽省百万青少年"种养纪念树,见证我成长"行动启动仪式在合肥举行。李宏塔出席启动仪式并为"安徽省青年林"揭幕。团省委、省青联、省青企协、省青创协等共同发起募集了10万元资金,用于大蜀山森林公园西扩工程植树。省市林业、团委机关干部,团属协会会员,部分在肥大中专学生、中学生、少先队员及家长等近千人参加在大蜀山森林公园西扩工程的植树活动。

李宏塔发表了即席讲话。他指出:团省委、省绿化委、省林业厅3家单位共同举行此项活动,发挥各自优势,积极主动联合,团系统组织化发动青少年,绿化、林业部门提供植树造林的项目支持,特别是共青团还募集了社会资金捐资植树,充分发挥青少年生力军、先锋队的作用,在全省发动百万青少年参加,种养百万棵树木,打造100个青年林。这是贯彻落实省委、省政府提出的"生态强省"战略的一项具体举措,意义重大。

第三章 "五四"火炬映青春，朝气蓬勃显风流

2021年2月1日，由中共安徽省委宣传部参与策划推出的重大革命历史题材电视剧《觉醒年代》在全国热播，成为广大观众尤其是青少年群体学习党史的重要载体，为全国各地庆祝中国共产党成立100周年丰富多彩的活动锦上添花，达到了很高的收视率。9月11日，合肥市青少年红色经典阅读推广活动启动仪式在徽州书局隆重启幕，李宏塔和《觉醒年代》编剧、《细说觉醒年代》主编龙平平到现场为活动发声助力，引领青少年群体形成"读好书、爱读书、深阅读"的风尚。

在启动仪式上，面对参加活动的青少年代表，李宏塔把爷爷李大钊的故事和自己观剧的感想娓娓道来，引起了一阵阵热烈的掌声。他最后说："《觉醒年代》2016年就摄制完成，一开始就送给我看，请我提意见。我提了几条，剧组都采纳了。经过几年的精雕细刻，今年才在全国正式播放。《觉醒年代》确实是部优秀的电视剧，我认真地看过四遍。我虽然未见过爷爷，但听父亲多次讲过，电视剧表现得还是真实感人的，把李大钊的主要性格表现得不错。以前大家觉得思想政治教育不好讲，但是《觉醒年代》说明，只要讲得好、讲得准，就会很受欢迎。"

原剧中有一个情节，是李大钊在日本留学期间，一个日本姑娘喜欢上了他。编剧本意是想更加生动全面地表现中国共产党早期领导人。李宏塔则认为怎么看都有些画蛇添足的感觉，建议删除。编剧采纳了这个建议，在后来的版本中把这个情节删除了。龙平平在发言中充满了感激之情："在塑造人物时，李宏塔提供了很多资料。如在剧中李大钊喊妻子赵纫兰'姐'，赵纫兰唤他'憨坨'，这就是他们家人提供的。"

合肥市南门小学部分师生参与了这次活动。校长费广海感慨道："听了李宏塔和龙平平两位先生的讲述，让活动参与者更多了解到一段历史，使孩子们了解到因为有先辈们100年前开始的奋斗，才有了今天的幸福生活。观看和阅读的过程，也是学习历史的过程。今天，我们学校来的大多是五、六年级的孩子，对于党史有一定的了解。我们要运用多种方法在其他年级进行党史教育，让更多孩子了解党史，一代一代传承才能使我们的事业永续不断。"

2022年5月24日，李宏塔应邀来到安徽职业技术学院，为全校师生作报告。这所学院有在校生17 000余人，学校的共青团工作开展得有声有色。当时，校团委正组织全校团员青年学习习近平总书记在庆祝中国共青团成立100周年大会上的讲话，号召全体同学要牢记习总书记"未来属于青年，希望寄予青年"的寄语，积聚青春能量，提高自身素养，提升责任意识，勇于奉献担当。学院有个品牌活动"模范·大师进思政课堂"，很受青年学生们的欢迎，李宏塔当天的报告"李大钊清廉家风代代传"就是这个品牌活动的内容之一。

报告会主会场在学院图文信息中心三楼学术报告厅，学院党委书记李方泽主持报告会，200多名师生代表在现场参加，而60多个专业的大部分师生则是通过视频同步收看直播。李宏塔的报告内容感人肺腑，线上线下反响热烈。会后，学院师生们纷纷表示，要传承李大钊同志祖孙三代始终坚守的"艰苦朴素、清正廉洁、以严治家"的革命家风，以李宏塔同志为榜样，赓续红色基因，争做理想远大、信念坚定的模范，争做乐于思考、善于思考的模范，争做艰苦奋斗、无私奉献的模范，争做崇德向善、严守纪律的模范，以实际行动为国家发展和人民幸福贡献智慧和力量。

从走上共青团岗位开始，李宏塔就时刻以祖父李大钊在《今》一文中讲过的一段十分富于哲理的话作为自己的座右铭："无限的'过去'都以'现在'为归宿，无限的'未来'都以'现在'为渊源。'过去''未来'的中间全仗有'现在'以成其连续，以成其永远，以成其无始无终的大实在。一掣现在的铃，无限的过去未来皆遥相呼应。"风华正茂的李宏塔正是在用"现在"展示着"未来"，书写着他坚定不移地继承百年之业的历史。

第四章
丹心如故私为公，肝胆披沥为民忧

> 信念既笃，则依之以努进，而尽其能以造其极，不以外物迁其志，不以歧路纷其心。斯其所造，必能至于己立立人、己达达人之境，而其人之生乃为不虚生，其人之用乃为不误用，而优良之效果乃于是乎得矣，而人生之价值乃于是乎显矣。
>
> ——李大钊《政论家与政治家（一）》

1982年举荐其他同志担任团省委书记的李宏塔，1987年已经38岁了。根据惯例，共青团干部到这个年龄没有提拔，就要考虑转岗了。当时，李宏塔的父亲李葆华虽然已经离休，但在党内仍有很高的威望，在旁人看来，只要打个招呼，李宏塔想到什么地方似乎应该都没什么问题。

人生进退去就的关头，最能体现一个人的初心和志向。面临更换工作的人生抉择，当组织部门来征求意见时，一般人都认为，李宏塔肯定会挑个地市党委或政府去做个副职，三五年后转正，或到省委组织部、宣传部等热门单位，锻炼几年后接班。这更有利于仕途发展，也符合历任团省委书记安排的原则。但令所有人没想到的是，李宏塔竟毫不犹豫地选择了省民政厅。

许多人对李宏塔再次放弃这么好的转岗机会，选择这个事务繁杂、工作辛苦的单位感到不理解，但李宏塔自己却很坦然。他想起了在共青团工作期间，曾亲身感受到民政系统的工作是如何直接服务于困难群众的，而这正是他想要做的。李宏塔说:"民政部门做的事就两句话:为党和政府分忧,为困难群众解愁。""我就是想找一个离困难群众最近的干实事的部门去工作。民政尤其实在,是直接给老百姓办事。"

当父亲李葆华和母亲田映萱得知李宏塔的选择后,都十分支持,并特别叮嘱他说:"民政工作连着民心,一定要把老百姓的事安排好!"

一、查出来的好干部

1987年6月,带着父母的嘱托,李宏塔如愿来到安徽省民政厅。从副厅长到厅长,李宏塔一干就是整整20年。

当然,这20年也不是一帆风顺的。

2005年6月,安徽省民政厅内突然来了一批神秘人物,他们似乎是刻意背着李宏塔,进进出出,忙忙碌碌。

原来,是中纪委收到了一封实名举报信,内容是检举揭发李宏塔利用担任安徽省民政厅厅长职务之便,倚仗祖父李大钊、父亲李葆华的名望,涉嫌贪污、受贿、巨额财产来源不明等一系列经济问题。民政厅长被举报,事关重大,中纪委极为重视。但只有掌握了足够的证据,才能有理有据地做出接下来的惩处决定。为了防止官官相护,中纪委未与中共安徽省委打招呼,直接派出调查小组,到合肥进行秘密调查核实。

调查小组的工作人员第一站是到民政厅。他们隐瞒了身份、找好了借口,委托门卫师傅把他们带到了李宏塔使用的交通工具旁查看。他们本以为可能会在这里看到一辆高级小轿车或者上档次的商务车,可令人难以置信的是,映入他们眼帘的竟是一辆看起来有些破旧的自行车。门卫师傅告诉他们:"我们李厅长可真是低调,就这自行车,都不知道他骑了多少年了。你们看啊,轮胎换过好几次,坐垫也重新修补过。只要这车还能修、还能用,他都舍不得换。"门卫师傅又指着旁边的自行车说:"这些是我们单位其他姑娘小伙的自行车。怎么样,看起来是不是比厅长的车漂亮很多?"听到这里,调查人员都有些震惊。一个民政厅的厅长,自己骑自行车上下班，而且自行车还如此破旧，这样的一个人，真的会跟贪污腐败扯上关系吗？谢过门卫师傅之后，调查小组继续深入查访，又了解到了关于李宏塔更多的情况。

很多民政厅的同事都反映，在平时的工作过程中，李宏塔从不摆架子，更不会刻意做出彰显厅长身份的举动。一些后来才到民政厅工作的同事说，他们第一天来上班的时候，根本没意识到这位穿着皱皱巴巴工装外套、脚踩一双普通胶鞋的中年人，会是这里的厅长。后来大家熟悉了，李宏塔还总是拿这事儿在大家面前打趣："你们啊，保持对我的第一印象就对了，别整天把'厅长厅长'的挂在嘴边，我也不是什么民政工作专家。要说专家，你们这些会操作电脑的小青年才能成为专家。"看得出，李宏塔在工作单位的人缘极好，大家对这位厅长也很是信服。

可调查小组还是不敢怠慢。针对举报信中提到的问题，调查小组都一一进行了认真的核实，并提取了证据，整理好资料。

最后，调查小组又来到李宏塔的家。他们走到了一个有些破旧的房屋前面，试探性地敲响了房门。门开了，他们不敢相信，一个堂堂民政厅的厅长，其住房只有区区55平方米，且装饰简陋，家里墙壁的墙皮都往下掉了不少。

经过深入细致的调查，调查人员不仅没有发现有举报信中列举的任何贪腐情况，反而被李宏塔从政过程中所做的一次次选择、一件件事情，被李宏塔严于律己、勤俭节约的作风深深打动。事实证明，李宏塔非但不是贪官庸官懒官，反而是一个跟他祖父一样正直无私，和他父亲一样清廉勤奋的好官。

调查提前结束，李宏塔在自己不知道的情况下被还了清白。临行前，调查人员才正式和李宏塔见面，告知了这次来调查的目的、任务及结果。李宏塔听后只是笑笑，对调查组的工作表示理解和支持。"风声一何盛，松枝一何劲"，心底无事天地宽，真金不怕火来炼。李宏塔很坦然，也不问是谁举报的，举报的是什么事。他对这些根本不屑一顾，这也使调查组更加感动。回到北京汇报后，组织上指示要将李宏塔作为典型进行宣传。

2005年7月3日,《中国纪检监察报》用一个整版的篇幅登载了题为《在李大钊革命家风沐浴下》的长篇通讯。人们由此才知道,李大钊的孙子李宏塔,和他祖父李大钊、父亲李葆华一样清正廉洁。

其实,李宏塔严格要求自己,这在与他熟悉的人中间是出了名的。别的不说,就拿上下班这件小事,他就几十年如一日,自己骑车上下班。

小时候在北京生活时,他就骑着一辆父母在旧货市场上专门给他买的自行车,往返于家和学校之间。从部队退伍到合肥化工厂工作时起,李宏塔上下班更是完全靠骑自行车。有人说,一个小工人,当然只有骑自行车了。可李宏塔到合肥团市委当了书记之后,仍然天天骑自行车上下班。到团省委当了副书记之后,还是每天骑自行车上下班。有人或许又会说,那时候他年轻嘛。可他调到省民政厅20年,从近40岁干到近60岁,年纪渐长了,也完全可以享受专车待遇了。单位多次安排了车辆接送他,他却每次都谢绝了,说还是骑自行车自在方便。就连出差,能不用公车的时候李宏塔也不用公车。

有一次安徽省社科院一位同志与李宏塔一起乘火车赴京开会,这位同志本以为到北京后李葆华会安排小轿车接送。可下了火车,李宏塔拎着资料,笑呵呵地带着这位同志一起去挤公共汽车。社科院的同志调侃说:"我以为跟着个当官的能蹭车呢,敢情还不如我到北京,找个单位就可要辆车。"李宏塔笑笑没答话。社科院的同志又问道:"那回去时你爸该用车送送我们了吧?"李宏塔说:"趁早别想,他老人家的车我们可坐不上。"

有人提醒李宏塔说:你是一把手,你不坐车,那别的领导怎么办?这会让其他领导"下不来台"。但李宏塔依然我行我素,他说:"我骑车是锻炼身体,而且是图方便。至于其他领导,只要符合规定,该坐车的照样坐车,不要受我的影响。"因此,除了少数时候因为有重要公务赶时间外,他依然保持着自己骑车上下班的习惯。

实际上,李宏塔在某种程度上也是把骑自行车当成一种体察普通百姓生存状态的方式。要当一个真正为人民办事的党员干部,就要尽可能地和大家一样生活。和群众一样生活了,才有可能真正了解群众的疾苦,否则就难免闹"何不食肉糜"的笑话。他要让自己的工作和思想境界都能尽量贴近普通群众。他的平民意识一直没有改变。

有一天早上,民政厅一位同事看到李宏塔步行上班,便好奇地问:"你今天怎么不骑车呀?"李宏塔满脸无奈地说:"车子放在楼下,夜里被偷走了。而公交车人又太多,时间还早,步行正好。"他总是这样,将别人眼中的"不寻常"诠释成"平平常常"。

有记者想采访这位"骑车上下班的厅官",李宏塔笑道:"这太平常了,没什么好说的。当年我父亲在北京,每天从家里到人民银行上班都是步行。"

有记者在采访中听说,合肥市长江路、六安路上,有一位身材高大的中年男子每天蹬着自行车穿过熙来攘往的街道,天长日久,附近的居民和沿路的交警、摊贩都知道这位高个、魁梧、满头灰发的中年人是省民政厅的厅长,敬意油然而生,见面还会打个招呼。记者一打听,还真有其事——在李宏塔上下班的必经之路上,不管是交警还是环卫工人或大街小巷下象棋、聊天的大爷大妈们,对他都非常熟悉。在他们眼中,李宏塔不是厅长或政协副主席,而是一位骑着自行车在街头穿梭的普通人。一位环卫工人说:"有时候他骑自行车经过,还会帮我抬这个很重的垃圾筒,他人特别好,也不嫌我们身上脏。"街边大爷说:"他给我印象特别深。他有时候还跟我们聊聊天,问问我们的生活状态。他是读过书的人,有知识有文化,象棋也下得好,这里的人都喜欢他。"在邻居的印象中,李宏塔"骑个自行车,有时候风风火火的,每天都很精神的样子,我们看到就会打招呼"。

据李宏塔爱人赵素静介绍,李宏塔先后骑坏过四辆自行车,穿坏过五件雨衣、七双胶鞋。

不过,李宏塔也算不上一个"顽固不化"的人,他是很懂得"因时而宜"的。2003年,随着年龄大了,省民政厅又搬迁到新址,上班距离太远,李宏塔便把自行车换成了电动车。由骑自行车改为骑电动车上下班,他笑称这是"与时俱进"。装备更新换代了,但不忘初心、热诚为民的情怀却始终没有改变。李宏塔不管骑的是自行车还是电动车,依然愿意找机会体察百姓生活状态,让自己更贴近普通群众。

在住房这个最敏感也最能考验人的问题上,李宏塔可以说是最彻底地继承了他祖父、父亲的传统。

当年,李大钊在北京也算得上是高薪阶层,但他的收入绝大部分都用作革命经费或帮助有困难的学生及其他同志了,自己始终靠租房子住。1917年4月初,针对北洋政府财政部受贿案,李大钊发表了《简易生活之必要》等三篇文章。在李大钊看来,腐败是因为"以有限之精力,有限之物质,应过度之要求,肩过度之负担",而导致虚伪、夸张、奢侈、贪婪等种种罪恶。因此,"今欲有以救之,舍提倡简易之生活,别无善途"。李大钊提出的简易生活就是:"衣食宜俭其享用,戚友宜俭其酬应,物质宜俭其销耗,精神宜俭其劳役。务使自己现有之精力、物质,克以应与已缘接而生之要求之负担,绰有余裕。"在他看来,"美味佳肴人皆追求,我何尝不企享用。时下国难当头,人民食不果腹,怎能只图个人享受,不思劳苦大众的疾苦呢?"

同样,父亲李葆华对生活的要求也非常简单朴实。在安徽期间,身为高级干部的李葆华一度住的是四间小平房,其中两间还给李宏塔作了婚房。到北京后,住的也是一套70年代建的旧房子。从1978年进京出任中国人民银行行长时搬进去,直到2005年去世,李葆华在这里生活了27年。中央有关部门几次要为他换房,或者要给他的旧房装修一下,他都婉言谢绝了。李葆华经常教育李宏塔:"要准备吃大苦。不能吃苦,就不能成人。"

最好的家风就是父辈的言传身教。显然,李大钊、李葆华的这些言行在李宏塔身上打下了深深的烙印。

1981年后,李宏塔已经是副厅级干部。按照安徽省政府1982年的规定,他这一级别的领导,可以住70—95平方米的住房,但1984年他却搬进了55平方米的两居室。这套住房在楼的最西面,冬冷夏热,一家三口蜗居在此，一住就是16年。李宏塔在家总是开玩笑地对妻子和儿子说："咱们这房子小是小了点儿，可是温馨啊，而且家务做起来也轻松多了。"

李宏塔的家里装修简陋，也没有什么像样的家具，更没有现代化的电气设备。8平方米的门厅既是客厅又是餐厅，放着一张老式的大方桌，占去大半空间，连走路都得侧着身。墙上拉线开关式电风扇一转起来就"咣当"响。卧室中的床与柜子都是当年结婚时买的，尽管有的开裂、有的脱漆，他依然舍不得丢弃，并说"那都是正经木材做的"。在另一间房里，刨花板的组合柜、写字台以及电视、书柜把房间挤得满满当当。屋里最时髦的，就是一张20世纪80年代作为福利发的一组三人木沙发，因房间地方太小被分开放置。李宏塔风趣地说，这样正合适，谈话可以面对面了。由于房子太小，家里的电视只有20英寸。李宏塔幽默地解释："我就喜欢小电视，清晰度好。"

是不是李宏塔没有机会或不够条件分到房呢？显然不是的。无论是凭级别、凭职务、凭资历、凭家中住房条件，李宏塔都多次有充分的理由和有利的条件分到一套新房，至少是可以调换一套面积大一点的房子。但是，李宏塔没有这样做，他说："我觉得这个已经够大了。我们企业的工人三代人住一间房子的都有不少，老工人多少年以上、几代人才能分个小套，所以要知足。而且这套房自己也觉得住得很合适，我为啥还要有那么多非分之想？"

在安徽省民政厅担任副厅长时，1989年和1994年，李宏塔曾经两次直接负责民政厅机关建房和分房工作，还先后四次主持厅里的分房工作，主持分配的住房超过200套。但他每次都是按照"先群众、后干部"的规矩办，从未给自己要过一套房。李宏塔说，因为直接负责分房，掌握了很多同志住房困难的情况：有的三代挤在一起，有的年轻人领了结婚证仍然分居，还有的身体不好或者快要退休了。这些人都比自己更困难。自己管分房而不要房，就更能够让争房要房的人无话可说，就能做到更公平更公正。因此，李宏塔每次总是先把自己的名字从分房名单中划掉，公布的分房名单上他总是"榜上无名"。

在安徽全省民政工作会议上与杨东林副厅长讨论工作

与省民政厅同事们在一起

有一次，李宏塔爱人赵素静从单位同事口中听说民政厅刚分过房，李宏塔又把名额让给没房子结婚的年轻干部时，虽在意料之中，心中难免还是生出一股怨气。但再想想，自己和李宏塔当年因为没房子，结婚证领了六年后才结婚的痛苦，想想李家人一代一代都是这样的作风，心里的怨气又一下子就释然了。她像往常一样一声不吭，暗地里选择了继续支持丈夫。

1998年，面对最后一次福利分房的机会，李宏塔也有过思想斗争。可是当他看到许多年轻同志住房更差，还是主动选择了放弃。有人提醒他机不可失，不要错过了分房的"末班车"。李宏塔幽默地回应道："末班车上人多，我怕挤。"

李宏塔心宽不觉房子小。怕"末班车"挤，却不怕住得挤。李宏塔在安徽省民政厅的不少老下属说，当时年轻的同事都对李宏塔的住房分配口服心服，因为他带头约束自身，"他主动让出来一套，就能多一个年轻同志分到一套房"。

直到2000年，儿子李柔刚长大了，一家人住得实在太挤。在省里不少同志"告状"之下，安徽省有关部门才按规定给李宏塔"补差"了一个20平方米的小套，且是临街的楼房，人来车往，噪声特别大。但好歹儿子李柔刚有了一个自己的空间，李宏塔夫妇则仍住原来的房子。

"难道在这个过程中就没有过挣扎吗？"在回答《环球人物》记者提问时，李宏塔说："我认为一个人是否富有，更多地在于精神层面，物质方面并不太重要。"

不光是家里房子小，李宏塔在民政厅厅长任上的办公室也非常狭小。如果一次进去的人较多，连走动都非常困难。担任省政协副主席后，他的办公室也是省政协办公楼里最简陋的，除了办公桌椅，就只有几个大书柜、一排旧沙发，和一个脱漆的茶几。

李宏塔是那种把理想、精神、信念看得很重，而把物质享受看得很轻的人。他对住房不讲究，吃、穿、行也同样不讲究。他从不进歌舞厅，也不抽烟，不好酒，高兴时偶尔喝点酒，也不讲究什么牌子。他有件穿了多年的蓝呢子大衣,颜色发白、皱皱巴巴,仍然舍不得丢掉。一次开会,有位领导看不下去,私下提醒李宏塔身边的工作人员:"怎么不把这件衣服送去熨一熨?"工作人员苦笑道:"年头太久,哪能熨得平整呀。"

虽然生活一向节俭,但李宏塔家里却没有多少积蓄。在他退休的时候,家里的存款没有超过一万块钱。

很多人觉得奇怪:李宏塔这样级别的干部,只要他稍微表示一下,或者用手中的权力随便为自己安排一下,哪怕只是得到他那个级别应该得到的,他一家的生活都会是另外一个样子。即使以李宏塔的工资收入,也不至于生活得如此简朴,乃至有些寒酸呀。李宏塔的钱都到哪里去了呢?

这一点,省民政厅机关里的人心中是很清楚的。在每年"送温暖""献爱心"名单中,李宏塔的名字都排在最前面——这样的名单总是以捐赠的数额大小分先后的。遇上爱心捐款,李宏塔更是毫不含糊,每次都主动交纳数千元特殊党费。

在基层调研时遇到特别困难的群众,到农村看到五保户房子漏雨,到福利院看到老人被子太薄,到五保户家看到过年包饺子的面粉还没有,或者来找他上访的残疾人还没吃饭,下雨了来找他反映情况的下岗工人没带伞……李宏塔总是自掏腰包酌情接济。一次不多,十次不少。次数多了,可就不是个小数目了。李宏塔曾说,自己时常会想起祖父李大钊救济穷人的事情:"对我来说,帮助需要帮助的人,是一种莫大的快乐。"

李宏塔花钱也有大方的时候,比如说买福利彩票。每次路过福利彩票销售点,他都会自己掏钱让工作人员帮忙买上几注,每个月下来都有数百元开销。不仅自己买,他还"忽悠"大家一起买,认为"买彩票是爱的奉献,万一中奖了那也是爱的回报"。然而他身边的人都知道,李宏塔买彩票却从来不去兑奖。这位"老民政"只是想用自己的实际行动,来为国家福利事业多作点贡献。

李宏塔信奉的为官之道是:一要干事,二要干净。身居领导岗位,李宏塔廉洁自律,无数次拒绝地方基层和一些相关单位的礼品、礼金。在无法拒绝的情况下,他就上交组织处理。

有人曾向记者透露,给李宏塔送礼是件很难堪的事。一年春节,他和爱人从老家回来,给李宏塔带了几样地方特色小吃送去,李宏塔却回赠了价值数倍的物品让他带回家,弄得他再也不好意思给李宏塔送礼了。

2008年,李宏塔的独子李柔刚结婚,婚房布置简单,也没有办正式仪式,单位同事按常规前来祝贺并包了红包作为"份子钱"。为了不破坏婚礼气氛,李宏塔照单全收,但第二天便将所有的礼钱一一原数退回。李宏塔对此解释说:"没那个必要,也没那个习惯,这都是家里的传统","我父母结婚时在延安,那时物资匮乏,什么都没有。相比之下现在已经好多了。"

看似不近人情,面对群众却最重人情。身为一位"老民政",李宏塔将日常工作归纳为三句话:"视孤寡老人为父母,视孤残儿童为子女,视民政对象为亲人,这就是新时代的'铁肩担道义'。"良好的家风,让李宏塔能够心平气静,固守清贫,而且是心甘情愿,自然而真实。

当然,对于一般人来说,恐怕还是很难理解李宏塔的观点和行事风格,甚至可能认为他别有所图,但李宏塔并不在乎这些。有人问李宏塔:"很多人对你的言行举止有争议,甚至觉得不可思议,不理解你是不是真的会不追求车子、房子、位子?"李宏塔诚恳地说:"进入市场经济以后,很多人的价值观、人生观变了。其实我做的只是为官的本分,公务员本来就应该这样做。""先天下之忧而忧,始终置身于人民群众中,这是先辈的教育,也是自己的信念,不是为了做给别人看的。"他认为,做一名无愧于革命先烈的共产党人,就要始终保持清正廉洁、艰苦朴素的本色。无论是参加工作之初,还是走上领导岗位后,要始终一身正气,两袖清风,不谋私利,不追求个人享受。要常修为政之德,常思贪欲之害,常怀律己之心,在工作中克己奉公,在生活中勤俭节约,清清白白做人,干干净净做事,真正做到无愧于初心使命,无悔于党和人民,无愧于自己的良心。如果有了一点权力就为自己谋私利、搞特权,一人得道鸡犬升天,甚至把这些特权合法化、永久化,那还叫什么共产党人!

一个人做点好事并不难,做几天好人也不难。难的是艰苦奋斗几十年如一日,一贯的为广大群众考虑,一贯的先人后己,一贯的为有益于事业吃苦在前享受在后,难的是一辈子只做好事不做坏事,难的是几代人只做好事不做坏事……这才是最难最难的。

很多人把李宏塔当作榜样,希望宣传他的事迹影响更多的人,但他却觉得自己很平凡。他认为,一个人能否廉洁自律,最大的诱惑是自己,最难战胜的敌人也是自己。贪如火,不遏则燎原;欲如水,不阻则滔天。对于党员干部而言,不对欲望加以约束,结果就会被贪欲所俘获,最终必然跌入腐败堕落的深渊。"领导干部本身就应该有高的要求,达不到这些要求是做不好领导干部的。而我可能只是勉强达到了这些要求。"

在回答《广州日报》记者关于"你怎样看反腐?"的问题时,李宏塔说:"冰冻三尺非一日之寒。官员问题还是要从干部培养、选拔上抓,还有在他们成为干部之前的教育。如果一个人素质很好,基础奠定很实,就会为党、为国家、为人民做实事。如果基础工作没做好,又没有群众观念,又没有有效机制约束,人就容易变异。就像现在我们发动境外追缉贪官,虽然能起到震慑作用,但为什么我们没有办法防止贪官外逃呢?一逃就带走几千万元甚至上亿元,管理和出境环节到底出了什么问题?所以,我很期待中央在这方面的果断措施,一方面要追,一方面要堵。虽然网上发了一百人的'红色追缉令'来震慑,让贪官不要跑,另一方面还是要加强内部管理环节。出这么多事情是应该反思的,就事论事都能得出很多经验。"

2021年7月1日,正值建党百年,李宏塔受邀登上天安门城楼。眺望着天安门广场上雄伟的人民英雄纪念碑、毛主席纪念堂和广场西侧庄严的人民大会堂,李宏塔不禁感慨万千。

"革命传统代代传,坚持宗旨为人民。"他经常用这副自撰的对联自勉,并以此教育儿子李柔刚,以求把李大钊的良好家风不断传承下去。

二、民政连着民心

1987年,李宏塔调任安徽省民政厅副厅长不久,第一次去北京开会,想到自己很久未见到父母了,应该去看望一下,便先回了趟家。谁知刚一进门,父亲李葆华竟很吃惊地问:"你跑回来干什么!你不是在工作吗?"李宏塔向父亲解释:"我刚到民政厅工作,这次是到部里开会……"结果老人家更不乐意了,"既然开会,就要认真开会。领会好会议精神,回去才能抓贯彻落实。民政工作责任大、任务重,你开会不好好开,跑回家来干什么!"李宏塔的母亲心疼儿子,在一旁打圆场。李葆华却继续说:"民政工作,就是直接做群众工作,尤其是服务困难群众的工作,一定要深入一线,真正了解群众生活……"

这件事给李宏塔的印象特别深刻,影响也特别大。

李宏塔联想到父亲整天忙于工作,不着家是常有的事,那种走进基层、走进一线,听民声、察民情、解民忧的工作作风,对他也是耳濡目染、潜移默化。这也使李宏塔更深地理解了父亲话中的意思:不论在什么时候,都要把心思放在工作上,"特别是民政部门,要做的事就两句话:为党和政府分忧,为困难群众解愁"。

尽管民政工作千头万绪,既涉及社会管理,又涉及社会保障,但都与民生、民心息息相关。特别是对弱势群体来说,是他们权益的最后保障。在省一级民政部门,除近几年才划出的退役军人优抚安置、医疗救助、救急储备物资、应急救灾等职责外,还有13项之多:

(一)贯彻执行国家民政事业发展法律法规规章和政策、规划、标准,起草有关地方性法规规章草案,拟订有关政策、规划、标准并组织实施。

(二)拟订社会团体、基金会、社会服务机构等社会组织登记和监督管理办法并组织实施,依法对社会组织进行登记管理和执法监督。

(三)拟订社会救助政策、标准,统筹社会救助体系建设,负责城乡居民最低生活保障、特困人员救助供养、临时救助、生活无着流浪乞讨人员救助工作。

(四)拟订城乡基层群众自治建设和社区治理政策措施,指导城乡社区治理体系和治理能力建设,提出加强和改进城乡基层政权建设的建议,推动基层民主政治建设。

(五)拟订行政区划、行政区域界限管理和地名管理有关政策、标准,负责行政区划设立、命名、变更和政府驻地迁移审核报批工作,按规定承担行政区域界线的勘定和管理工作,负责地名管理工作,负责省内重要和跨省市界的自然地理实体命名、更名的有关工作。

(六)拟订婚姻管理政策并组织实施,推进婚俗改革。

(七)拟订殡葬管理政策、服务规范并组织实施,推进殡葬改革。

(八)统筹推进、督促指导、监督管理养老服务工作,拟订养老服务体系建设规划、政策、标准并组织实施,承担老年人福利和特殊困难老年人救助工作。

(九)拟订残疾人权益保护政策,统筹推进残疾人福利制度建设和康复辅助器具产业发展。

(十)拟订儿童福利、孤弃儿童保障、儿童收养、儿童救助保护政策、标准,健全农村留守儿童关爱服务体系和困境儿童保障制度。

(十一)组织拟订促进慈善事业发展政策,指导社会捐助工作,负责福利彩票管理工作。

(十二)拟订社会工作、志愿服务政策和标准,会同有关部门推进社会工作人才队伍建设和志愿者队伍建设,负责志愿服务行政管理工作。

(十三)完成省委、省政府交办的其他任务。

对于刚刚上任的李宏塔来说,虽然过去对部分民政工作也有所接触,有所了解,但毕竟都是走马看花,并未想到民政工作内容竟如此之多,如此复杂。不过这倒是更加激起了他的兴趣,激发了他的斗志。在克服困难中取得成绩,这才是李宏塔的性格。

李宏塔到民政厅任职后接受的第一个任务,就是个久拖不决、人见人怕的硬骨头问题。而解决这个问题,也给了李宏塔一个展示才华、让大家信服的机会。

1987年11月之前,安徽省无为县(现无为市)土桥镇(现牛埠镇)辖区内有个在长江中的江心洲叫成德洲,面积约7平方公里,这个洲上的600余户居民组成了一个相对独立的行政村叫成德村。在地理结构上,成德洲与铜陵县(现铜陵市义安区)管辖的江心洲老洲连成一体,两者之间有一条不宽的夹江相隔,使成德洲成了一个四面环水的洲中之洲,而这条夹江就是当时的县界。老洲是铜陵县的一个乡,面积约为35平方公里,成德村在老洲乡的最北端,它与老洲乡北边的民主村隔夹江而望。这两个相连的江心洲都属长江冲积平原区,地势平坦,塘汊分布均匀,河道纵横交错,自然环境良好,土地资源丰富,的确是块膏腴之地。长期以来,洲上的村民都以种植棉花、油菜、蔬菜、芦苇和水产养殖、水上运输为主要产业。但由于行政区划分属两个县,政府行政管理方法有差别、力度不平衡、利益不一致,客观上使成德村和民主村这两个相邻村的村民们为生产和运输时常发生纠纷,从小吵小闹到大打出手,甚至多次造成人员伤亡。两个县的党委、政府为此进行了多次协调、处理,但效果并不好。显然,从行政区划调整入手,才能从根本上解决矛盾。

对于把成德洲划归铜陵县的方案,安徽省政府从1985年下半年到1987年上半年研究过四次,专门下过四个文件,行政区划调整所需的五个基本程序也完成了三个,但文件就是不能落实,问题就是无法解决,成了一个上至省政府领导、下到成德村的村民上下都不满意,更让民政厅领导伤脑筋麻头皮的老大难问题。

1987年6月,李宏塔到民政厅报到后,正压力山大的姜厅长看到李宏塔年轻有为,立刻把推进成德洲行政区划调整这个烫手的"山芋"交给他去协调处理。

接受任务后,李宏塔认为,要解决问题先得弄清问题,光靠发文件打电话强迫命令是不行的,必须深入实际,听取不同的意见,了解问题的症结,考虑各方的合理诉求,平衡各方的正当权益。他先用几天时间认真查阅了有关档案资料和民政部、省政府的文件,听取了业务处室负责人的情况汇报,摘记了大量的笔记,初步掌握了基本情况,知道矛盾的主要方面是无为县。然后,已胸有成竹的他,带着一个业务处长来到了无为县。

无为县委书记、县长原以为李宏塔仍在团省委工作,闻知后到宾馆看望。见面后才知道李宏塔已调任民政厅,且是为成德洲问题专程而来,感到了民政厅对这个问题的重视程度已不同以往。因为之前并没有厅长专

率民政厅同志到农村调研

为此事来县里。

第二天,李宏塔在无为县有关领导陪同下,乘船越江来到成德洲和老洲进行实地调研。两个洲同处江中相连相近,两个村的人们可同时欣赏"长江频雨后,明月众星中"的景观。实地考察后,使李宏塔更深刻地体会到对此地进行行政区划调整的合理性、必要性。

回到无为县城,在县领导参加的专题座谈会上,李宏塔传达了省政府领导的指示,并认真听取了无为县及有关乡、村对该问题的意见、要求,最后说道:"对地方政府来说,行政区划是一种独特的空间资源、行政资源、组织资源和政策资源。不合理的行政区划会制约资源、资金等要素的流动,使资源整合和优化配置的难度加大;而合理调整行政区划,可以克服行政区划壁垒,有利于统筹设置乡镇政府服务机构,统一配备服务人员,提升公共服务效能。具体到这个案例,成德村作为无为县土桥镇的一个隔江而望的独立行政村,地理位置与铜陵县老洲乡连成一体。把成德村调整给老洲乡,可以集聚资源、优化产业布局,有利于集中力量弥补基础设施建设短板,有利于避免重复建设造成资源和投入的浪费,有利于突破原有的乡镇行政边界制约,推动民风民俗相同、生产方式相近、地理位置趋同、经营方式相融的农村经济社会抱团发展、捆绑发展、集约发展,增强他们的可持续发展能力,避免产生不必要的矛盾纠纷。我们不能忘记,《宪法》规定国家的'一切权力属于人民',《地方各级人民代表大会和地方各级人民政府组织法》也规定,各级人民政府必须是人民满意的法治政府、服务型政府。对成德村来说,行政区划变更'一小步',将是推进该村经济社会发展的'一大步'。在这个工作上,我们决不能含糊和犹豫,应尽快走完最后两个程序。一定要在这个行政区划调整过程中,全面提高工作效率和服务能力、服务水平,切实增强成德村乡亲们的获得感、幸福感。"

李宏塔还当场对有关乡、村提出的合理要求给予了肯定的答复。其实这些要求虽事关当事人利益,但都不是大事,都在情理之中,也没有什么争议,只不过上面领导过去不了解,不关注,不明确,造成当事人不服而已。

李宏塔的思考牵挂人民,发言语重心长,方法有情有理,意见实事求是,使无为县的领导及涉事干部群众都口服心服。

经过几个月的后续程序,1987年11月27日,国务院以《国函185号》文批复,无为县土桥镇成德村划归铜陵县老洲乡。12月,两个县办理了交接手续。久拖未决的难题解决了,成德村的乡亲们终于感受到"长江千里,烟淡水云阔"的好心情,可以甩开膀子一心一意地抓生产了。

李宏塔首战告捷,虽然当时他还是副职,但领导分工调整时却把当时作为民政厅主要业务处室的民政处分给他这个"新兵",显示了对他的认可和信任。

1989年,安庆市迎江区被评为省"拥军优属"工作先进集体,区民政局也被评为省先进单位。年底,李宏塔慕名而至,来到迎江区检查指导工作,巧遇时任区长的老朋友丁利武。

李宏塔在合肥团市委工作时就与丁利武相识了。那时丁利武是安庆团市委书记,两人都是坦荡之人,碰到一起就有说不完的话。时隔30多年,丁利武回忆李宏塔当年的这次基层之行仍然心存感动:"我们虽然时隔多年未见,但他依然是那么平易近人、衣着简朴。他轻车简从,从合肥只带一名中层干部和一名驾驶员,来我区也没有要市领导陪同,只有市民政局一名干部带路。在我们区里,李宏塔就像一个本区的干部,与区民政局的同事们边走边看、边问边答、有说有笑。事后,区民政局的郑湘萍局长说,这位厅长没有架子,不像个大干部,我开始很紧张、很害怕,没想到他这么和气。听说区民政局创办了一个专门办理婚姻登记、婚姻介绍、婚检、情侣歌舞厅服务工作的'蓝色月光'活动馆,李宏塔很感兴趣,和我们一起前往活动馆看望工作人员。在馆里,他认真地了解了工作情况,还应邀与馆里工作人员一起唱歌。时隔多日,大家对李宏塔关心基层工作和民政工作人员的真情实意仍念念不忘、赞不绝口。"

安徽境内有长江、淮河两条江河,有大别山区、皖南山区两大山区,有众多的丘陵、湖泊,历史上水旱灾害频发,防灾、救灾任务繁重。在1989、1991、1998、2003、2007年等年份都发生了严重的水灾,造成了巨大的损失。

如1991年，15天1 600毫米的降水量。安徽全省受灾人口达4 800多万人，占全省人口的70%，受灾农作物达430万公顷，直接损失达70亿元人民币。

若是一般的水灾，只要能够在短时间结束，生产生活就不难恢复正常。然而这场水灾持续数月，依旧不见好转。雨下得没完没了，流域面积超8 000平方公里的滁河水位不断上升，平日风平浪静的河水，此时成了择人而噬的猛兽。若是滁河决堤，将导致津浦铁路停运，其后果可想而知。而由于河水的顶托，内涝更为严重。

虽然在沿河军民的共同奋战下，大堤终于安全保住了，但洪水过后的救灾比抗洪任务更加艰巨，更加繁重，更加困难。救助灾民、安置好灾民生活，尽快恢复生产、重建家园，是天大的要务。而这个任务，特别是对灾情的统计、核实、上报，对各国、各地、各界捐款、捐物的联系和接收，救灾的统筹协调和具体操作等，主要就落在各级民政部门肩上，理所当然也就成为省民政厅一段时间内的中心工作。

李宏塔和大家一样，在最紧张的时候，不管分内分外，总要直接或间接参与救灾工作，这也是李宏塔最忙的时候。"我们多一点辛苦，群众就会减少几分痛苦。"这是李宏塔常挂在嘴边的话。

1998年4月，李宏塔走上省民政厅"一把手"岗位后，正值民政部提倡开展制定救灾预案工作。李宏塔率先提出在安徽沿江地市推行救灾预案，并亲自一个市一个市、一个县一个县地跑，还要求将其写进地方政府工作报告中，不落实不放手。结果，预案刚一做完，就发生了特大洪水。

面临百年未遇的洪水，由于有了预案，安徽提前应对、有备而战，从组织领导、部门分工、款物筹措，到群众转移安置的路线、地点和交通工具、生活安排等，李宏塔都做了详细的部署，受灾群众得到妥善安置。同时，他又以省慈善协会、省救灾减灾委员会名义向社会发出倡议书，分头与金融系统、大型企业、证券机构等单位对接联系捐赠，开通捐赠热线，组织赈灾义演等，短短一周内收到捐赠款物近5 900万元。在督察中，李宏塔还发现一些执行不力的情况，于是又制定监督管理体系，确保预案的执行。

后来，预案随着每年受灾救灾的经验教训不断加以完善，得到民政部的高度评价。

据曾任中共安庆市委常委、桐城市委书记的董宏业回忆，1999年，他刚到桐城任市长不久，大沙河、挂车河、龙眠河流域山洪暴发，造成严重内涝。灾后他赶往省政府、财政厅、民政厅报灾。在民政厅，李宏塔亲自接待了他，并答应尽快派人核灾。这是他第一次与李宏塔打交道，心里还直打鼓，不知李宏塔什么时候才会派人来桐城。想不到的是，没过一两天，他就接到青草镇打来的电话，原来李宏塔没打招呼，一早就直接奔青草镇去查看灾情了。董宏业赶到青草镇，又陪同李宏塔沿大沙河一直看到嬉子湖。在孔城镇的几个村子里，李宏塔还到多户村民家了解受灾情况。在嬉子湖边，李宏塔不仅对救灾工作提出了明确具体的要求，而且现场拍板帮助桐城解决了急需的赈灾物资和资金。后来，李宏塔又多次到桐城，两人渐渐熟悉。董宏业的印象是：李厅长待人随和真诚，没有架子，衣着朴素，说话开门见山，对工作要求严、标准高，解决问题求真务实，果断干脆，显示了高超的能力和水平。

2003年，安徽北涝南旱。淮河发生了新中国成立以来仅次于1954年和2007年的流域性大洪水。6月20日至7月21日，淮河流域平均降雨为常年同期的2.2倍。除伏牛山区和淮北各支流上游外，淮河水系30天降雨量都超过400毫米。其中大别山区、史灌河、洪汝河、沙颍河和涡河中下游、洪泽湖周边及里下河大部分地区降雨600毫米以上，大别山区和颍河中游局部地区超过800毫米，暴雨中心安徽金寨前畈站降雨量达946毫米。到7月6日，淮河安徽段已启用了蒙洼蓄洪区和唐垛湖等5个行洪区。肆虐的洪水使淮河及滁河流域9个市22个县2 700多万民众受灾。8月间，安徽南部山区及丘陵区市、县又出现多年少见的酷热高温和干旱，使受灾人口累计达到4 414万人，占全省总人口的70.6%。受灾倒塌的80万间房屋要重建，损坏的168万间房屋要重修，粮食减产45亿公斤，人民生活要保证，众多无家可归的受灾民众要安置。

灾情发生后，民众救助是民政工作的天大要务。李宏塔坦言，安徽的

第四章　丹心如故私为公，肝胆披沥为民忧

慰问农村受灾群众

救灾任务实在太重了。近千万人等着救助,只要稍微放松一点,老百姓就要吃大苦头。李宏塔在民政厅紧急动员,发出"救灾如救火,灾民就是我们的亲人,保障好他们的基本生活是大家共同的责任"的动员令。从7月份开始,全省整个民政系统的工作人员都没有闲过一天。他以身作则,带领全厅干部,全力投入核灾救灾工作。先是救急,接着是救灾,再接着就是救助。同时配合省财政厅,分批将中央补助款、省政府压缩公用经费和调剂预算外资金、省民政厅接受的捐赠款,以及民政部支持的灾民建房款等,全部及时下拨到灾区。

为了摸清受灾详情,他连续20多天奔走在灾区,妥善安置灾民,晴天一身汗,雨天一身泥,衣服干了湿,湿了干。

在安置点,李宏塔常会将手插进灾民盛救济米的缸或袋子里抓几下,检查救济米的质量,有时还要带些米回去找相关部门化验。他还有一个绝招,只要上灾民的厨房掀开锅盖并到灶头看看,就能看出是天天烧的锅还是几天没烧的锅。

有一天中午,随行的驾驶员陈荣友看李宏塔太疲惫了,劝他到车上睡一会儿,李宏塔却看看表说:"不行,快到吃午饭的时间了,去看看受灾群众都吃些什么。"他们赶到颍上县王岗镇金岗村,走进一个庵棚,看到一个大娘正在做饭。李宏塔走过去揭开锅盖,一股热气夹带着霉味扑面而来。他拿起筷子从锅里夹起几颗米粒放进嘴里,嚼了嚼,品了品味道,又从锅里夹了几颗米让身边救灾办主任薛昆明尝。薛昆明尝过后肯定地说:"霉了,米霉了。"李宏塔问大娘是什么时候领的救济粮,大娘说才领回来两天。李宏塔从米袋里抓起一把米走到门口阳光下看了又看,闻了又闻,让老大娘用塑料袋装了大约半斤米,放进自己公文包里。之后,便开展了彻底的清查。

在颍上县建颍乡箭井村,当时已经有了救灾帐篷,还搭了简陋的庵棚,可他发现安置点的受灾群众依旧露天睡在淮河大坝上,都不去帐篷里休息。于是便走进一个帐篷,里面热气烤人,一量温度竟高达45℃。李宏塔问县领导:"怎么样?能不能住人?"当得到"不能住"的答复后,李宏塔神情凝重地说:"老百姓着急的事情,就需要马上去办。一定要尽快将这些老百姓转移出去,进行二次安置。"在李宏塔的建议下,颍上县腾出党政机关、学校的办公室和宿舍来安置灾民。

下午3点多,新的安置点有了着落,汗流浃背的李宏塔又急匆匆地赶赴下一站,指导进行水毁房屋重建和生产自救。他带领工作人员把粮食、衣被、药品等一拨一拨地送到受灾民众手里,确保每个人都有住处,有饭吃,有病能得到治疗,过年都能吃上猪肉、米饭、水饺,都能安全过冬。灾民们的生活有了保障,也记住了这个满身泥巴、哑着嗓子、胳膊晒脱了皮的厅长。

2007年,淮河流域发生仅次于1954年的大洪水,引起世界关注。安徽境内又加上冰雹、雷击、大雾等强对流天气活动频繁,造成严重的经济损失和人员伤亡。元月中旬,罕见暴风雪袭击大别山区,全省10个市、县成灾;4至8月全省共发生雷电灾害900余起,造成24人死亡、20人受伤;天长龙卷风造成7人死亡、98人受伤……李宏塔不顾疲劳,起早摸黑,四处奔波指导救灾。那段时间,他累瘦了,晒黑了,胳膊上的皮肤由红变黑变"花",褪了好几次皮,嗓子说得沙哑了,整个人憔悴了许多。看到李宏塔如此舍命奔波,一位老干部深情地说:"从宏塔身上,我们看到了革命先驱李大钊先生的革命家风,看到了革命后代的精神风采。"

李宏塔非常感谢大灾之年海内外各界人士对安徽救灾工作的支持,他多次通过媒体代表安徽灾区受灾民众向捐助和关爱灾区人民生活的人们表示感谢。

在民政厅厅长任上,因为工作需要,李宏塔还兼任了数年安徽省慈善协会会长。在他的领导下,安徽的慈善事业发展迅速,筹集了大量善款善物。2003年,安徽省慈善协会被民政部授予"全国先进社会团体"称号。

三、路遥知马力

"守常",是李大钊的字,但也是一种信仰。"守常",就是常守服务群众的为民情怀，常守清正廉洁的政治本色，常守艰苦朴素的优良家风，就是常守不变、坚韧不拔、初心不改、始终如一。"守常"，是从李大钊到李葆华再到李宏塔的家风传承，是李宏塔一辈子的执着追求。

路遥知马力，日久见人心。李宏塔回忆，自己在民政部门工作时，父亲已经调至北京。每次去北京，父子两人很少聊家常，但父亲每次都会问他最近有没有去基层，是不是真正深入到基层了。正是父亲对自己的谆谆教诲，让李宏塔沉下心来，从1987年6月到2008年2月，李宏塔在安徽省民政厅整整干了20年8个月。

在人生最好的年华，李宏塔为民政工作倾注了大量的心血和汗水，忠实地当好困难群众的"代言人"和人民的"勤务兵"。特别是连任10年多正职，在安徽省的厅局级干部中，能在一个单位工作这么长时间的并不多。

李宏塔进入公务员队伍后，前期提拔很快。自1978年在合肥化工厂做技术员的李宏塔通过差额选举被选为合肥团市委副书记，从科级干部变成处级干部后，1980年，32岁的李宏塔又被选为中共合肥市委常委兼共青团合肥市委书记，成为副厅级干部。但此后一直过了17年，到1998年才转为正厅级。

许多人为李宏塔后期"升迁太慢"而打抱不平，可李宏塔自己对此却处之泰然。他认为自己的能力有限，提拔与不提拔都没有什么，只要能够为百姓工作就心满意足了。但客观地说，李宏塔后期提拔得比别人慢，既有他主动让贤错失机遇的原因，也有不宜明言的外部原因，还有父亲李葆华的原因。李葆华在世时，从不为子女的升迁打招呼。不仅不打招呼，每当子女所在省的领导前来看望他时，他反倒是请他们一定要严格要求他的子女。李葆华的做法等于帮了"倒忙"，不"入时"，更是少见。对于父亲的"帮倒忙"，似乎是李宏塔意料中的事。他自己在省委、省政府任何一位领导面前，也从来没有提起过自己的职务问题。

到民政厅任职之后，李宏塔就一心扑在工作上，时时思考如何才能把工作做得更好。特别是在主持工作之后，李宏塔深深感到，民政工作虽然千头万绪，但也有日常工作和重点工作之分，必须首先抓住主要矛盾，这就是履行基本民生保障的职能，为困难群众、孤老孤残孤儿等特殊群体提供基本社会服务，促进资源向薄弱地区、领域、环节倾斜。同时积极培育社会组织、社会工作者等多元参与主体，推动搭建基层社会治理和社区公共服务平台。他将工作归纳为三句话：视孤寡老人为父母，视孤残儿童为子女，视民政对象为亲人。这就是新时代的"铁肩担道义"。

在安徽工作的几十年中，李宏塔至少有一半时间是在基层度过的，调研的足迹遍布省里的每一个乡镇。他认为，践行初心使命，做一名无愧革命先烈的共产党人，就要始终把人民群众放在心中最高位置。无论身处什么岗位、从事哪方面工作，都要怀着对群众的深厚感情，兢兢业业履职尽责，努力为百姓多办实事好事。而要为困难群众搞好服务，前提是要了解困难群众，要知道他们想什么、盼什么、缺什么、要什么。而要真实地了解困难群众，就必须深入到他们中间去。不仅要到困难群众的身边去，还要到困难群众的心里去。只有这样，才能做到从实事中求是，才能切实感受到困难群众的冷暖，才能做到想他们之所想，急他们之所急，补他们之所缺，帮他们之所需，努力解决困难群众的操心事、烦心事，不断提升为民谋利、为民服务、为民尽责的能力和水平。

为什么非得跑基层？李宏塔说，现在交通及通信发达，通过打电话、看材料、听汇报也能了解很多情况，但毕竟隔了一层，没有现场看、当面听、直接问和"七嘴八舌式"的讨论来得真实鲜活，还容易被人糊弄欺骗，了解不到真实情况。

李宏塔说，是不是人到现场就行了呢？也还是不行。耳听未必全真，眼见未必全实。能不能听到真话、看到真实情况仍然还是一个问题。想当年，内蒙古某地用演员装扮成一个"幸福之家"欺骗刘少奇，安徽某地临时将几个仓库的粮食集中到一个仓库糊弄朱镕基，类似的事并未绝迹。要防止这样的事再次发生，就要有火眼金睛，就要讲认真、动真格，既要"身入"基层，更要"心到"基层，听真话、察真情，真研究问题、研究真问题。要用好交换、比较、反复的方法，重视听取各方面意见，特别是少数人的意见、反对的意见,去粗取精、去伪存真,由此及彼、由表及里,不能自以为是、一得自矜,不能搞作秀式调研、盆景式调研、蜻蜓点水式调研。"无实事求是之意,有哗众取宠之心"是不行的,这是严重的形式主义、官僚主义。

李宏塔清楚地记得,父亲李葆华在安徽工作期间,就经常轻车简从,下乡下厂。李宏塔说:"我父亲工作的时候就主张做细致的工作,他这个作风也可以讲无形中在影响着我。父亲总是要求我要深入基层,一定要接触到底层,看到真的,反映真的。假如层层打招呼,层层带进去看,就不是原来那个样子了。"因此,李宏塔无论是考察调研还是督导检查,都尽可能地"一竿子插到底"。近的远的都要去,好的差的都要看,表扬和批评都要听。他认为,干部是不是实事求是可以从很多方面来看,最根本的要看是不是讲真话、讲实话,是不是干实事、求实效。那些见风使舵、处事圆滑的人,那些掩盖矛盾、粉饰太平的人,那些花拳绣腿、不干实事的人,那些好大喜功、急功近利的人,都不是真正的唯物主义者,都有私心杂念在作祟。

跟随多年的秘书王守权介绍,李宏塔调研喜欢"寻丑""揭短",哪里条件差就去哪里。

李宏塔曾总结自己调查研究的经验说:"现在,各方面对调查研究是重视的,但还要下更大功夫,关键是把调查研究做深做实,避免浮在表面、流于形式。层层陪同,只能看到那些精心打造的'盆景'","必须离开公路,直接去问老百姓,才能了解最真实的情况。沿着公路、隔着玻璃看,不如自己的脚步踏实。"

为了看到真实情况,他的做法是,下乡不事先和当地打招呼,专挑小车开不进去的地方,就近走访农户。一开始没经验,农村里不少人家爱养狗,狗的警觉性和忠诚度很高,看到外面来的陌生人,就汪汪叫个不停,凶得很。狗一叫,村里人就知道了,然后镇里、县里领导就都来了,想暗访很难。后来,李宏塔想了个办法,不再擅自进村,而是在路边找个老乡带路。由熟悉的乡亲带着,狗就不会叫。李宏塔就能顺利地悄悄地进村入户,直接和村民坐在一起,谈到一起。而没有村、乡干部在场,村民们也会没有顾虑,反映真实情况。这套直接到底的调研方法,往往能够发现存在的问题,真正做到听真话、察实情、出绝招。这也是现在所说的"要力戒形式主义、官僚主义",发扬"一竿子插到底"、"钉钉子"抓落实,"而如果让县里安排、陪同,往往会提前'按剧本演出',只给你看做得好的那几户"。

李宏塔称这种方法为"反向工作法",其实就是现在常说的"四不两直"法。去下面调研、检查不打招呼,不要层层陪同,不走"经典路线",不看打造的"盆景",直插村庄和农户,详细了解政策落实情况,听汇报简明扼要,直奔主题。先步行进村入户了解情况,从百姓家出来,再去乡镇座谈,再依次到各个部门沟通,最后听县市汇报。真正把心思用在干事业上,把功夫下到察实情、出实招、办实事、求实效上。不搞接接送送,不搞花拳绣腿,不搞繁文缛节,不做表面文章。在这种"倒流水"的做法面前,各级民政部门向他汇报时,一般都能有一说一,很少敢作假或"掺水"。

就是用这套方法,李宏塔还真发现并解决了不少问题。有一年,安徽南部一个山区县在夏季遭遇了洪涝灾害,民政厅及时发放了救灾资金和物资。年底回访时,李宏塔没打招呼直接到了村里,群众纷纷围上来,说根本没人过问灾情。后来李宏塔才得知,这笔钱被县里补了财政的窟窿。

在一次基层调研中,李宏塔发现凤台县一位86岁的五保户带着一个50多岁的智障儿子艰难度日。这位老太太腿脚不好,连走路都困难,但还要下地干农活。因为当地对五保户的政策是额外划拨一部分田地,免去税费。至于这些人无法劳动了怎么办、生产成本谁来出,这些问题都悬而未决。李宏塔将发现的问题形成书面材料报给安徽省政府,得到了省委、省政府和国家民政部的重视,国务院领导也专门做出批示,终于使问题得到了解决。

李宏塔认为,能不能坚持从实际出发、实事求是,不只是工作方法问题,也是思想意识问题,是党性强不强的问题。在困难群众家中,他总是摸被褥、掀锅盖、查米缸、看存折,详细了解政策落实和救助金、救济粮兑现情况。如发现没落实,便当场打电话给当地民政部门,并紧盯着直到问题解决为止。

最低生活保障制度（简称低保）是社会救助体系中的核心制度安排。作为一种典型的社会救济方式，对贫困者提供物质帮助，旨在保证每个公民享有基本生活权利。1995年，安徽省在合肥市开始低保试点。1997年，国务院印发通知，要求1999年底前各地要全部完成低保"建制"任务。李宏塔迅速部署、立即行动，推进任务落实。然而，1998年安徽遭遇了特大洪涝灾害，对"建制"工作带来了巨大挑战。当时有的同志建议，低保"建制"工作暂时往后放一放。李宏塔坚决反对，提出了"三个不变"，即："建制"决心不变、目标不变、任务不变。结果，在不影响救灾工作的同时，通过上下共同努力，克服多方面困难，到1998年底，安徽全省所有市、县全部建立了城市居民低保制度，提前一年完成了"建制"任务，有效织就了兜底保障网。

优抚工作是为国防和军队服务的一项重要政策，在各级退役军人事务局成立之前也是省民政厅的核心业务之一。李宏塔几乎每年都要亲自到桐城、怀远两个荣军院检查、慰问，了解情况，解决问题。李宏塔自己就是退伍军人，有许多当过兵的朋友，对部分退役军人的困难感同身受。1993年，李宏塔提出了为优抚对象解"三难"（生活难、住房难、医疗难）方案，并努力争取省委省政府的支持，随后陆续出台了一系列相关政策，拓宽资金筹集渠道，规范基金使用管理，有力保障了优抚对象的优待政策。1998年11月，时任国务院总理的朱镕基在全国拥军优属拥政爱民工作会议上，对安徽的做法给予了充分肯定。2003年，李宏塔荣获全国拥军模范称号。

脚下沾满多少泥土，心中自会沉淀多少真情。多年来，李宏塔始终坚持务实的工作作风。1999年，安徽省进行第四届村委会换届选举，李宏塔把全省每一个县都跑遍了，就是为了让农村老百姓切实享受到基层民主权利。他看到，广大村民选举热情高涨，有的在外打工的村民自费包车回村参加选举，有的七八十岁老人拄着拐杖翻山越岭赶到选举现场。全省各地的换届选举工作平稳顺利，五河县、当涂县、宁国市还被民政部命名

第四章 丹心如故私为公，肝胆披沥为民忧

带领民政厅同志看望农村优抚对象

为村民自治模范县。当年10月,时任中共中央总书记江泽民来安徽期间视察了五河县村民自治工作,对安徽省农村基层民主政治建设给予了高度评价。但李宏塔并不满足于这些。他感到,形式上的村民自治是容易做到的,但如何让纸上的东西变成现实的东西,如何让村民自治在实质上真正发挥作用,如何做到让村民真正关心、真心满意,还有很长的路要走。领导者一定要有清醒的认识,绝不能就此止步。

李宏塔在民政厅工作后期,安徽开始酝酿要在全国率先启动农村税费改革。2000年,安徽省进行税费改革试点,规范乡镇财政收支管理。经过一年试点,农民负担普遍大幅减轻,但同时对农村五保户供养带来了严峻挑战。税费改革前,按照1994年《农村五保供养工作条例》规定,农村五保户的供养费用大部分是从"三提五统"中列支。农村税费改革后,取消村提留和乡统筹,乡(镇)、村失去了这一部分收入,财力严重不足,自1956年建立的五保供养制度面临着如何存续的困境。

五保户是农村最困难的群体。税改后五保对象的基本生活如何保障?如何兜住底、兜好底,实现脱贫攻坚成果与乡村振兴有效衔接,确保困难群众共享改革发展成果?显然是个必须面对的问题。

为了能把真实情况反映上去,也为了给完善改革措施提供参考,李宏塔带领省民政厅工作人员深入基层,专门组织了对全省五保户的大走访、大调研,详细了解搜集第一手资料。当时,有的同志心存顾虑,担心大走访会不会给税费改革造成阻力。但李宏塔据理力争,他始终确信,为困难群众讲话、办事,又有什么好顾虑的呢?共产党就是为人民谋福利的,如果要以牺牲弱势群体的利益为代价,这样的改革不搞也罢。所以,一定要深入下去摸实情,不回避矛盾,不掩盖问题。基于这次大走访的翔实材料,李宏塔亲自起草调查报告。在总结汇报该项工作中,实事求是向民政部和安徽省委、省政府建议加大财政对五保对象基本生活的保障力度,字里行间流露出对老百姓的拳拳之心。

李宏塔的报告引起了国务院的高度重视,时任国务院副总理温家宝为此专门作了批示。随后,安徽省制定出台了多份文件,将五保供养经费纳入财政预算,建立了干部定期走访五保户包户工作制度。在研究具体的补助金额时,有关部门开始提出每人每年200元。在会上,李宏塔掰着手指头一笔笔地算账:吃饭要多少钱,烧火要多少钱,冬天取暖要多少钱,最终说服了省领导和相关部门,安徽省决定给予每人每年补助400元。

2001年,安徽在全省范围内统一实行农村五保供养制度,使五保户基本生活保障经费得到了较好的落实,有力保障了五保户的基本生活,使税改费中一度被忽视的困难群体问题因快速反映得到了妥善解决,也为巩固税费改革成果打下坚实基础。省里有了政策,李宏塔又多次明察暗访,直接到群众家中检查存折上的记录,看到一笔笔补助都按时到位了才放心。

当官不为民做主,不如回家卖红薯。在安徽省民政厅工作的20年间,李宏塔始终坚守民政人的责任担当。他心中始终装着一本账:全省有170万优抚对象,有64万退役军人,有3 400名军队离退休干部,有6 031名红军失散人员,有48 000名农村五保户,有5 000名多城市"三无"对象,有90万"低保"户,有500万残疾人,有15 000名多流浪乞讨救助对象……可以说,这本账几乎涵盖了全省所有弱势群体,这也就是民政工作的难点所在。

在李宏塔看来,敢于担当,首先就是要有乐于维护这些弱势群体利益的担当。这是民政干部,特别是领导干部必须具备的基本素质。不论职务高低,干部都必须对老百姓负责。民政部门的干部离群众最近,联系群众最广泛,服务群众最直接,做的是雪中送炭的好事,解的是急难愁盼的难题,必须以铁肩担道义,以真心解民忧。正如祖父李大钊的字"守常"一样,李宏塔二十年如一日,把上任前父亲对他"要把老百姓的生活安排好"的嘱托,同"铁肩担道义,妙手著文章"的家训一道,践行到日常的点滴当中,真正担负起一个共产党员的初心和使命。

2021年7月19日,民政部邀请李宏塔和宁夏回族自治区吴忠市利通区金星镇王兰花热心小组党支部书记、王兰花热心小组慈善协会会长王兰花，福建省福州市鼓楼区东街街道军门社区党委书记林丹，内蒙古自治区阿巴嘎旗洪格尔高勒镇萨如拉图雅嘎查党支部原书记廷·巴特尔等四位"七一勋章"获得者到民政部机关作先进事迹报告。报告会采取现场会和视频会相结合的形式，由部党组书记、部长李纪恒主持。

作为一名曾经长期奋战在民政战线的"老兵"，李宏塔时隔13年再次来到民政部，心里很激动也很温暖。虽然已不再是熟悉的北河沿大街147号，虽然已不再有那么多熟悉的老同志、老面孔，但民政人薪火相传的爱民之心和一以贯之的为民情怀，仍然让他倍感亲切、深受感动。在以"传承红色家风，做一个共产党员该做的事"为题的报告中，李宏塔结合自身经历，用质朴生动的语言，以自己传承红色家风的一系列平凡小事，生动地诠释了共产党人坚定信念、践行宗旨、拼搏奉献、廉洁奉公的高尚品质和崇高精神。

李宏塔说：

> 我的爷爷是中国共产主义运动先驱、中国共产党主要创始人李大钊，父亲李葆华曾任中共安徽省委书记、中国人民银行行长等职。作为"革命之后"，自幼浸染共产党人革命传统和优良家风，父亲对我的影响"身教"可能更甚于"言传"。工作多年，我始终牢记父辈的教诲和家风的传承，时刻以共产党员的标准严格要求自己，认真履行工作职责，坚持原则，廉洁奉公，艰苦朴素，敢担当、善作为，未敢有半点懈怠和骄傲自满，始终把责任扛在肩上、落实到行动中，做共产党员该做的事。
>
> 这些年，我始终坚守"一心一意跟党走、履职尽责善作为"的初心使命。对党忠诚是共产党人的鲜明政治品格和根本政治要求。我的理解，对党忠诚就是要忠诚于党的信仰、忠诚于党的事业，就是要立足工作岗位，认真落实党中央的决策部署，党叫干啥就干啥，不讲条件、不搞变通、不打折扣。
>
> 在民政系统工作这些年，我深度体会了民政工作责任的无比厚

重,深刻领会了各级民政部门的创新智慧,深切领悟了民政干部的无私奉献。回想起我在安徽民政系统工作的这些年,真是有说不完的话,诉不完的情,道不尽的感谢。特别要感谢民政部长期以来对安徽民政的大力支持和关心指导。2008年,根据组织安排,我告别了工作多年的民政系统,到省政协履职副主席,到现在已离开13个年头了。但我一直关注着民政事业的发展,在政协工作期间我也多次为民政工作鼓与呼,积极推动了《安徽省实施〈中华人民共和国慈善法〉办法》的出台。可以这样说,民政事业可能少了一个建设者、推动者,但从此多了一个关注者、支持者。

在民政部的科学指导和安徽省委、省政府的坚强领导下,安徽省民政事业近年来也取得了长足进步。全省民政系统全面贯彻落实习近平总书记关于民生民政工作重要指示批示和考察安徽重要讲话指示精神,聚焦脱贫攻坚兜底线、聚焦特殊群体谋福利、聚焦群众关切优服务,积极履行基本民生保障、基层社会治理、基本社会服务等职责,按照高质量发展要求,出台了一系列政策措施,提出了一系列工作举措,有力保障和推动了全省民政事业健康有序发展,民政总体工作连续8年被民政部评定为优秀等次。特别是2020年,安徽各级民政部门全力以赴战疫情、抗汛情、兜底线、保稳定、促发展,用行动践行了"人民至上、生命至上"的理念,用大爱书写了'民政为民、民政爱民'的动人篇章。作为一位民政老兵,我深感自豪与骄傲。

习近平总书记在庆祝中国共产党成立100周年大会上的重要讲话中有80多次提到人民,告诫我们,我们党的根基在人民、血脉在人民、力量在人民。作为"关系民生、连着民心"的民政工作者,我们民政部门重任在肩、责无旁贷。站在新发展阶段,民生民政工作的战略地位将进一步提高,民政事业将得到更加广泛的关注,承担更加重要艰巨的任务和使命,面临更大的挑战。希望我们民政部门继续积极践行以人民为中心的发展思想,把人民对美好生活的向往作为我们不懈奋斗的目标,响应新的百年、新的时代、新的征程伟大号召,更好履行基本民生保障、基层社会治理、基本社会服务职责的要求，扎实做好职责内每一项兜底性、基础性的社会建设工作，在全面建设社会主义现代化国家中全面推进民政工作现代化建设，着力将新发展理念贯穿民政事业发展全过程各领域，着力履行民政在构建新发展格局中的职责作用，着力提升民政事业高质量发展水平，更好地为党和国家大局服务。

　　跨越百年，初心不改；迈向复兴，使命在肩。无论什么时候，民政的发展都永远是我的期待，民政的进步都永远有我的祝福；无论什么时候，民政的每一点成绩，我都会为之摇旗助威；民政的每一个成功，我都会为之衷心喝彩！祝愿民政事业蒸蒸向上。

第五章
闳言崇议倾全力，参政议政谱新章

演化是天然的公例，而进步却靠人去做的。我们立足在演化论和进步论上，我们便会像马克思一样的创造一种经济的历史观了。我们知道这种经济的历史观系进步的历史观。我们做人当沿着这种进步的历史观，快快乐乐地去创造未来的黄金时代。黄金时代不是在我们背后的，是在前面迎着我们的。人类是有进步的，不是循环而无进步的。

——李大钊在上海大学演讲《演化与进步》

中国人民政治协商会议是中国人民爱国统一战线的组织，是中国共产党领导的多党合作和政治协商的重要机构，是我国政治生活中发扬社会主义民主的重要形式，是社会主义协商民主的重要渠道和专门协商机构，是国家治理体系的重要组成部分，是具有中国特色的制度安排。

2008年1月30日，在中国人民政治协商会议安徽省第十届委员会第一次会议上，李宏塔当选为安徽省政协副主席。同时，他还被连续推选为全国政协第十一届委员会委员和第十二届委员会委员。职级再次出谷迁乔，但李宏塔对老百姓的冷暖痛痒依然切切在心。

一、乐做基层的代言人

提案是政协委员和参加政协的各党派、各人民团体以及政协各专门委员会，向政协全体会议或者常务委员会提出的、经提案审查委员会审查立案后，交承办单位办理的书面意见和建议。李宏塔认为，"衣人之衣者怀人之忧"，参政议政的热情和政协委员的责任感是写好提案的前提，而深入基层和深入实际搞好调查研究是写好提案的基础。他把在省民政厅的工作作风带到了省政协。在深入基层调研的前提下，经过认真思考和撰写，李宏塔在每年的全国"两会"上都要向全国政协提交七八篇提案，两届任期的10年里共提交提案70多篇。

城乡一体化思想早在20世纪就已经出现了。我国在改革开放后，特别是在80年代末期，由于历史上形成的城乡之间隔离发展，各种经济社会矛盾凸显。如何解决这些矛盾？城乡一体化思想提供了一种思路，逐渐受到了重视。著名社会学家邓伟志对此分析说："目前我国社会尚处在城乡二元结构和城市二元结构并存的局面……长期的城乡二元结构必然使农民和市民处于冲突和对立的状态。"城乡一体化就是要把工业与农业、城市与乡村、城镇居民与农村村民作为一个整体，统筹谋划、综合研究，通过体制改革和政策调整，促进城乡在规划建设、产业发展、市场信息、政策措施、生态环境保护、社会事业发展的一体化，改变长期形成的城乡二元经济结构，实现城乡在政策上的平等、产业发展上的互补、国民待遇上的趋同和实惠，使整个城乡经济社会全面、协调、可持续发展。因此，城乡一体化是一项重大而深刻的社会变革，将使中国现代化和城市化发展进入一个全新的阶段。

由于长期担任领导工作并在基层跑得多，李宏塔对农村公共文化服务体系建设的重要性心知肚明：这是保障和改善民生的重要举措，是全面深化文化体制改革、促进文化事业繁荣发展的必然要求，是弘扬社会主义核心价值观、建设社会主义文化强国、实现乡村振兴的重大战略任务。在对省内城乡一体化发展情况调研的过程中，李宏塔对农村公共文化服务体系建设是城乡一体化建设的一项重要内容有了更具体的认识。每到一地，他都不遗余力地追本溯源，了解当地公共文化服务体系的历史、现状和问题，分析发展的有利条件和制约因素。通过调研，他了解到，截至

2012年,安徽省基本建成了农村基层公共文化服务体系,但与城市的基层公共文化服务体系建设相比,还存在着公共文化设施水平较低、管理不善、公共文化服务经费不足、基层文化人才匮乏等问题,需要引起重视并逐步解决。

在调研过程中,李宏塔还认真学习研究有关理论,了解各种观点,提升自己的理性思考。同时他把目光扩展至全国各省的城乡一体化进程,吸收各地的经验和教训。在对照中西部城乡一体化过程中,他明显感到,西部的一体化进度要比东部慢得多。他想起了老友邓伟志先生的一段论述:"中国的城市化在处理东西关系上,会受到'马太效应'的作用,但是又要尽量摆脱'马太效应'的制约。中国一定要东西联动,走自己的路,从而变扩大差别的'马太效应'为布局合理的'中华效应'。"所谓"马太效应",是一种强者愈强、弱者愈弱的现象,这个概念源自圣经《新约·马太福音》中的一段话:"凡有的,还要加倍给他,叫他多余;没有的,连他所有的也要夺过来。"经过认真调研和构思,一个"文章合为时而著"的提案在李宏塔的深入思考中很快形成了。

在第二年的全国"两会"上,作为全国政协委员的李宏塔向大会递交了《推进城乡一体化综合配套改革》的提案。咫尺之图,写千里之景。在这个提案中,李宏塔建议在城乡一体化已经进入深度发展的阶段,一定要注意由点到面、点面结合,由东到西、东西并进;要注意综合配套,不能顾此失彼,推动城乡一体化建设逐步向纵深发展。

在对城乡一体化建设调研的同时,李宏塔对人口老龄化问题也十分关注。人口老龄化是指人口生育率降低和人均寿命延长导致的总人口中因年轻人口数量减少、年长人口数量增加而出现的老年人口比例相应增长的状态。国际上通常看法是,当一个国家或地区60岁以上老年人口占人口总数的10%,或65岁以上老年人口占人口总数的7%,即意味着这个国家或地区的人口处于老龄化社会。

李宏塔分析了国家统计局2011年4月28日发布的第六次全国人口普查的有关数据,发现我国60岁及以上人口占13.26%,比2000年人口普查上升2.93%，其中65岁及以上人口占8.87%，比2000年人口普查上升1.91%，两个指标都符合严重老龄化社会的标准。他认为，应该重新审视我国人口老龄化的发展趋势和应对方案。

我国老龄化进程的逐步加快，说明随着国家经济社会快速发展，人民生活水平和医疗卫生保健事业有了巨大改善，也说明生育率多年持续保持了较低水平。古人云：欲思其利，必虑其害；欲思其成，必虑其败。我国老龄化的进程加快，一方面标志着人们的寿命在延长，"人生七十古来稀"已成为过去，期颐之寿是寻常百姓十分可能的追求目标；另一方面给各级政府提出了一个迫在眉睫的课题，这就是要直面人口老龄化可能引发的一系列社会问题，认真思考，不断创新社会管理，从多方面着手来保障老年人的合法权益，让老年人"老有所依、老有所为、老有所乐"。

在调研中，李宏塔发现，农村常住人口老龄化比例要大于城镇，老龄化增速也较快，农村老年人口的总数也多，"未富先老"现象突出。随着城市化和工业化的发展，越来越多的农村青壮年离开农村，到城市的各个部门就业，老年人留下来带孙辈兼管种养业，成为从事农业生产的主力军。与年轻劳动力相比，他们在体力、速度等方面的差距会导致农业生产无法精耕细作，生产效率下降。同时，由于老年人受教育程度相对较低，对新的生产方式、生产技术、新兴产业和信息技术的接受速度慢，接受能力低，难以及时了解外部市场信息，抗投资风险能力弱，影响了农村产业结构的转型升级。

李宏塔认为，农村人口老龄化现状提示我们，解决农村的人口老龄化问题比解决城镇人口的老龄化问题更迫切。他根据调研情况算了两笔账：一是截至2012年12月，安徽省新型农村和城镇居民社会养老保险参保人数为3 350.6万人，接近安徽省人口的50%，其中802.6万人领取养老金，累计基金结余84.5亿元。二是中央财政对60周岁以上的农村老年居民每人每月补助55元的基础养老金，不仅低于国家最新的农村扶贫标准，更是远远低于城镇居民最低生活保障标准。他作了一个假设，如参保的农村居民按每年300元标准缴费，地方政府每年补助30元，连缴15年，个人账户累积总额为4 950元,个人账户养老金为每月36元,加上中央财政补助55元的基础养老金,总的养老金标准为每月91元。这一养老金水平低于现行国家规定的农民人均年纯收入2 300元的扶贫标准,更是远远低于城镇居民最低生活保障标准。

联想到调研时了解的情况,李宏塔认为,目前严重的人口老龄化问题,会使以家庭赡养老人为主的传统方式功能弱化,会对社会养老、医疗保险、经济社会发展带来不同程度的影响,必须引起我们的重视。就拿社会保险制度来说,现阶段我国已经初步建成了相对完善的社会保障机制,还推行了农村养老保险制度,基本完成了社会保险全覆盖。成绩虽然必须肯定,但也还存在不少问题。李宏塔认为,这些问题主要集中在养老保险的金额偏低,难以真正起到保障作用。

完善的老年人社会保障机制,不仅可以解决养老问题,还能有效刺激消费,减少经济下行对社会经济发展的冲击。因此,继续完善基本养老保险制度,促进农村养老事业发展,促进城镇职工基本养老制度规范化,努力扩大覆盖面和提高保障水平,已经刻不容缓。他还认为,要积极为老年人搭建发展平台,充分发挥中低龄老人资源优势,让身体健康、思维敏捷、经验丰富、人际关系良好的老年人继续从事一些力所能及的工作。这样既有利于老年人的身心健康,增加老年人的生活乐趣,也有利于缓解社会在"养老""医老"方面的压力,更有助于社会经济的可持续发展。李宏塔引用了孟子的一段话:"为长者折枝,是不为也,非不能也。"我们的政府是人民的政府,对待老年人的事绝不能"不为",而是要认真负责地一管到底。

针对这个问题,李宏塔起草了《应对人口老龄化》的提案,在2013年3月的全国"两会"上提交给全国政协提案委员会。在提案中他提出,建议从2014年起对农村老年居民养老保险基础养老金进行大幅度调整,每人每月至少达到100元,力争到2020年,达到每人每月200元以上。他还建议,根据经济社会发展水平,建立基础养老金与物价上涨、城乡居民最低生活标准、农村最新扶贫标准等变量挂钩联动的长效增长机制,随着国民收入的增加逐年适当调整增加新型农村和城镇居民社会养老保险基础金标准,同时进一步健全缴费激励机制,引导城乡居民多缴费、长缴费,提高养老金水平,从而真正实现老有所养的目标。

聂万健曾任太湖团县委书记,是李宏塔在团省委工作时的老部下,退休前是太湖县政协主席,在工作中仍经常得到李宏塔的指导。太湖县隶属于安徽省安庆市,位于安徽省西南部、大别山南麓,1984年被确定为国家级重点贫困县。多年来,全县人民在县委县政府的领导下,与贫困展开艰苦卓绝的斗争,并积累了不少值得认真总结推广的经验。聂万健回忆道:"我任县政协主席后,李宏塔曾多次来太湖县调研指导工作。他到基层调研时,不仅听取基层干部的建议,还一定要到农户家里同老乡们聊一聊。2013年底的一天,我陪同他到江塘乡大唐村调研,我们安排了干部和村民代表在村委会开了个座谈会。会后,我们准备安排省政协领导回县里休息,但李宏塔提议晚点走。他步行到了附近的农户和路边的店主家,与他们热情地攀谈,直到天完全黑了才离开。"这次在太湖县的调研,是李宏塔对扶贫工作情况数次调研中的一次。

2013年11月3日,习近平总书记在到湖南省湘西土家族苗族自治州花垣县十八洞村苗寨考察期间,首次提出"精准扶贫"的理念,作出了"实事求是、因地制宜、分类指导、精准扶贫"的指示。随之,一场持续的脱贫攻坚战在华夏大地上展开了。

国家级贫困县,是国家为了帮助贫困地区,以当地人年均纯收入作为依据而设立的一种标准。安徽省是脱贫攻坚任务较重的省份,2013年时有国家级贫困县20个,省级贫困县11个,有建档立卡识别的贫困村3 000个和贫困人口484万人。看着这些体现了"艰巨"一词的数字,在民政厅开展救灾扶贫工作时深入贫困农户的许多场景浮现在李宏塔的眼前。他知道,面对贫困顽疾的攻坚克难一战,"士不可以不弘毅,任重而道远",必须倾全力而为之。

为了准确掌握精准扶贫工作中的情况,李宏塔马不停蹄地到多个贫困县调研。在每次调研中,他仍然保持在民政厅工作时的作风,不仅要听地方领导的汇报,而且要把更多的时间放在进村入户访贫问苦过程中。在调研中他看到,自脱贫攻坚战打响后,全省上下深入学习贯彻落实中央关于扶贫开发的战略思想,坚持精准扶贫、精准脱贫基本方略,以脱贫攻坚统揽贫困地区经济社会发展全局,方法创新、计出万全,与贫困展开了艰苦卓绝的斗争。经过与帮扶干部、乡村干部、贫困户的群众多次深入交谈,李宏塔了解到当时在有些地方的精准扶贫工作中还存在一些不足:对贫困户的入户调查、精准识别、动态调整有误差;帮扶工作不扎实;部分扶贫工作政策不统一甚至有冲突。李宏塔认为,这些虽然只是局部现象,但必须加以重视,防微杜渐,才能确保精准扶贫工作健康发展、顺利进行。

如何克服这些不足?李宏塔觉得还是应该从建章立制上下功夫,用制度管事管人。2020年,中国要全面建成小康社会。但在小康社会实现后,仍然可能出现因灾祸、因病残而发生的贫困,社会兜底功能会更为凸显,对国家扶持资金的依赖也会更为强烈。因此,未雨绸缪,制定系统完整的制度是非常必要的。

2014年的春节,李宏塔是在认真构思起草向全国"两会"提交的提案中度过的。3月初,他把提案《完善精准扶贫的制度化保障》带到北京提交给全国政协提案委员会。

二、献计献策总关情

李宏塔有句名言:"服务群众是件幸福的事。"

2008年初,安徽省发生了雪灾,给农业生产造成了不小的损失。为了摸清情况,刚到省政协工作的李宏塔率队连续八天奔赴三个市的农村,挨家挨户查访。有一天忙到了中午,陪同的当地领导好意相劝:"天冷地滑、任务繁多,安全和身体健康是大事。"他们请李宏塔回宾馆吃午饭,休息后下午再来。李宏塔和颜悦色地对他们说:"老百姓的事就是大事,能抓紧点就抓紧点,不要为吃饭这种小事耽误时间。"说着,他带头走进路边的一家小面馆,在这里,每人都用一碗面当了顿午饭。饭后,他们踩冰踏雪又进了村子……

在省政协任职时,李宏塔分管扶贫工作。据他身边的工作人员反映,凡是他带队到贫困地区调研,不仅行程满、节奏快,而且喜欢"寻丑""揭短",哪里条件差就往哪里去。农村的贫困户和寄宿学校、城郊的养老院、城区的老旧小区以及在这些地方生活学习的群众,都是他关注的重点。为此,有的地方在群众中传颂着李宏塔喜欢"微服私访"的故事。李宏塔和父亲李葆华一样,并不同意这种说法。他说:"我到群众中去从不化妆,怎么微服了?我不埋名、不隐姓,名正言顺,正大光明,证明我不是私访。我到基层去不打招呼,那是怕麻烦人家。我到哪里去都熟门熟路,不需要领,不需要陪。"

2012年5月,李宏塔在安徽省凤台县新集镇胡岗村走访时,发现当地一所小学校舍破旧、操场泥泞,连一件完整的体育设施都没有。他面对眼前的破旧校舍十分揪心。

"十年之计,莫如树木;终身之计,莫如树人。"李宏塔对同行的地方领导说:"再穷不能穷了教育,再苦不能苦了孩子。"他在现场与大家共商改善这所学校办学条件的办法。当得知资金困难时,他当即表态:"钱的事我来想办法,一定要保证新学期开学后孩子们有个好环境,到时候我可要来看的。"

回到合肥,李宏塔通过有关部门协调筹措了10万元,用于这所学校配套设施改造。资金到位,学校改造工程在暑期得以加速推进,终于在开学前完成了。

2012年9月初开学那天,李宏塔如约来到学校。看到旧貌换新颜的校园,他欣慰地笑了。他对学校领导说:"我从不为自己的任何事求人,但为困难地区的孩子求回人,值!"

李宏塔认为,只有躬行实践才能取得真实的第一手材料,才能知道群众在想什么、需要什么,才能对症下药找到解决问题的方法。在看到全国妇联2008年2月发布的《全国农村留守儿童状况研究报告》后,他决定亲自调查一下农村留守儿童的情况。

农村留守儿童是指父母双方外出务工或一方外出务工另一方无监护能力,无法与父母正常共同生活的不满16周岁的农村户籍未成年人。经过调查,李宏塔发现,在国家新型城镇化发展的过程中,农村留守儿童呈现出数量多、增长快的态势,并且可能会在未来较长一段时期内持续存在。农村留守儿童相对一般儿童而言处于弱势,相比之下,他们往往很少被关注,造成的心理疏导和文化教育的缺失相当严重。加之对祖父母辈的依赖性强,农村留守儿童甚至畏惧自己的亲生父母。同时,农村的教育水平较差,对儿童的管教尤其是对农村留守儿童的关爱往往不够,造成了一系列相关问题。

李宏塔分析调查有关情况,发现因为父母长期没有和子女在一起,部分农村留守儿童在生存发展中存在几个突出问题。一是生活问题。由于缺少父母很好的生活照顾,部分农村留守儿童严重营养不良,身体健康、生长发育都受到影响。二是教育问题。父母外出务工,一些农村留守儿童的农活、家务活增多,影响了他们的学习,致使学习成绩下降,有些还因产生厌学情绪逃学甚至辍学。三是心理问题。由于亲情缺失,这些孩子缺少情感和心理关怀,缺少宣泄倾诉和寻求帮助的对象,不愿意与外界接触或接触较少,一些农村留守儿童表现出内心封闭、情感冷漠、行为孤僻等个性特征,不同程度地存在性格缺陷和心理障碍。四是道德行为问题。因为家庭教育缺失和缺乏道德约束,一些农村留守儿童没有养成良好的生活习惯和道德品行,出现行为偏差,他们中违法违纪案件呈现上升趋势。五是安全问题。部分农村留守儿童因父母不在身边,经常受到同学、邻居的欺负。

"老吾老以及人之老,幼吾幼以及人之幼。"针对这些情况,李宏塔觉得必须将心比心、换位思考,把农村留守儿童问题时刻放在心上,想方设法为其办实事、解难题。为此,他起草了一份向全国政协提交的提案:《关爱农村留守儿童》。在这份提案中他强调,农村留守儿童问题是一个综合性的社会问题,需要统一认识,通力协作,形成关心农村留守儿童健成长的良好社会氛围。他在提案中建议，党委和政府有关部门应高度重视农村留守儿童的教育问题，共同构建农村留守儿童教育的社会监护体系；学校要发挥教育农村留守儿童的主阵地作用；家庭要承担起对农村留守儿童教育的监护引导职责。

关心人民疾苦，是从李宏塔的祖父李大钊就开始的。李大钊寄希望于人民，称只有尽其在我，才能承担起挽救民族、重建民族和国家的任务。李葆华曾回忆，1925年，中共北方区党委开办过一个区委党校，是中国共产党在北方成立最早的党校。1926年春，他参加党校学习，赵世炎、陈乔年等纷纷授课，最后一课由李大钊主讲。他在课堂聆听了父亲的教诲，内容主要据父亲的文章《土地与农民》为蓝本，后来毛泽东还将其收入农民运动讲习所的教材。李大钊说："农民约占总人口的70%以上……中国的浩大的农民群众，如果能够组织起来，参加国民革命，中国国民革命的成功就不远了。"中国人民拥有最强大的力量，这些教诲深深影响了李葆华和李宏塔。

由于工作上的需要，李宏塔曾多次到黄山市。在广泛接触当地群众的过程中，他深知黄山市人民对自己生活工作的这个地区不仅充满了热爱和自豪，而且迫切希望通过多种媒体扩大宣传被联合国教科文组织列入《世界文化与自然遗产名录》的黄山风景区，以吸引更多的旅游者来黄山旅游观光。

黄山位于安徽省黄山市境内，地处歙县、休宁县、黟县和黄山区、徽州区之间。它形成于2亿年前的中生代三叠纪，经历了造山运动和地壳抬升及冰川、自然风化作用，才形成了奇特秀美的峰林结构。黄山风景区内险峰林立，危崖突兀，奇松展枝，云海漫腾，令游人叹为观止、流连忘返，被世人誉为"天下第一奇山""人间仙境"，素有"五岳归来不看山，黄山归来不看岳"之称。据史料记载，汉末就有会稽太守陈业"洁身清行，志怀霜雪"，遁迹此山。李白在诗中写道："黄山四千仞，三十二莲峰。丹崖夹石柱，菡萏金芙蓉。"明代地理学家和旅行家徐霞客曾两次来到黄山，他赞叹道："薄海内外之名山，无如徽之黄山。登黄山，天下无山，观止矣！"

第五章 闳言崇议倾全力，参政议政谱新章

2009年10月28日在纪念李大钊同志诞辰120周年座谈会会场留影

在黄山市街头留影

李宏塔面对黄山市人民群众的希望,他推己及人,觉得的确应该进一步持续扩大对黄山的宣传。在深入调研的基础上,他起草了提案:《建议把黄山风景作为人民币上的图案》。在这个提案中,李宏塔写道:"人民币是'中国名片',其背面的风景在担负商品交换媒介职能的同时,也传递着浓缩自然、历史、文化为一体的中国精神。截至目前,颐和园、宝塔山、泰山、珠穆朗玛峰、桂林山水、布达拉宫等风景都已经被印到人民币的背面。遗憾的是,人民币上至今还没有关于黄山风景的图案。黄山作为世界名山、中国骄傲,理当被印在人民币上。黄山不仅是中国的,更是世界的。因此,黄山风景应成为'中国名片'人民币的背面图案。"

在2010年3月初召开的全国政协第十一届三次会议上,李宏塔把这个提案递交给了全国政协提案委员会。

在长期的基层调研工作中李宏塔发现,经济发展了,生活富裕了,但群众还是存在许多不满,特别是对基层干部经常提出批评意见,一些干部接受不了,更加影响了干群关系。李宏塔说:"下乡过程中,我还听到这样一种论调:发展越快,矛盾越多。仔细想了想,我觉得矛盾不是因发展快造成的,而主要是我们党员干部的作风没有跟上,和人民群众心连心的好传统、好作风不同程度弱化了。"

针对这个现象,李宏塔认真地做了思考。他认为,干群关系不好,矛盾的主要方面是干部,责任也在干部。一些干部看似身在基层,心中却没有群众,不用说以人民为中心的思想,就是为人民服务的责任意识也没有,既不能掌握从群众中来、到群众中去的工作方法,又存在对做好新形势下群众工作"老办法不管用、新办法不会用"的本领欠缺和能力危机。古人道:"乐民之乐者,民亦乐其乐;忧民之忧者,民亦忧其忧。"显然,群众在党员干部心里分量有多重,党员干部在群众心里的分量就有多重。作为党员干部,特别是领导干部,在群众面前,一定要俯下身子、迈开步子,坚持问政于民、问需于民、问计于民、问效于民;面对群众疾苦,应该是如鲠在喉、关怀备至、千方百计解决好;面对群众批评,必须从谏如流、广纳群言,做到有则改之无则加勉;与群众交流,要努力做到用语通俗、充满爱心;做群众工作,更需要将心比心、换取真心;面对民生问题,必须全心全意地投入,不能当作"面子工程",要秉承"功成不必在我,功成必定有我"的奉献精神。绝不能工作没做好,不从自己找原因,而是把责任都推给群众,埋怨群众。

于是,又一篇提案在李宏塔基层调研和深入思考中构思而成。在《密切党和人民群众联系,切实转变党员干部作风》的提案中,李宏塔写道:"我们很多工作能不能做成、做好,关键还是要看能不能团结群众。团结是出发点,依靠是落脚点,中间要教育带领,关键时刻还要共产党员发挥带领作用,冲在前头。古语道,'为政之道在于安民,安民之道在于察其疾苦。'把人民群众的积极性、主动性调动起来,很多事情就能水到渠成,这是我们党的好传统、好作风,是万万不能丢的。要不负新时代人民群众的新期待,就应该对照人民群众的新期待,找问题、查不足,聚焦为民服务解难题,以务实之举增强人民群众的获得感、幸福感、安全感。"

李宏塔的这篇提案在全国"两会"上提交后,引起了中共中央组织部的高度重视。提案用了1 000多字,而中央组织部给李宏塔的回复却有4 000多字。

2015年是世界反法西斯战争胜利和中国人民抗日战争胜利70周年。刚过元旦,李宏塔就思考:今年的提案之一应该与抗日战争胜利70周年有关才是。从哪里着手呢?这时,曾长期在民政部门工作的李宏塔想起了到基层慰问抗日战争老战士的往事,他们一张张饱经风霜、备尝艰辛的面庞,一个个履险蹈危、九死一生的经历,清晰地显现在李宏塔眼前。他在感慨系之的同时奋笔疾书,一口气撰写成提案:《今年用什么来纪念抗日战争?》。

在这篇提案中李宏塔写道:"我们要以实际行动来纪念抗日战争胜利70周年。参加抗日战争的这些人都已经年老体弱,随着国家财政收入的增加,发展成果由人民共享应首先体现在他们身上,首先让他们享受到。建议不但今年要考虑给他们提高标准,更主要的是从现在开始建立一个自然增长机制。"这个提案成为民政部、财政部办理的重点提案。这两个部门办得也很认真,很快就定下了对抗日老战士补贴一年一上调的标准。在2016年的全国"两会"上,全国政协把这篇提案列入了范例提案。

三、不变的是心系人民

2008年李宏塔当选安徽省政协副主席。到省政协工作后,岗位和职务都变了,接触面也更宽了。李宏塔觉得,虽然不在一线,但同样可以为老百姓做一些事,至少是可以为老百姓的事鼓与呼。

作为政协党组成员,李宏塔很重视机关党组织的思想建设、作风建设和组织建设。他常说:理想信念坚定才能脚踏实地跟党走,坚持人民至上才能不忘初心使命。他多次在党组会上强调把加强思想政治引领、广泛凝聚共识、关心人民群众作为中心环节,贯穿于省政协委员履职的各方面、全过程。

因为是共青团系统走出来的干部,李宏塔对于青年工作一直非常关心。在全国"两会"上,他专门就大学生的政治思想问题向全国政协提出了一个提案。他在提案中写道:"青年教育应该从小抓起。我们现在所讲的人民富裕、民族复兴,都要靠一代代的青年人完成。中国是科技大国,但还不是科技原创大国。所以,应该鼓励青年们的科技创新、独立创新,把中国的好传统恢复起来,而不是拿技术复制后生产的产品乞求人家去用。"

在省政协,李宏塔仍像在民政厅工作时一样,十分关心、支持安徽省的慈善事业,同时积极参与中华慈善总会工作。他先任副会长,后任顾问。在中华慈善总会"幸福家园"村社互助工程的推广中,他深入全国多地基层调研。在一些地方,他"习惯性"地自掏腰包,慰问困难群众。

2014年3月8日,李宏塔与中华慈善总会另一位副会长王树峰,以及中华慈善总会理事、合肥市慈善协会会长周富如一起,陪同中共安徽省委书记张宝顺,省长王学军,省委常委、秘书长唐承沛等到北京中国人民解放军空军总医院看望安徽省"为了我们的孩子——100名特困家庭先心病儿童救助行动"首批赴京接受治疗的23名儿童。此项救助行动由中华慈善总会与合肥市慈善协会主办,中华慈善总会新闻界志愿者慈善促进工作委员会承办,旨在对安徽省100名特困家庭先心病儿童进行救助。救助善款主要由"一张纸献爱心"活动筹募。"一张纸献爱心"是由中华慈善总会发起的大型公益项目,宗旨是通过捐献废旧纸张积聚善款,用于救治贫困家庭先心病患儿和建立"救急难"基金。

张宝顺对参与活动的慈善工作者和医护人员表示衷心感谢。他指出,"救助行动"是利国利民、挽救生命、再造健康,是传递爱心、发扬正能量的活动。通过"救助行动"的实施,帮助特困家庭和患儿圆梦,体现了人民、国家、民族、社会的凝聚力和向心力。他还针对患儿救助经费问题,提出政府应将先心病患儿救治纳入民生工程,要倡导社会各界捐赠,政府大力推进,要以"一张纸献爱心"活动作为切入点,点滴融入爱心行动。张宝顺、王学军等还到病房看望了部分来自金寨、霍邱、合肥的特困患儿,给他们送去爱心书包和玩具,祝愿孩子们早日出院、健康成长。

2016年3月24日,李宏塔以全国政协委员、中华慈善总会副会长身份赴安庆市考察慈善工作及调研《慈善法》落实情况。李宏塔一行考察了迎江区怡人堂养老中心和迎江区沐阳之家残疾儿童康复中心,详细了解安庆养老机构的发展及运营情况。在座谈会上,李宏塔对安庆慈善事业的发展给予了充分肯定,同时指出,《慈善法》将于9月1日正式实施,各级民政部门要认真学习、领会《慈善法》的精神,努力践行慈善理念,在加强现有慈善组织管理的同时,总结好的经验,搭建统一的网络平台,进一步推动安庆慈善公益事业快速健康发展。他希望,慈善组织要抓住发展机遇,着力规范慈善组织运营及募捐程序,动员社会力量参与慈善事业,实现慈善事业的公平、公正、公开。

2018年11月9日,由中华慈善总会、山西省委宣传部、山西省文明办、山西省民政厅、山西省慈善总会共同发起的"一张纸献爱心行动暨山西省百名贫困家庭复杂先心病儿童救助行动"启动仪式在山西大学举行。这是"一张纸献爱心行动"开展以来中华慈善总会首次在省级层面举办启动仪式。此次行动将率先在山西省省会太原和省直机关企事业单位开展。

李宏塔以中华慈善总会副会长身份出席仪式并讲话。他介绍了全国"一张纸献爱心行动"开展的情况，并代表中华慈善总会向山西省慈善总会捐赠了"爱心车""爱心箱"。中共山西省委常委、宣传部部长廉毅敏出席并讲话，省文明办负责同志宣读了《"一张纸献爱心行动"倡议书》。启动仪式结束后，云南省阜外心血管病医院派出的心血管专家组分赴临汾、晋城等地区进行筛查，把病情严重、治疗费用昂贵的先心病患儿接到云南阜外医院进行免费手术。

在从中华慈善总会副会长位置上退下来后，李宏塔也没闲着，他被聘为中华慈善总会顾问，继续积极参加公益活动，为改善中西部困难群众的生活奔走忙碌。他说："慈善能直接为最困难的群众服务，这是我晚年的一件幸事。""共产党人要始终把自己置身于人民群众中。其实我做的事情，都只是作为共产党员的分内之事。""现在时代不同了，每个人的任务也不一样，但'铁肩担道义，妙手著文章'的精神内核是不变的。铁肩担道义，简单说就是'敢担当'；妙手著文章，则可以称作'善作为'。在本职岗位上把工作做好，以求真的态度求学，以求真的态度做事，就是'敢担当''善作为'。"

2010年，安徽南北局部先后发生水灾。此时，李宏塔虽已担任省政协副主席，但对救灾工作仍然十分关心。根据省领导的要求，他不辞辛苦，带领省民政厅同志前往各地指导救灾。

4月18日至21日，阜南县普降中到大雨，淮河王家坝闸水位一度涨至27.78米，形成历史上较为罕见的春汛，使大片小麦等农作物受灾。4月24日，李宏塔赶赴阜南县濛洼地区。先到王家坝镇查看灾情，随后沿着淮河分洪道，查看被水淹没的农田，详细了解当地受灾情况。李宏塔要求，一定要高度关注春汛灾情，妥善安排好外滩地因灾生活困难的群众，确保他们生活不出问题。

4月27日，李宏塔陪同民政部救灾救济司副司长邹铭带领的民政部工作组到长丰县检查了解汛前救灾准备工作落实情况，现场察看了长丰县庄墓镇枣林村移民建房枣林安置的村委会、幼儿园、村民新房、道路以及保庄圩工程等建设情况,特别是对建立健全救灾减灾综合协调机构和县乡救灾应急预案体系、加大救灾经费投入和救灾物资储备、切实抓好灾情管理、扎实开展春荒救灾工作、灾害应急体系建设形成、社会捐助工作扎实开展等方面情况进行了深入了解,要求针对各乡镇实际情况,进一步提高群众抗灾意识,完善救灾应急预案制定和物资储备,使之更具有操作性、实用性,并在移民搬迁、村庄改造等方面下功夫,提高抗灾能力。

5月26日,李宏塔带领省民政厅救灾处负责同志到芜湖市检查救灾工作。在听取市民政局关于春荒期间受灾困难群众生活安排和救灾准备工作情况的汇报后强调,妥善安排受灾困难群众生活一定要抓紧抓实,加强督促检查,确保救灾款物按规定程序和使用范围发给困难群众。他指出,安徽省沿江地区已多年未发生大的洪涝灾害,各级民政部门特别要提高危机意识,做好抗大灾救大灾的准备,迅速对救灾工作进行再部署、再落实。要结合实际对自然灾害救灾应急预案进行修订和完善,使之更加细化,更具有可操作性。对圩区和低洼地区的群众,要制定转移安置预案,明确转移线路和安置场所。备灾的各项任务措施要分解落实到责任单位。民政部门要认真落实24小时值班制度,确保灾害管理信息系统畅通。一旦灾情发生,要在第一时间到达灾区一线,核查灾情,及时、准确、客观地统计上报灾情,有效开展救助工作,使受灾群众有饭吃、有干净水喝、有住所、有病能医,基本生活得到保障。

进入7月,受强降雨影响,淮南市局部地区内涝严重。全市农作物受灾面积62.08万亩,受灾人口46.93万人,倒、损房屋2万余间,因灾造成经济损失33 014万元,其中农业经济损失26 629万元。7月18日,李宏塔到淮南市检查指导救灾,重点查看了凤台县和潘集区的灾情及救灾工作开展情况。他要求各级党委政府坚持一手抓防汛抗洪,一手抓生产救灾,一定要抓紧排涝,清沟沥水,做到"水退一块、补种一块",不误农时,同时切实安排好受灾群众基本生活。

即使这样辛苦,李宏塔还是感到内疚,总觉得自己的工作与群众的需要之间还有不小距离,没有做到完美无缺。由于受种种客观条件限制,一

2011年1月14日,李宏塔赴阜阳市颍东区插花镇慰问贫困户

遇大灾,安徽救灾的缺口仍然很大,救灾工作也还有漏洞,有死角。这些还需要不断加以改善。一定要用民政人的"辛苦指数"换得困难群众的"幸福指数"。不让灾民受难,民政部门还有很多工作要做。但不管怎样,在任何情况下,都必须力争做到不饿死一个人,不冻坏一个人,不因为生病救助不及时死亡一个人。

民间有"过了腊八就是年""喝了腊八粥,就把'年'来办"的说法。2011年1月14日是农历腊月十一,已进入了年关。李宏塔对上年受灾的贫困户仍牵挂于心。这天,他不顾天气寒冷、滴水成冰,来到阜阳市颍东区插花镇的几户老乡家慰问。他一户一户地看望、询问,了解这些贫困户的房子暖不暖、衣服厚不厚,家里的年货是否已办妥,还有什么困难和要求。当他听说老乡们过得都很好,年货也已备好时,他放心地笑了。

2013年1月,由于年龄原因,李宏塔不再担任省政协副主席职务,但"善为上者,不忘其下"的他心里有一件事一直迟迟放不下。在离开机关前,李宏塔特地将这件体现党的群众观念、涉及民生的事向省政协机关的同志认真作了交代:"年前在宿州市调研,发现当地困难群众的住房存在问题。马上过年了,你们要抓紧时间去看看政策落实到位没有。"春节前,在家里接到对这个问题已妥善解决的电话,始终把群众的安危冷暖挂在心上的李宏塔这才放下心来。

退休后,李宏塔对省政协的工作和建设仍然心存魏阙、关心有加。安徽省政协老干部处的王守权曾担任李宏塔的秘书整整十年,提起李宏塔,他充满了敬佩之情。他说:"李宏塔不担任省政协副主席了,但仍然一如既往地继续关心在职时分工联系的困难户,经常上门慰问、看望,充分体现了他的为民情怀。他办理了退休手续后,还是十分关心着省政协,凡是需要他参与的活动、工作,他一定投身其中、全力以赴,为省政协建设不遗余力地出谋献计、发挥余热。"

2021年下半年,省政协结合党史学习教育,在省政协党员委员和机关党员中开展"对党忠诚、为党争光"主题活动。7月23日下午,省政协召开党组理论学习中心组学习会议,学习习近平总书记"七一"讲话精神,李宏塔应邀到会为会议作了一次专题报告。

在报告中,李宏塔深情地说:

今年"七一"前夕,中共中央授予我"七一勋章",习近平总书记亲自给我颁授,这既是荣耀,又是责任。"七一"这天参加建党百年庆典,在天安门城楼上聆听习近平总书记在庆祝中国共产党成立100周年大会上的重要讲话,心中无比激动……

在政协工作中,我们应把学习贯彻"七一"重要讲话精神作为一项重大政治任务,深刻领会和把握讲话的重大意义、丰富内涵、核心要义、实践要求,切实把思想和行动统一到讲话精神上来……

讲话中有三点贯穿始终。一、江山就是人民,人民就是江山。共产党人必须始终和人民群众同呼吸,共命运,心连心;二、不忘为中国人民谋幸福的初心,牢记为中华民族谋复兴的使命;三、坚持真理、坚守理想、践行初心、担当使命、不怕牺牲、英勇斗争、对党忠诚、不负人民的伟大建党精神。习近平总书记说:"这是中国共产党的精神之源。"

习近平总书记指出:十月革命一声炮响,给中国送来了马克思列宁主义。在中国人民和中华民族的伟大觉醒中,在马克思列宁主义同中国工人运动的紧密结合中,中国共产党应运而生。中国产生了共产党,这是开天辟地的大事变,深刻改变了近代以后中华民族发展的方向和进程,深刻改变了中国人民和中华民族的前途和命运,深刻改变了世界发展的趋势和格局。中国共产党一经诞生,就把为中国人民谋幸福、为中华民族谋复兴确立为自己的初心使命。一百年来,中国共产党团结带领中国人民进行的一切奋斗、一切牺牲、一切创造,归结起来就是一个主题:实现中华民族伟大复兴……

作为中国共产主义运动先驱、中国共产党主要创始人李大钊的孙子,我在民政系统工作多年,真切感受到惠民政策也在不断地扩标提面。不管时代怎么变化,我们党全心全意为人民服务的宗旨始终没有变。作为一名老党员,虽然已经退休了,工作不能像以往那样干在第一线、冲锋在前,但应时刻"不忘初心、牢记使命",坚定理想信念,永远铭记党的教诲,遵守党的章程,履行党员义务,对党忠诚,积极工作,为共产主义事业奋斗终身,以永不懈怠的精神状态和一往无前的奋斗姿态,继续发挥余热,做一名永不褪色的共产党员。

桃李不言,下自成蹊。很多与会者以前都同李宏塔朝夕相处,对他的"坚守中见信念,清贫中见富有,平凡中见伟大"如诸指掌,把他作为自己学习的榜样。今天,听到李宏塔在专题报告中不仅谈到了他学习的感想,还聚焦政协工作,为安徽省基层协商平台建设建言献策,大家深受感动。党组理论学习中心组的成员们纷纷表示:李宏塔同志作为"七一勋章"荣获者,是个人的荣誉、家族的荣誉,也是全省的荣光、省政协的荣光。我们一定要深入学习领会习近平总书记"七一"讲话精神,继承和弘扬李大钊等革命先烈的崇高理想和献身精神,向李宏塔同志学习,涵养思想先进、信仰坚定的精神特质,牢记初心使命,奋发担当作为,推动安徽省政协事业创新发展。

王守权回忆说:"李宏塔尽管已退休多年,但依然像在职时一样,保持着严格的组织原则和高水平党性修养,准时参加党组织活动,按时交纳党费。他家在日常生活中虽然清茶淡饭、素衣朴裳,但他却经常主动交纳数额不菲的特殊党费。新冠肺炎疫情防控期间,他积极响应党和国家号召,带头自愿捐款7 000元,支持疫情防控工作,展现了共产党员的高尚情怀。"

中国福利彩票始于1987年7月27日,旨在"团结各界热心社会福利事业的人士,发扬社会主义人道主义精神,筹集社会福利资金,兴办残疾人、老年人、孤儿福利事业和帮助有困难的人",即以"扶老、助残、救孤、济困"为宗旨。国家发行福利彩票是党中央、国务院为发展社会福利事业和社会保障事业而制定的一项特殊政策,是国家民政部门开展社会救助活动的一种特殊方式,是传统的慈善性募捐在社会主义市场经济条件下的继承和发展。到2020年底,全国累计发行销售彩票约4.46万亿元,其中福利彩票累计发行销售2.36万亿元,很好地体现了"来自社会,服务社会,取之于民,用之于民"。

王守权回忆道:"我跟随李宏塔出差时,每到一地,他就让我注意离驻地最近的福利彩票销售摊点,他一定会利用工作空余时间到摊点上购买福利彩票。他有时还鼓励我购买,他幽默地对我说,这是大家都应该关注的公益事业,购买是'爱的奉献',如中奖了就是'爱的回报'。但我注意到,他在福利彩票购买过程中,只有奉献没有回报——因为他从来不看中奖号更不去兑奖。在我跟随他出差的近十年中,算起来他平均每天都要购买20元左右的福利彩票。"

2022年初冬,李宏塔再一次参加省政协党组理论学习中心组的学习会,围绕"学习贯彻党的二十大精神,发展全过程人民民主"的主题展开宣讲。

李宏塔指出,人民民主是社会主义的生命,是全面建设社会主义现代化国家的应有之义。全过程人民民主是社会主义民主政治的本质属性,是最广泛的民主,是最真实的民主,是最管用的民主,是新时代中国特色社会主义的伟大创造,就是要始终把人民拥护不拥护、赞成不赞成、高兴不高兴、答应不答应作为衡量一切工作得失的根本标准。有了充分的人民民主,就能够确保人民的中心地位,在发展中保障和改善民生,保护和促进人权,做到发展为了人民,发展依靠人民,发展成果由人民共享。没有真正的人民民主,就会忘记人民、脱离人民,我们就会成为无源之水、无本之木,就会一事无成。心中装着人民,以老百姓作为天,作为地——这样的政党,必将永远立于不败之地;这样的思想,必将拥有引领航向的力量。

根据二十大报告的论述,李宏塔从保障人民当家作主、全面发展协商民主、积极发展基层民主、巩固和发展最广泛的爱国统一战线四个方面,强调要继续推进全过程人民民主建设,把我国社会主义民主政治的优势和特点充分发挥出来。

首先是要加强人民当家作主的制度保障。要坚持和完善我国根本政治制度、基本政治制度、重要政治制度,拓展民主渠道,丰富民主形式,确保人民依法通过各种途径和形式管理国家事务,管理经济和文化事业,管理社会事务。支持和保证人民通过人民代表大会行使国家权力,保证各级人大都由民主选举产生、对人民负责、受人民监督。支持和保证人大及其常委会依法行使立法权、监督权、决定权、任免权,健全人大对行政机关、监察机关、审判机关、检察机关监督制度,维护国家法治统一、尊严、权威。加强人大代表工作能力建设,密切人大代表同人民群众的联系。健全吸纳民意、汇集民智工作机制,建设好基层立法联系点。深化工会、共青团、妇联等群团组织改革和建设,有效发挥桥梁纽带作用。坚持走中国人权发展道路,积极参与全球人权治理,推动人权事业全面发展。

其次是要全方位多角度发展协商民主。协商民主是实践全过程人民民主的重要形式。完善协商民主体系,统筹推进政党协商、人大协商、政府协商、政协协商、人民团体协商、基层协商以及社会组织协商,健全各种制度化协商平台,推进协商民主广泛多层制度化发展。坚持和完善中国共产党领导的多党合作和政治协商制度,坚持党的领导、统一战线、协商民主有机结合,坚持发扬民主和增进团结相互贯通、建言资政和凝聚共识双向发力,发挥人民政协作为专门协商机构作用,加强制度化、规范化、程序化等功能建设,提高深度协商互动、意见充分表达、广泛凝聚共识水平,完善人民政协民主监督和委员联系界别群众制度机制。

各级政协的工作必须紧紧围绕协商民主这一主题开展。不仅在本级推进协商民主,提高深度协商互动,广泛凝聚共识水平,还要认真研究推动基层特别是城乡社区(居委会、村委会)开展民主协商,拓宽基层各类群体有序参与基层治理渠道,保障人民依法管理基层公共事务和公益事业。

再次是要积极发展基层民主。基层民主是全过程人民民主的重要体现。我国的基层民主政治建设工作是从20世纪80年代开始的,也就是在我国改革开放之初提出来的。经过40年的实践,已经形成了比较完整的基层民主建设体系,城乡社区群众组织"四自"(自我管理、自我教育、自我服务、自我监督)、"五民主"(民主选举、民主协商、民主决策、民主管理、民主监督)正在逐步实施,进而进一步调动、激发广大人民群众的政治热情,巩固和发展了生动活泼、安定团结的政治局面。

要健全基层中共党组织领导的基层群众自治机制,加强基层组织建设,完善基层直接民主制度体系和工作体系,完善办事公开制度,在求实效上下功夫。要全心全意依靠工人阶级,健全以职工代表大会为基本形式的企事业单位民主管理制度,维护职工合法权益。

最后是要巩固和发展最广泛的爱国统一战线。人心是最大的政治,统一战线是凝聚人心、汇聚力量的强大法宝。战争年代是这样,和平建设时期是这样,改革开放是这样,新时代中国特色社会主义建设时期也是这样。要完善大统战工作格局,坚持大团结、大联合,动员全体中华儿女围绕实现中华民族伟大复兴中国梦一起来想、一起来干。

李宏塔指出,党的二十大报告把巩固和发展最广泛的爱国统一战线工作作为发展全过程人民民主、保障人民当家做主的重要内容,是对各级统战工作提出的新要求。统一战线要紧紧围绕"凝聚人心,汇聚力量"这一工作主线,加强同民主党派和无党派人士的团结合作,支持民主党派加强自身建设、更好履行职能。加强和改进党的民族工作,全面推进民族团结进步事业。加强党外知识分子思想政治工作,做好新的社会阶层人士工作,强化共同奋斗的政治引领。全面构建亲清新型政商关系,促进非公有制经济健康发展和非公有制经济人士健康成长。

李宏塔最后说,总之,发展全过程人民民主,保障人民当家做主的权利,是我们学习贯彻党的二十大精神的重要任务,是我国民主政治建设的重要内容。只有在中国共产党的领导下,人大、政府、政协、组织、宣传、统战、民政协力同心,协调各方共同努力,发挥人民群众积极性、主动性、创造性,巩固和发展生动活泼、安定团结的政治局面,中国特色的社会主义民主政治建设才能取得成效,才能在祖国大地上结出丰硕的果实。

人民,只有人民,才是创造世界历史的动力。李宏塔的铿锵话语与阵阵掌声在会场内交织响起。

第六章
泮池杨柳今又绿，红色学府百年缘

> 嗟吾青年可爱之学子乎！彼美之青春，念子之任重而道远也，子之内美而修能也，怜子之劳，爱子之才也，故而经年一度，展其怡和之颜，饯子于长征迈往之途，冀有以慰子之心也。
>
> ——李大钊《青春》

俗话说，有缘千里来相会，无缘对面不相识。"缘份"，有时候真是一个说不清、道不明，也逃不脱的东西。

对于已年过古稀的李宏塔来说，他怎么也没有想到，在有生之年竟会与上海大学结下不解之缘。更料想不到的是，这缘分其实是在百年之前就已经注定了。

一、历史可以作证

上海大学诞生于20世纪20年代的上海，是继北京大学之后又一所以城市命名的高等学校。

这所学校的诞生因一场意外的学潮而起，初看起来似乎偶然。

1922年10月，私立东南高等专科师范学校因管理不善引发学生罢课，学生赶走校长王理堂，成立学生自治会，要求改组校务，重选校长。在领导学运的学生中与中共有联系的，便要求中共中央来接办。最初酝酿的校长人选有陈独秀、李大钊、邵力子等，但实际上当时陈独秀、李大钊都不可能将精力集中到一所学校里。因此，中共中央考虑，最好还是请国民党出面，共产党给予支持。后经多方努力，在中共中央的支持协助下，请出老同盟会成员、国民党元老、著名政治家、教育家、书法家于右任出任校长，由老同盟会成员、曾与陈独秀等在上海发起建立马克思主义研究会，并以国民党员特别身份跨党参加上海共产主义小组的邵力子担任副校长。经于右任提议和题字，各方面一致同意，将校名改为"上海大学"，因此实际上完全等于是新建了一所大学。

但上海大学的建立其实又有着某种必然性。

1921年7月，中国共产党在上海召开第一次全国代表大会之后不久，孙中山因陈炯明叛变由广州辗转来到上海。严峻的现实逼迫他放弃依靠英美等西方国家的天真幻想，重新在国内寻找新的同盟者，思考改组国民党。1922年7月，陈独秀在上海主持召开的中国共产党第二次全国代表大会，根据当时中国社会的政治、经济形势和中国共产党的任务，制定了党的最低纲领和最高纲领，通过了一系列纲领性文件，提出了《关于"民主的联合战线"的议决案》，制定了联合资产阶级民主派、组成民主联合战线、共同进行反帝反封建革命的策略。在共产国际的指导下，同年8月，陈独秀和李大钊又共同出席了在杭州西湖召开的中国共产党中央执行委员会特别会议，进一步讨论了中国共产党与中国国民党建立革命统一战线的问题，并作出了共产党员可以以个人身份加入国民党的决定，开启了国共合作由党外发展到党内的转折。

西湖会议结束之后，为落实会议成果，李大钊受中共中央委派，来到上海，到莫里哀路（今香山路）29号会见了孙中山。两人虽然相差二十多岁，但"畅谈不倦，几乎忘食"，讨论了如何"振兴国民党以振兴中国"的问题。李大钊代表中国共产党对处于困境中的孙中山表示支持，共同开启了第一次国共合作的新局面。这其中自然少不了讨论当时两党都最为紧迫的人才集聚、干部培养问题，为共同策划、支持和帮助此后在上海新建的上海大学和在广州建立的黄埔军校形成了默契。

政治路线决定之后，干部就是决定的因素。要培养自己的干部，就必须有自己的学校。显然,作为支持孙中山的国民党元老于右任,之所以愿意出任上海大学首任校长,除了学生们的力邀和老友邵力子、柳亚子的劝说之外,与这样的大背景,与于右任对教育重要性的认识,也是分不开的。

就在上海大学即将正式挂牌、辛亥革命11周年纪念日将临之际,于右任在《民国日报》上发表了《教育改进的要义》一文。他指出,教育固然是立国的命脉,但误用时,也是亡国灭种的祸根。所以"教育普及不普及"是一个问题,"所普及的是甚么教育"却是另一个问题。教育不普及,流弊是人民愚陋;人民愚陋,也还有使他们离愚陋而进于开通的方法;若普及了一种落后时代拂逆思潮妨害人群进化的教育,流弊就要比愚陋大十百倍了。因此他认为,"欲建设新民国,当先建设新教育","以兵救国,实志士仁人不得已而为之;以学救人,效虽迟而功则远。"这与李大钊倾力在北京大学青年学生中培养革命骨干的思路是完全一致的。

1922年10月23日,上海大学正式成立。

1923年4月,时任北京大学图书馆主任的李大钊又一次来到上海。于右任以上海大学校长的身份,在四马路(今福州路)同兴楼设宴款待李大钊,邵力子、张继等作陪。在谈及上海大学校务时,于右任力邀李大钊来上海大学任职,共同办好上海大学。李大钊当时正负责中国共产党在北方的工作,无法脱身,于是便向于右任推荐了自己的学生、中共二届中央执行委员邓中夏。

于右任很高兴地接受了李大钊的推荐,立即任命邓中夏为负责上海大学整个校务工作的总务长,成为自己最重要的助手。

邓中夏到任后,首先主持起草了《上海大学章程》,明确了上海大学"以养成建国人才,促进文化事业"的宗旨;确定设立校长、校董会、行政委员会并立的组织架构;推定孙中山为名誉校董,蔡元培、汪精卫、章太炎、孙科、柏文蔚等二十余人为校董,邓中夏自任校董会秘书,负责具体工作。

更重要的是,邓中夏先后聘请了李大钊为经济系主任,瞿秋白为社会学系主任,陈望道为中国文学系主任,聘请了蔡和森、恽代英、张太雷、任弼时、施存统、蒋光慈、高语罕、李达、萧楚女、李立三、李汉俊、郑超麟、沈雁冰、田汉等一大批共产党员到校任教,还多次邀请李大钊、胡适、戴季陶等来校讲演,使上海大学的教学和管理基本上掌握在中国共产党员的手中。

同时,学校还吸引和有组织地从全国各地推荐有志青年到上海大学学习,学习一段时间后再根据需要作为革命的火种派到各地或各个方面去。如杨尚昆、王稼祥、秦邦宪、关向应、李硕勋、王步文、许继慎、薛卓汉、刘华、何秉彝、杨之华、张琴秋、钟复光、丁玲、戴望舒、谭其骧、王一知等后来在中国革命中发挥过重要作用的人都曾在这里学习。尤其是作为五卅运动的策源地,上海大学的师生因在其中担任主力而声名远播,赢得了"文有上大,武有黄埔"、"北有五四时期的北大,南有五卅时期的上大"的美誉。

1924年1月,孙中山在广州主持召开了中国国民党第一次全国代表大会。大会正式决定将上海大学作为国民党主办的学校,并按期拨付办学经费。

很显然,上海大学是在中国共产党建立以反帝反封建为主要内容的革命统一战线方针和孙中山领导的中国国民党酝酿制定联俄、联共、扶助农工三大政策,推动国共两党第一次合作的大背景下由国共两党合作建立的,是由于右任、邵力子等国民党元老出面,由邓中夏、瞿秋白等共产党员实际运作的红色学府。正因为如此,1927年5月5日,当蒋介石在上海发动"四一二"政变后,上海大学即被国民党中的反动派强行封闭,学校中的共产党员遭到追捕。同年4月28日,李大钊也在北京惨遭军阀张作霖杀害。

20世纪20年代的上海大学仅仅存在了不到五年,但却在上海掀起了一股红色旋风,更为中国革命和中国共产党汇聚、培养了一大批杰出人才。在这个过程中,特别是在上海大学建立和发展的关键节点,李大钊都发挥了决定性的重要作用。

二、走进上海大学

"家国百年多隐恨,英雄千载几荒丘。"

由于年代已过于久远,更由于后来历史虚无主义和极"左"思潮的影响,以及一些说不清道不明的原因,中国共产党历史上这段成功的重要革命实践早已被淹没在岁月的尘埃中,不被大多数人所知悉。对于出生在新中国成立前夕又长期生活在安徽的李宏塔来说,虽然他是李大钊的孙子,过去对这段历史也并不了解。

在上海大学被强行关闭后的半个世纪中,恢复上海大学一直是许多有识之士的梦想。无论是在抗日战争之前还是抗战胜利之后,包括于右任、邵力子等在内的上海大学校友,都始终没有停止公开争取复办上海大学的努力。新中国建立后,由于各种政治运动不断,一度也无暇顾及复建上海大学。直到中共中央十一届三中全会之后,高等教育迎来又一个春天,复建上海大学才再一次被提上议事日程。

栉风沐雨,再续薪火。1983年5月,经教育部批准,上海市人民政府决定复办上海大学。先是将复旦大学分校、上海外国语学院分校、华东师范大学仪表电子分校、上海科学技术大学分校、上海机械学院轻工分校、上海市美术学校等六所学校合并,作为办学的基础。接着,1994年5月,又与上海工业大学、上海科学技术大学、上海科技高等专科学校合并,组建成立新的上海大学,由世界知名的科学家、教育家和杰出的社会活动家钱伟长出任校长。

面貌一新的上海大学继承老上海大学"养成建国人才,促进文化事业"的办学宗旨,秉承"自强不息""先天下之忧而忧,后天下之乐而乐"的校训和"求实创新"的校风,以国际知名、国内一流、特色鲜明的综合性研究型大学为建设目标,以"养成强国济世人才,促进社会文明进步"为使命,努力建设自强不息、追求卓越、勇于创新、乐于奉献、兼容并蓄、和谐向上的大学文化。面向国家和区域经济社会发展需求,全面落实立德树人的根本任务,始终将学生个人的成才梦想同国家和社会的发展进步紧密相连，培养全面发展的卓越创新人才，造就堪当民族复兴大任的时代新人。

2022年10月23日，是上海大学建校一百周年纪念日。

百年风云，初心不改。红色学府，再启新程。为了迎接这一难得的机遇，上海大学决定尽可能多地联系当年上海大学校友的后代，特别是其中许多中共早期领导人的后代，凝聚他们的智慧和力量，更好地继承和发扬光大20世纪20年代上海大学的优秀传统，坚守"为党育人，为国育才"的初心使命，把新时代的上海大学办得更好。

这中间，当然少不了李大钊的后人。

李大钊的后人很多，先找谁呢？正在具体承担这项任务的上海大学对外联络处处长、校友会办公室主任陈然踌躇难决之时，2021年6月29日，在庆祝中国共产党建党100周年之际，习近平总书记在雄伟的人民大会堂为29名"七一勋章"获得者颁授了勋章。其中就有李大钊的孙子、安徽省政协原副主席李宏塔。

就是他了。陈然心中似乎有了底。

受表彰的"七一勋章"获得者，是中国共产党各个时期、各条战线上党员的杰出代表。他们信念坚定，对党忠诚，矢志不渝为党和人民事业奉献一切；他们践行宗旨，为了人民根本利益和美好生活，呕心沥血，拼搏奋战；他们勤勉务实，不论在什么岗位，都忘我工作、奋发有为，成就非凡功绩；他们不怕牺牲，保持革命者大无畏的战斗精神，危难时刻挺身而出，用生命践行使命，赢得全党全社会广泛赞誉。而其中同时又是革命领导人后代的，只有李宏塔和瞿秋白的女儿瞿独伊两位。而李大钊和瞿秋白都与百年前的上海大学有着密切的关系。

瞿独伊，浙江萧山人，曾用名沈晓光。杨之华之女，党的早期领导人瞿秋白之养女。1928年去苏联，1941年随母回国途中被新疆军阀盛世才囚禁。1946年经营救获释，并被分配到新华社工作。同年8月入党。她一生追随革命理想，坚守父辈遗志。开国大典上，她用俄语向世界播发新中国成立的消息。她作为我国第一批驻外记者赴莫斯科建立新华社莫斯科分社,其间多次担任周恩来总理和中国访苏代表团翻译。她一生淡泊名利,从不向党伸手,从不搞特殊化,始终保持共产党员的精神品格和崇高风范。1982年瞿独伊离休。2021年6月29日,中共中央授予她"七一勋章"。同年11月26日在北京逝世,享年100岁。

显然,李宏塔和瞿独伊能够从9000多万名中国共产党党员中脱颖而出,绝不仅仅由于他们是李大钊的孙子或瞿秋白的女儿,而是因为他们一辈子为党和人民事业孜孜以求、默默奉献,贡献突出、品德高尚,是优秀的功勋模范共产党员的代表。

陈然高兴极了。根据学校党委的指示,在即将换届的上海大学董事会中,要将李宏塔和瞿独伊都作为名誉董事的提名人选。

瞿独伊与上海大学早有联系,这里按下不表。要紧的是如何能联系上李宏塔,并能够得到他的同意和支持呢?

踏破铁鞋无觅处,得来全不费功夫。也可以说是众望所归或水到渠成。恰巧此时,上海大学终身教授、著名社会学家邓伟志也给学校提出一个建议,建议邀请李大钊的孙子李宏塔来校参加建校一百周年纪念活动。邓伟志还通报了一个消息:李宏塔将于9月初应邀来上海参加一个全国性会议,正好可以当面邀请。而要联系李宏塔,只要找静安区退休干部胡开建老师即可,邓伟志还提供了胡老师的联系电话。

机不可失,时不再来。校党委书记成旦红当即委派校对外联络处正副处长陈然、杨静和科长洪丹丹、社会学院党委副书记张乃琴造访了胡开建老师,向他说明了想要邀请李宏塔访问上海大学,并和瞿独伊一起担任校第三届校董事会名誉董事的设想。此前瞿独伊已经联系好并且答应了校名誉董事一事。

胡老师是个热心人,当即表示将全力支持。第二天,胡老师就给还在安徽合肥的李宏塔打电话,将上海大学的要求告诉他。想不到的是,李宏塔一口就拒绝了。

其实,这本来应该在意料之中。也难怪,李宏塔从来就是个埋头干事,不喜欢出头露面的人。荣获"七一勋章"之后,各地各方面来请他出面的人太多，他就更加小心谨慎，不敢轻易答应了。更重要的是，他觉得自己也好，祖父李大钊也好，与上海大学都没什么关系。瞿独伊的父亲瞿秋白曾是上海大学教授，瞿独伊来担任名誉董事名正言顺。而李大钊是北京大学教授，与上海大学又有什么关系呢？

李宏塔不了解李大钊与上海大学的渊源，是情有可原的。不仅他不知道，恐怕许多人也都不知道。胡开建老师在电话里也无法详细说明，便建议李宏塔在上海期间能够顺便先到上海大学校史馆看看，然后再做决定。

胡开建老师在安徽共青团工作时曾是李宏塔的老部下，既然这样说，李宏塔也不好再推辞。

2021年9月12日，李宏塔在邓伟志、胡开建陪同下来到上海大学。

不看不知道，一看忘不掉。

在看过溯园的浮雕墙，又在上海大学校史馆参观并听取上海大学领导和专家的介绍之后，李宏塔感到了震撼。

祖父李大钊虽然只有38年短暂的生命，却不仅是中国共产党的主要创始人之一，不仅在北京大学为传播马克思主义、领导学生运动、培养革命骨干、代表中共中央指导北方工作等方面作出了巨大贡献，而且在酝酿建立上海大学、推荐邓中夏管理上海大学的过程中都发挥了重要的作用，并应承兼职担任了上海大学经济系主任。更使李宏塔想不到的是，上海大学建立之初，在1923年一年中，李大钊就以学者、来宾的身份多次赴上海大学演讲，是最早到上海大学以演讲传播马克思主义理论的中国共产党早期领导人。李大钊对上海大学的重视由此可见一斑。

1923年4月15日，就在向于右任推荐邓中夏的同时，为了表示对上海大学的支持，李大钊应邀公开到上海大学演讲，演讲的题目是"演化与进步"。李大钊指出，演化是天然的公例，而进步却是靠人去做的。立足在演化论和进步论上，我们便会像马克思一样创造一种经济的历史观了。我们知道这种经济的历史观系进步的历史观。我们做人当沿着这种进步的历史观，快快乐乐地去创造未来的黄金时代。黄金时代不是在我们背后的,是在前面迎着我们。人类是有进步的,不是循环而无进步的。即就文艺论,也不是今下于古的。所以无论如何,应当上前进去,用了我们的全力,去创造一种快乐的世界。不要悲观,应当乐观。

1923年7月9日下午,李大钊又一次来到上海大学,参加上海大学美术科图音、图工两组毕业典礼并发表演讲。李大钊说,美术勿专供贵族阶级之所赏,应将现代社会之困苦悲哀表现出来,企图社会全部之改造。社会改造家大分为三派:一为理想派,以人道主义为徽识,如托尔斯泰便是代表;一为科学派,以社会经济改造为目的,如马克思便是代表;一为趣味派,以精神改造为归宿,如拉斯琴便为代表。第一派至今已证明其徒为空想,试验失败,姑置勿言。第二派与第三派乃相需为用,庶可使社会改造易为完成。一般谓马克思派绝对摒弃精神方面,实乃误会。不过欲图社会之彻底改造,惟有赖于社会经济之彻底改造也。而启发及鼓舞人精神改造之精神,则有待于趣味社会改造家之努力。他提醒上大青年,"诸君为美术科毕业生,应特别注意于此"。

1923年11月7日,正值俄国十月革命胜利六周年纪念日,和上海大学社会问题研究会成立,李大钊应上海大学社会问题研究会邀请,再次到上海大学作题为"社会主义释疑"的演讲。针对社会上许多人对"社会主义"不了解甚至怀疑的现象,从三个方面阐释了社会主义制度与资本主义制度的区别,介绍了社会主义制度在各方面具有的优越性。

一是社会上有些人以为,"在社会主义制度下,是穷苦的,不是享福的",因此起来反对社会主义。李大钊指出:"在资本主义制度之下,我们永远不会享福,不会安逸;能够安逸幸福的,唯独那少数的资本家。资本主义制度能使社会破产,使经济恐慌和贫乏,能使大多数的人民变为劳动无产阶级,而供奉那少数的资本家。社会上到了大多数是穷的,而那少数的富人也就不能永久保有他的富了。"因此,"社会主义就是应运而生的起来改造这样社会,而实现一个社会主义的社会。社会主义是使生产品为有计划的增殖,为极公平的分配,要整理生产的方法。这样一来,能够使我们人人都能安逸享福,过那一种很好的精神和物质的生活。照这样看来,社会主义是要富的,不是要穷的,是整理生产的,不是破坏生产的"。

二是有些人以为,"社会主义制度成立之后,人民就要发生怠工的现象,因此他说社会主义制度是不能施行"。李大钊指出:"在社会主义制度底下做工,是很愉快的,很舒服的。并不像现在资本主义制度下的工作,非常劳苦,同那牛马一样,得不到一点人生的乐趣。"李大钊讲到英国文艺复兴时期空想社会主义者托马斯·莫尔在《乌托邦》一书中由于"目睹资本主义制度底下的劳动者的生活状况,是那样黑暗",所以描写了一种理想的社会。李大钊指出:"一般人以为工作是苦事,亦是拿现在生活下的眼光,去观察那将来的社会。其实社会主义实行后的社会的劳动,已和现在的社会的劳动不同了。""如莫理斯所主张的社会主义,是一种美感的社会主义。他常说,工作能使精神感觉愉快,这就是'工作的喜悦'。即我们日常生活上的喜悦,也多从工作中来。比如烹调,自己弄的东西,总觉比别的好吃,倍觉津津有味。这都是因为自己经过一番工作,含有一份愉快之故。但是在资本主义社会的人,是永享不到工作的愉快的。"李大钊还针对一些艺术家怀疑社会主义社会必然趋于平凡化,在平凡化的社会里必不能望艺术发达的观点指出,"在资本主义下,那种恶俗的气氛,商贾的倾向,亦何能容艺术的发展呢?又何能表现纯正的美呢?那么我们想发表艺术的美,更不能不去推翻现代的资本制度,去建设那社会主义制度了。不过实行社会主义的时候,要注意保存艺术的个性发展的机会就是了"。

三是又有一班人以为,"在社会主义制度底下是不自由的"。对此,李大钊提出"经济上的自由才是真正的自由"。他指出:"现在资本主义制度的底下,哪里有劳动者的自由,只有少数的资本家的自由。高楼、大厦、汽车、马车全为他们所占据,我们如牛马的劳苦终身,而衣食住反得不着适当的供养。""我们想得到真的自由、极平等的自由,更该实现那'社会主义的制度',而打倒现在的'资本主义的制度'。""我们要改造这样的社会,是寻快乐的,不是向那穷苦不自由的地方去"。

1923年11月11日起,李大钊第四次来到上海大学,以"史学概论"为题,分六次向文科学生讲述马克思主义的历史观。李大钊认为:"历史是有生命的,活动的,进步的;不是死的,固定的。"不管是中国的《史记》《汉书》《三国志》《资治通鉴》,还是西洋的《罗马史》《希腊史》,都是"研究历史的材料,而不是历史"。李大钊说:"吾人研究有生命的历史,有时需靠记录中的材料。但要知道这些陈编故纸以外,有有生命的历史。比如研究列宁,列宁是个活人,是有生命的。研究他,必须参考关于列宁的书籍,但不能说关于列宁的书籍,便是列宁。"

李大钊指出,历史学是起源于记录,发生事件而记录起来,这是历史学的起源。但是,"从前历史的内容,主要部分是政治、外交,而活动的事迹,完全拿贵族当中心"。李大钊认为,英国历史学家弗里曼所说的"过去的政治就是历史,历史就是政治",是"把政治和历史认成一个,不会分离","这样解释历史,未免失之狭隘"。李大钊进而提出:"历史是有生命的,是全人类的生活。人类生活的全体,不单是政治,此外还有经济的、伦理的、宗教的、美术的种种生活。"而只有"到了马克思,才把历史真正意义发明出来。我们可以从他的唯物史观的学说里看出,他把人类生活,作成一个整个的解释。这生活的整个便是文化"。李大钊还进一步阐释说,"生物学当然是研究生物的,植物学当然是研究植物的,人类历史也当然是研究人类的生活,生活的全体——文化的了。但文化是整个的,不可分离"。李大钊说,马克思主义认为"文化是以经济作基础","有了这样的经济关系,才会产生这样的政治、宗教、伦理、美术等等的生活。假如经济一有变动,那些政治、宗教等等生活也随着变动了。假使有新的经济关系发生,那政治、宗教等等生活也跟着从新建筑了"。

说到"什么是历史学家的任务",李大钊先是引用古希腊历史学家希罗多德提出的两个任务,即历史学家"应当整理记录,寻出真确的事实;应当解释记录,寻出那些事实间的理法"。因此,"历史家的任务,是在故书簏中,于整理上,要找出真确的事实;于理解上,要找出真理"。接着,在列举了中外历史学家对于历史典籍和考古材料的解释和运用及史学观念上存在的问题后,李大钊提出:"记录是研究历史的材料;历史是整个的、有生命的、进步的东西,不是固定的、死的东西;历史学虽是发源于记录,而记录决不是历史。发明历史的真义的是马克思,指出吾人研究历史的任务的是希罗多德。"

李大钊的演讲横涉中西,纵贯古今,旁征博引,有理有据,生动而又深刻地阐释了马克思主义的史学观和历史学家的任务,即"我们研究历史的任务是:一、整理事实,寻找它的真确的证据;二、理解事实,寻出它的进步的真理"。这对上海大学师生起到了重要的引领作用。演讲稿后被1923年11月29日《民国日报》副刊《觉悟》刊登,在社会上产生了更大的影响。

1923年11月底或12月初,李大钊还在上海大学作过"劳动问题概论"的演讲。从《民国日报》副刊《觉悟》12月4日仅发表了演讲第一章第二节《劳动问题的祸源》看,这次演讲应该也是分几次讲的,可惜其他部分已经找不到了。也有可能是李大钊要赶去广州,没能讲完。

对于劳动问题的祸源,李大钊从"工银制度""资本调度""工厂制度"及"社会上少数人的统治权"四个方面进行了分析。通过大量生动的实例和阐述在劳动问题上存在的弊病,以及产生这些弊病的根源,传播和介绍了马克思主义的劳动观、经济观。

李大钊指出:"工银制度就是卖买劳力,资本家是买主,劳动者是卖主;工银是价格,劳力是商品。""所以在工银制度下的劳动者,简直不如牛马!牛马有了疾病,主人还要设法去医治的,因为牛马是主人财产的一部分。失去了牛马,就是失去了他财产的一部分。但是对于劳动者呢,一些没有什么顾惜的。合则留,不合则去,随你有什么病,什么患难,和他是没有关系的。劳动者的价值,真是牛马都不如呀!"

关于"资本调度",李大钊说:"二十世纪的文明,是从资本制度产生出来的,它的有益于社会,固是很大;可是照现在看来,它的罪过于功了,我们再也用不着它了。""社会,横的方面有许多阶级,纵的方面有许多职业;现在的资本,不是在全社会手里,而在少数的高阶级的某种职业的资本家手里罢了;所以我们也不能不反对的。为了资本集中于少数人手里,就成了利害截然的劳资两阶级的仇疾,酿成现在很难解决的劳动问题。"

关于"工厂制度",李大钊指出,"工厂制度实有特别的罪恶的"。他从童工和女工角度,从工厂安全、卫生问题危及工人生命角度,从工人失业角度,从资本家制定的严苛工厂规则角度等四个方面,详细地说明了这种罪恶的表现。

关于"社会上少数人的统治权",李大钊认为:"商业渐渐地发达了,资本家操纵社会经济权。同时,一切的政权也被他们少数人握住了。因为政治是跟从经济状况而变更的,政权只是有经济权者所执的。""经济阶级是直接的或间接的也可以控制我们政权的。""在资本制度下面的劳动问题所以成为世界上难解决的问题,就是为了资本家有政治上的势力的缘故。"

风尘河北担道义,走马江南著文章。李大钊的演讲深入浅出,逻辑严密,理论联系实际,因此场场座无虚席,在上海大学学生中产生了深远的影响。

李宏塔静静地站在祖父李大钊的浮雕前,听着从未听说过的故事,胸中如波涛翻滚。

以前,他曾多次听过、看过李大钊在北京大学的种种事迹介绍,耳熟能详。而这里揭示的一切是这么新鲜,这么具体,这么实在,令人惊喜、令人感慨。显然,所谓的"南陈北李"只不过是个概括的说法而已。实际上,革命何分南北? 陈独秀也曾在北京指点江山、挥斥方遒;而李大钊在上海、在广州,更是履痕处处、润物无声。百年前李大钊与上海大学的这些交集,只是其中一个生动的例证罢了。

"黄金时代,不在我们背后,乃在我们面前;不在过去,乃在将来。"是呀,百年一瞬,中国已经发生了翻天覆地的变化,这是从李大钊、陈独秀、毛泽东等开始的几代中国共产党人浴血奋斗的结果。但是要真正全面建成社会主义现代化强国,实现第二个百年奋斗目标,以中国式现代化全面推进中华民族伟大复兴,还有很长的路要走,还需要培养造就更多的有理想、有道德、有良知,能独立思考,具实践能力,有牺牲精神,意志、体魄坚强,自尊自爱的高水平创新型人才。

沐浴在初秋灿烂的阳光之中,漫步在溯园螺旋而上的小道上,李宏塔只觉得心里暖暖的。眼前的一切似乎突然变得那么熟悉,那么亲切,竟使他仿佛有了一种回到"家"的感觉。他虽然还是没有明确表态接受担任上海大学第三届董事会名誉董事的请求,但实际上他也知道,这已经是无法拒绝的事了。

2021年9月16日,上海大学正式向李宏塔发出《上海大学关于邀请李宏塔先生担任我校第三届董事会名誉董事的函》,函中说"上海大学董事会于2012年成立,作为学校建设和发展的重要咨询建议机构起到了积极的作用。随着第二届董事会届满,今年我们将组建上海大学第三届董事会,诚挚地邀请您担任上海大学第三届董事会名誉董事,以此致敬李大钊先生在老上海大学的历史功绩,致敬您传承优良革命家风的典范作用。相信您的加入,必将为学校赓续红色基因、扩大社会影响力作出重要贡献……"

2021年11月14日,上海大学第三届董事会成立大会暨第一次全体会议在上海大学宝山校区乐乎新楼召开。

上海大学董事会,是根据教育部和上海大学章程的有关规定,根据面向社会依法自主办学的需要设立的。目的在于指导和推动学校进一步健全社会参与机制,加快形成社会支持和监督学校发展的长效机制。董事会不具有决策职能,学校的重大决策实行党委领导下的校长负责制,由学校党委作出。但作为学校内部治理结构中的重要主体之一,作为支持学校发展的咨询、协商、评议与监督机构,董事会由办学相关方面代表参加,是社会参与办学的平台,是扩大学校与社会各方面联系、合作的桥梁与纽带,是学校实现科学决策、民主监督、社会参与的重要组织形式。

上海市宝山区和嘉定区的党政领导,部分大型企事业单位、科研院所和高校的领导,有关两院院士和知名学者,杰出校友代表等近50名董事及董事代表在线下或线上参加了会议。已经百岁的瞿独伊因病未能如愿出席会议。

第六章　泮池杨柳今又绿，红色学府百年缘

第三届上海大学董事会全体校董合影

167

李宏塔也应邀出席了这次会议。

会议由中共上海大学党委副书记、副校长龚思怡主持。

在观看了《汇智聚力·共谋发展——上海大学第二届董事会工作回顾》视频之后,龚思怡副书记向大会作了《第三届董事会筹备工作报告》与《上海大学董事会章程》修订说明。中共上海大学党委书记成旦红宣读了《上海大学第三届董事会成员名单》。新一届董事会成员由功勋人物,地方政府、职能部门和企事业单位领导,知名学者和杰出校友以及支持学校办学的慈善家等63名成员构成。大会审议并通过了修订后的《上海大学董事会章程》和《第三届董事会主席、名誉董事、执行董事、秘书长名单》。随后,成旦红书记和刘昌胜校长为与会董事颁发聘书并合影留念。

当李宏塔第一个从成旦红书记手中接过上海大学第三届董事会名誉董事聘书时,全场响起了长时间热烈的掌声。

在紧接着举行的第三届董事会第一次全体会议上,上海大学校长刘昌胜作了以"聚焦'五五'战略,共绘发展蓝图"为题的学校发展报告。刘校长全面、详细地介绍了上海大学在"十三五"期间取得的成绩,就学校今后的发展战略和规划蓝图向大家进行了通报。刘校长强调,"十四五"期间,学校将充分发挥多学科的综合优势,着力开展"五朵金花"创新高地建设,重点打造"五大阵地",大力推进新文科建设,学校将以为国家和社会培养更多高水平创新人才为目标,开新局,启新程,绘新篇,努力将上海大学建设成为与上海城市地位相匹配的高水平大学。

刘校长报告之后,李宏塔与各位董事一起进行了交流讨论。大家就学校如何开展社会合作、校企银产学研用合作、协同创新等议题各抒己见,并对上海大学如何办好建校百年纪念活动、如何提升对区域经济发展的引领作用、如何建设有特色的学科学院等提出了中肯的意见和建议。

会议的最后,成旦红书记作总结发言。他首先感谢每一位董事对上海大学的关心、支持和帮助,并指出,在中国共产党成立100周年和即将迎来纪念上海大学建校100周年的关键历史节点上,"七一勋章"获得者、上海大学首任社会学系主任瞿秋白之女瞿独伊同志、"七一勋章"获得者、中国共产党创始人之一李大钊先生之孙李宏塔同志担任名誉董事,具有十分重要的意义。学校也将赓续红色血脉、将红色血脉转化到推动培养勇担民族复兴大任的时代新人的具体行动中,铭初心,汇众智,谋发展,努力"在世界一流大学行列中书写鲜明印记,在践行上海城市品格中彰显上大特质",描绘出上海大学更加辉煌的画卷。

2021年11月15日,是李宏塔这次来上海大学最忙碌的一天。上午,他与上海大学终身教授、著名社会学家邓伟志来到社会学院,共同参加了该院学生共话初心主题沙龙"与信仰对话"活动。他们向同学们发表了热情洋溢的演讲,回答了同学们提出的问题。在活动中,李宏塔被聘为社会学院"秋白党支部"的荣誉导师。下午,为迎接上海大学建校100周年、展示上海大学在中国共产党领导下早期历史的系列纪录片《红色学府——上海大学(1922—1927)》举行开机仪式。李宏塔应邀与恽代英烈士的孙女恽梅、孔另境的女儿孔明珠等革命先烈后人出席。

这部纪录片由上海市委宣传部指导,上海广播电视台旗下的纪录片中心承制,由历史类纪录片团队——冯迪玮、谢申照工作室打造,分3个篇章共6集,计划于2022年上海大学建校百年纪念日之际在上海东方卫视和纪录片频道同步播出。

在开机仪式上,李宏塔将应邀亲笔题写的纪录片片名"红色学府"手迹赠予上海大学,刘昌胜校长接受了捐赠。摄制组则向李宏塔等赠送了由上海大学上海美术学院教师、上海市非物质文化遗产琉璃烧制技艺传承人周旭飞特别设计的纪念品"不忘初心"琉璃印章。印章侧面是渔阳里石库门、中共一大会址门及上海大学校门。

开机仪式结束后,李宏塔应邀为上海大学部分师生做《李大钊清廉家风代代传》专题报告。他深情讲述了"祖父的遗产仅1块大洋""父亲拒绝调新房""我与自行车的不解之缘"等三个家风故事,回顾了李大钊清正廉洁、以身作则的优良家风,特别讲述了自己作为革命后代,与父亲李葆华、祖父李大钊三代共产党人坚守初心、牢记使命、全心为民的真情

2021年11月15日,向上海大学刘昌胜校长赠送为纪录片《红色学府》的题名

2021年11月15日下午,在上海大学参加纪录片《红色学府》开机仪式

第六章 泮池杨柳今又绿,红色学府百年缘

2021年11月15日,在上海大学党委中心组学习会上作《李大钊清廉家风代代传》报告

实感，以此勉励上大学子赓续"百年上大"的革命传统，以青春之力量构筑青春之荣光。

百年征程波澜壮阔，百年奋斗使命在肩。

2022年10月23日，上海大学举行纪念建校100周年系列活动。上午10时，纪念上海大学建校100周年暨高质量发展论坛在宝山校区首先举行。

上海市人民政府副秘书长黄永平，上海市教委主任王平，复旦大学党委副书记、校长、中国科学院院士金力，中国科学院院士杨雄里、林国强、张统一，早期上海大学师生后人代表蔡和森、向警予的孙女蔡予，恽代英的孙女恽梅，于右任的侄孙女于媛，孔另境之女孔海珠，邓果白之子邓伟志，陶新畲之女陶静，郭毅之子郭也平，江锦维之子江兆平，盛世铎之子盛昌旦，周大根之孙周亚南，市委宣传部、宝山区、天津大学、中国科学技术大学、北京理工大学、哈尔滨工业大学、同济大学、华东理工大学、东北师范大学、上海科技大学、南方科技大学、上海第二工业大学、上海海关学院、上海音乐学院、上海电机学院等单位领导，相关合作单位负责同志，以及学校党政领导班子成员、老领导、师生、校友代表等，在线上或线下参加了论坛。

论坛宣读了北京大学、清华大学，以及全国政协原副主席、中国工程院原院长、上海市原市长、上海大学教授徐匡迪院士，中国人民解放军军事科学院院长、中国科学院院士杨学军上将等发来的贺信。复旦大学校长金力院士、天津大学校长金东寒院士、中国科技大学校长包信和院士、哈尔滨工业大学校长韩杰才院士、北京理工大学校长龙腾院士、南方科技大学校长薛其坤院士等兄弟高校代表在会场和线上依次致贺词，海外合作高校代表发来祝贺视频，共同为上海大学百年华诞献上美好的祝愿。

论坛由上海大学党委书记成旦红主持。上海大学校长、中国科学院院士刘昌胜发表主旨演讲。他说，百年来，上大人始终坚持上善若水、立德树人，坚持大道明德、道济天下，坚持海纳百川、改革创新，坚持学用济世、实干兴邦。百年传承，重任在肩。上海大学把立德树人放在最首要、最根本的位置,着力培养全面发展的卓越创新人才,造就担当民族复兴大任的时代栋梁。

上海市人民政府副市长陈群出席论坛并讲话。他指出,作为中国共产党主导创办并实际领导的第一所正规大学,在风雨如晦的革命年代,上海大学秉承"养成建国人才,促进文化事业"的办学宗旨,肩负教育救国、教育图强的使命担当,为中国革命事业作出重要贡献,获得"文有上大,武有黄埔"的美誉。新的上海大学组建以来,牢记"为党育人,为国育才"的初心使命,紧密对接国家、上海发展战略,突出工科特色,发挥综合优势,深化开放合作,培养了一大批活跃在各领域的优秀人才,取得一大批重大原创性科研成果。作为以上海这座城市命名的大学,上海大学立足上海,服务全国,着力推进科教、产教融合、政产学研合作,科研成果创新,为上海经济社会发展作出重要贡献,已成为上海人才培养的重要基地。他强调,党的二十大吹响了以中国式现代化全面推进中华民族伟大复兴的奋斗号角,对新时期教育事业改革发展做出了新的部署,希望上海大学以本次活动为新的起点,赓续红色学府血脉,传承自强不息精神,锐意进取,开拓创新。

李宏塔作为党的二十大代表,当时正在北京开会,无法应邀参加会议。但作为早期上海大学师生后人的代表,他仍然进行了视频发言。

无声润物三春雨,有志育才代代功。百年沧桑多砥砺,红色薪火永相传。李宏塔说,上海大学已经走过了百年曲折而又辉煌的历程。100年来,上海大学立德树人,服务祖国,为国家和社会发展作出了应有的贡献。他向上海大学建校100周年致以热烈的祝贺和诚挚的问候。祝建校百年纪念活动圆满成功,祝上海大学越办越好。

2022年11月12日,由上海大学校友会主办的"临泮书话,百年记忆"活动在上海大学校友驿站海上美兰文化会馆举行。李宏塔偕夫人赵素静,与老上海大学后人孔另境之女孔海珠,蔡和森、向警予的孙女蔡予,恽代英的孙女恽梅,周大根之孙周亚南,糜文浩的侄孙糜强,盛世铎之子盛昌旦,杨之华的外甥女吴幼英等再次相聚。回顾往事,不禁感慨万千。上

2022年10月23日,在北京为上海大学建校100周年纪念大会发表视频讲话

在上海大学校友驿站与上海大学老校友后人合影

第六章　泮池杨柳今又绿，红色学府百年缘

2021年11月15日，为上海大学校友会题词

向上海大学校友会赠言

海大学党委副书记欧阳华参加活动并讲话。上海大学党委常委、统战部部长曹卫民，上海大学社会学院教授胡申生、耿敬，上海大学宣传部副部长吴铭，上海大学对外联络处处长陈然、副处长杨静，宝山区科委原副主任朱建华，海上美兰基金会董事长赵益民等共同出席。

李宏塔和大家一起，共同追忆上海大学建校的历史，缅怀革命先辈，分享阅读《上海大学全史（1922—1927）》《回忆邵力子》《走近邓伟志》等书籍的感受，表示要永远继承老上海大学的革命传统，继续重视发挥作为三大法宝之一的革命统一战线的作用，不断关心和支持上海大学更好更快的发展。

三、守常党支部的荣誉书记

2021年11月15日下午，李宏塔出席系列纪录片《红色学府——上海大学（1922—1927）》开机仪式，并为上海大学师生作《李大钊清廉家风代代传》专题报告。他刚到会场，上海大学马克思主义学院的党委书记王国建就迎过来向李宏塔汇报：我们马克思主义学院学生第三党支部为了继承李大钊的遗志，建议将第三党支部改名"守常党支部"，支部全体党员委托我恳请您为这个支部题字。

毫无思想准备的李宏塔听了这话有些茫然。这时，站在旁边的上海大学对外联络处处长、校友会办公室主任陈然向李宏塔补充道：党支部以革命先烈英名命名，可以更好地激励青年党员不断向前。成立"守常党支部"，既是对李大钊先生的深刻缅怀，亦是对其"少年中国"之期许的坚定回应。目前，与马克思主义学院在同一栋楼的社会学院的学生党支部已被命名为"秋白党支部"，马克思主义学院的学生党支部如命名为"守常党支部"，这对于上海大学的青年党员传承革命先辈遗志，是非常有意义的。您若能为"守常党支部"题字，将是对上海大学广大青年党员莫大的鼓舞和支持。

听了王国建和陈然的汇报，在工作中一贯重视基层党组织建设的李宏塔这才回过神来。话说得有理,他点头赞许。大会即将开始,事不宜迟,王国建把事先准备好的纸笔交给李宏塔,李宏塔便恭恭敬敬地写下了"守常党支部"五个大字。

2022年4月28日,是李大钊逝世95周年纪念日。这一天,上海大学马克思主义学院召开"守常党支部"命名大会。

会议由学生党建中心主任、研究生辅导员谢德连主持。学院党委副书记、副院长张高峰宣读《关于同意中共上海大学马克思主义学院委员会所属学生党支部调整结果的批复》,决定撤销原学生第三党支部,成立"守常党支部",由高才雯同志担任党支部书记。

高才雯代表新任的支部委员会就守常党支部的未来发展建设作了发言。她表示,要把守常党支部的建设与发挥上海红色资源、上海大学红色基因的作用,以及宣传李大钊的事迹进行有机连接,促进支部成员在学习好自身专业的同时,进一步学习"守常精神",树立崇高理想,继承和弘扬先辈遗志,在不断学习中继承和弘扬李大钊先生留下的精神财富,发扬守护"艰苦朴素的优良家风、服务群众的为民情怀、清正廉洁的政治本色"的崇高担当,引领青年党员赓续红色基因,不忘初心、勇担使命,弘扬伟大建党精神,激励马院同学积极宣传和研究马克思主义,自觉把伟大建党精神转化为行动的力量,争做有为青年,勠力同心为实现中华民族伟大复兴的中国梦而奋斗,将守常党支部打造成为一个具有鲜明特色的先进党支部。

上海大学马克思主义学院党委书记王国建出席会议并讲话。他指出,作为守常党支部的成员,首先要了解李大钊先生同上海大学的历史渊源。在马克思主义学院成立守常党支部,其意义在于促进新时代青年学子,尤其是青年马克思主义者继承李大钊先生之遗志,弘扬李大钊先生之精神。他对全体支部成员提出三点建议:一是要学习李大钊同志对信仰的坚定、对党的忠诚;二是要学习李大钊同志勇于担当、敢为人先的斗争精神;三是要学习李大钊同志廉洁清正、质朴纯洁的品格。他指出,李大钊为建设蓬勃、青春、积极向上的国家付出一生的努力,直至生命,为后来

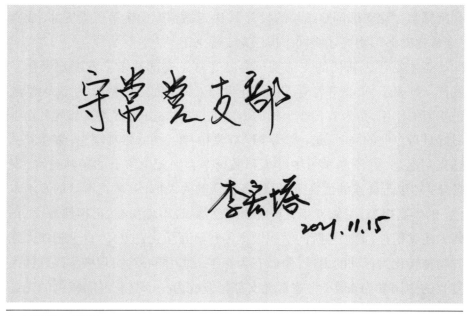

为守常党支部题名

者树立了光辉的榜样。守常党支部要切实践行"守常精神",在困难面前要勇于担当,冲锋在前,不怕苦,不畏难,弘扬先辈的高尚品质,将自身锻造成为真正的马克思主义者,不负"守常"之命名。他表示,学院党委将进一步加强对守常党支部的指导,切实探索与学院学科专业特色相结合的党支部建设路径,赓续红色基因、传承"守常精神",凝练学院党建工作品牌,充分发挥基层党组织的战斗堡垒作用和党员的先锋模范作用,为学校基层党建创新探索新路。

百年大钊精神永存,奋斗之志历久弥坚。2022年6月至9月,守常党支部开展了以"寻大钊印记,承红色精神"为主题的系列社会实践活动,实地参观了中共一大会址、中共二大会址、上海大学校史馆等场所,对于中国共产党的历史有了更为深切的体会,对于共产党员所应有的初心与职责,有了全新的理解。支部成员还采用"校内+校外""线上+线下"的宣讲模式,先后开展了《党的十九届六中全会精神进农村》《"两山论"引领"十四五"高质量绿色发展》《李大钊与上海大学的渊源》等主题宣讲活动。其中,在以"李大钊与上海大学渊源"为主题的社会实践宣讲活动中,支部党员通过史料搜集探寻李大钊同志指导上海大学进行教务改革,举荐邓中夏、瞿秋白等来校任教,提议在上大开设社会学专业,五次来校演讲等历史事件,开展校内外宣讲22场,听众人数超过600人。校内覆盖15个学院,校外涉及4个省份,并形成梳理成果册累计8万余字,成功地宣传了李大钊与上海大学的渊源。

2022年10月29日,是李大钊诞辰133周年纪念日。为了纪念这个特殊的日子,守常党支部开展了"话当代青年之责任,颂守常先生之精神"——纪念李大钊同志诞辰133周年主题党日活动。

一大早,支部全体党员就怀着无比崇敬的心情于上海大学溯园瞻仰了李大钊先生的浮雕,共同回望百年前革命先辈的峥嵘岁月,再次追溯李大钊先生的英雄精神和风骨。

溯园是一座形如年轮般的弧形建筑,意在"追根溯源"。其回环曲折的墙体上镌刻着李大钊在上海大学演讲时的经典场景。守常党支部党员从石子铺就的入口处走进溯园,沿着凹凸不平的小路,怀着悼念守常先生的心情,回到那风云变幻的年代。

"青年循蹈乎此,本其理性,加以努力,进前而勿顾后,背黑暗而向光明,为世界进文明,为人类造幸福,以青春之我,创建青春之家庭,青春之国家,青春之民族,青春之人类,青春之地球,青春之宇宙,资以乐其无涯之生。乘风破浪,迢迢乎远矣,复何无计留春望尘莫及之忧哉?"在溯园追忆红色往事之后,支部全体党员在马克思主义学院楼前集体朗诵了李大钊的《青春》,以琅琅书声与大钊先生进行了一场穿越时空的对话。

1916年,27岁的李大钊由季节上的春天想到了人生命中的春天、民族命运上的春天,他渴求中国能摆脱衰弱腐朽的局面而重新找回国家命运上的春天。于是,他提笔写下《青春》,希望能唤醒广大青年学子冲破罗网、去除陈腐、发愤图强,保持朝气蓬勃的精神,在风雨如磐中担负起民族救亡图存的重任。一百多年后的今日,再读《青春》一文,仍然是心潮澎湃,仍然会激励青年学子锐意进取、不懈奋斗。

接着,支部又采取线上线下结合的方式,与特别邀请的李大钊曾外孙女李晓莉女士座谈,追忆李大钊先生之事迹,话当代青年之责任。马克思主义学院党委副书记、副院长张高峰,上海市中共党史学会渔阳里研究专委会会长、马克思主义学院教授李瑊,马克思主义学院团委副书记、学院学生党建中心主任、研究生辅导员谢德连以及守常党支部全体成员参加。

李晓莉女士与大家一起回顾了李大钊与上海、与上海大学的渊源,并通过《青年与人生》《理想家庭》两篇文章,引入许多关于李大钊先生的故事,使支部成员进一步了解到李大钊先生简朴的生活作风和低调的处事风格。"铁肩担道义,妙手著文章",李大钊心系人民群众的赤子情怀和铁肩担重任的伟大精神深深感染着现场和云端聆听讲座的每位青年学子。

奋斗是最好的传承,发展是最好的怀念。活动使守常党支部党员受益匪浅,他们表示:忆往昔,李大钊用自己短暂的生命,在中国革命史上谱写了壮丽的篇章,他的崇高政治品格、无私奉献精神值得我们永远学习；看今朝，我们生活在幸福安稳的和平盛世，但未来奋斗的征程依然任重而道远，前方还有许多艰难险阻等待我们破解。作为一名守常党支部青年同志，必须赓续红色血脉，秉承守常先生的精神，践行守常先生的理想，勇做时代的开拓者、创新者、奋进者，勤勉奋进，以吾辈之青春，筑中华之盛世。

2022年11月10日，上海大学守常党支部举办"弘扬守常精神，争做红色传人"主题党日活动，邀请正在上海的李宏塔及夫人赵素静参加。

守常党支部书记高才雯从党支部成立契机、建设目标、建设路径等三个角度向李宏塔汇报了守常党支部成立以来的建设和活动情况。

百年前，以李大钊为代表的革命先辈汇聚上大，形成了革命的摇篮，将共产主义的星星火种，撒向来自各地的青年知识分子的心田，又由他们传遍全国。百年后，守常先生等的谆谆教诲言犹在耳，指引着一代代莘莘学子勇肩使命，薪火相传，赓续奋斗精神到各行各业。高才雯结合视频，介绍了守常党支部成立之后所开展的各项活动。为深切缅怀李大钊先生、传承先辈遗志，守常党支部在理论学习和实践行动中继承和弘扬李大钊先生留下的精神财富，采用"理论学习＋红色宣讲＋创新实践"的培养方式，通过学、行、宣、思等培养板块，努力将支部建设成为一支理论学习多样化的学习型党支部，红色宣讲常态化的传承型党支部，创新意识实践化的创新型党支部。

为进一步提升支部建设水平，发挥党组织的战斗堡垒作用，马克思主义学院守常党支部与社会学院秋白党支部当场签署了结对共建协议。上大校园里两个以革命先辈命名的党支部今后将相互学习、共同进步、共促提升。

高才雯代表守常党支部聘请李宏塔担任守常党支部荣誉书记。李宏塔愉快地接受了邀请，并向守常党支部赠送了李大钊著作。

"历史川流不息，精神代代相传。"作为上海大学董事会名誉校董，李宏塔十分关注上海大学和守常党支部的发展情况。在即席感言中，李宏塔指出，守常党支部、秋白党支部，都是用革命先辈英名命名，应该激励你们永远沿着先辈的道路前进。在积贫积弱的年代,李大钊、瞿秋白等革命先烈以"马克思主义理论"为火炬,照亮中国的发展道路;在繁荣昌盛的今天,青年党员应当继续革命先烈未竟之事业,以"中华民族复兴"为己任,用双手铸就国家发展新辉煌。

李宏塔说,如果说要给守常党支部、秋白党支部的青年党员们提点希望,那就是我祖父最欣赏的一副对联"铁肩担道义,妙手著文章"。这个对联原是明朝杨继盛在狱中的自挽联,原文是"辣手著文章",李大钊将其改为"妙手",并书赠给朋友。可以说,李大钊一生都是这么做的,这也成为他人生最真实的写照。"铁肩担道义",就是要敢担当,不管做什么工作,不论在如何艰难困苦的环境下,都要不忘初心,敢作为,有作为。"妙手著文章",不是说只有大作家才能做文章,不能这么理解。这里的意思可以理解为要善作为,这是每一个人经过努力都可以做到的。"人人努力都可以做到敢担当、善作为。"李宏塔将"铁肩担道义,妙手著文章"在新时代的内涵解释为"敢担当、善作为",寄语在场青年党员要继承守常精神、秋白精神,不畏艰难困苦,敢于担当重任。

李宏塔先生的娓娓道来不知不觉间拉近了守常支部成员与守常先生的距离,敢于担当、善于作为的守常精神给了守常党支部的年轻党员以丰富的精神滋养。"国家不可一日无青年,青年不可一日无觉醒。"百年前,守常先生对青年给予殷切期望;新时代,青年党员将继承先辈遗志踔厉奋发,开创自身与国家的黄金时代。

守常党支部还聘任高波、徐光寿、李坚、张富文四位老师担任支部指导教师,进一步增强了支部建设的指导专家力量。

在随后的交流环节,上海大学对外联络处处长、校友会办公室主任陈然以"契机"为题,介绍了李宏塔与守常党支部的"近距离"。他激励在座党员要积极学党史、悟思想,用好党史这本教科书,从中汲取智慧、增添力量。

最后,李宏塔与守常党支部全体党员齐颂李大钊《演化与进步》中的语录:"我们做人当沿着这种进步的历史观,快快乐乐地去创造未来的黄

第六章 泮池杨柳今又绿，红色学府百年缘

2022年11月10日，李宏塔夫妇在复原的老上海大学校舍前留影

金时代,黄金时代不是在我们背后的,是在前面迎着我们的。"慷慨激昂的诵读,感染着在场的每位师生,也使活动达到了高潮。

2023年4月,位于河北省唐山市东南部的乐亭县,迎来了花红柳绿、生机勃发的灿烂春天。坐落于乐亭县的李大钊纪念馆和李大钊故居,在这个春天里也迎来了络绎不绝的瞻仰者。他们在这里重温历史、缅怀先烈,领略到李大钊这位共产主义运动的先驱一生非凡的足迹和经历,接受了他留给后续者们无穷的精神财富和无尽的历史启迪,这些将激励他们在全面推进中华民族伟大复兴事业中奋勇前进的决心和斗志。

4月25日,守常党支部20多名党员在上海大学马克思主义学院党委书记王国建、副书记张高峰和研究生辅导员谢德连老师的带领下,迎着和煦的春风和明媚的朝阳,满怀着抱诚守真的无限敬意,来到李大钊纪念馆开展特色党日活动和参加馆校共建启动仪式。在纪念馆广场外,他们受到了宣教部王晶晶部长的欢迎和接待。早在4月7日,党支部就把这次活动计划用电话向远在合肥的荣誉书记李宏塔作了汇报,李宏塔听说后不仅赞成有加,而且给予了具体指导。

李大钊纪念馆广场上数以百计举行缅怀仪式的解放军官兵、大中学生井然有序,展厅内献花者、瞻仰者摩肩接踵神情凝重。守常党支部全体党员穿过广场,在展厅外的38级台阶上列队肃立,齐声诵读起李大钊的著名文章《青春》:"惟真知爱青春者,乃能识宇宙有无尽之青春。惟真能识宇宙有无尽之青春者,乃能具此种精神与气魄。惟真有此种精神与气魄者,乃能永享宇宙无尽之青春……"《青春》中的字字句句都显示了李大钊非同凡响、震撼寰宇的思想深度、理论高度,显示了李大钊唯物辩证、乐观奋进的宇宙观、人生观、价值观,显示了李大钊博古通今、妙笔挥洒的雅致情思、锦绣文章。守常党支部的诵读,使《青春》的韵律久久回荡在李大钊纪念馆广场的上空。

进入瞻仰大厅,守常党支部的党员们向李大钊汉白玉立式雕像敬献了花篮,表达了对先烈的敬意,在李大钊雕像和党旗前举起右拳,王国建带领大家高声诵读入党誓词。接着,他们在讲解员安君欢的引导下,认真

2023年4月25日,守常党支部全体党员向李大钊雕像敬献花篮

2023年4月25日,守常党支部全体党员在李大钊纪念馆前合影

地参观李大钊生平事迹展览。安君欢是全国五好讲解员,她仪态端庄、口齿清晰,随着讲解内容的变换,她适时地调整着讲解声调和表情,使讲解内容更加真实生动,深深地感染着每一位党员的心灵。守常党支部的党员们屏气凝神地听着、看着,9个专题展览中的2 000余件展品一一映现在他们的眼前,李大钊烈士的光辉形象和丰功伟绩也深深地印刻在他们的心中。当大家看到自己党支部的荣誉书记李宏塔捐赠给纪念馆的"七一"勋章时,都倍感亲切、十分感动。"雄关漫道真如铁,而今迈步从头越",这枚熠熠生辉、光彩照人的勋章,不仅令他们为李宏塔热爱家乡的无私情怀而骄傲而自豪,更激发了他们担当赓续红色血脉光荣使命的决心和勇气。

牛逢春是上海大学马克思主义学院2021级哲学专业硕士研究生,因为他是守常党支部的发展对象,党支部也邀请他参加了这次活动。在3月30日上海市教卫工作党委系统"伟大工程"系列示范党课活动中,上海大学社会学院秋白党支部、马克思主义学院守常党支部、法学院中夏党支部的同学们共同呈现了"上大蓝图,百年擘画"的情景党课,李大钊、瞿秋白、邓中夏等革命先辈共叙情谊、共绘蓝图、共谋发展的情景在剧中再现,将参加活动的400多名师生带回到那个动荡而难忘的革命年代。牛逢春的脸庞、身材都与李大钊相似,所以他在这个情景党课中扮演了李大钊。在排练场内外,牛逢春不仅认真地背台词、练动作,而且广泛阅读有关李大钊的书籍资料,反复观看饰演李大钊的演员们的表演视频,使自己在表演中尽最大可能把李大钊演好、演像。在李大钊纪念馆,牛逢春感慨地说:观看了展览,使我对李大钊短暂而伟大的一生有了进一步的了解。今后我不仅要演好李大钊,更要在实际行动中以他为榜样,努力做到首先在思想上入党。

馆校共建启动仪式在李大钊纪念馆会议室进行,守常党支部和纪念馆的工作人员40余人参加,张高峰副书记主持了仪式。在仪式上,守常党支部书记高才雯向大家汇报了一年来党支部的工作和活动;王晶晶代表李大钊纪念馆接受了上海大学马克思主义学院赠送的《李大钊与上

第六章 泮池杨柳今又绿，红色学府百年缘

王国建与李敏分别代表上海大学和李大钊纪念馆为馆校共建揭牌

李大钊故居

海大学》纪念册；李大钊纪念馆的副研究馆员刘晓艳介绍了正在筹备的"李大钊家风展"和"青春研究团"工作情况；王国建介绍了上海大学有关"大思政课"建设情况。李大钊纪念馆馆长李敏在热情洋溢的发言中说：我们馆去年被评为全国一百个大思政课实践基地之一，今天与上海大学建立了馆校共建关系，十分有意义。今后，我们要继续开展多方、多层次的深入交流合作，以传承红色基因为己任，用好用活红色资源，依托李大钊纪念馆、李大钊故居、上海大学校史馆、钱伟长图书馆等红色场馆组织共联、资源共享、实事共办，共同促进青少年成长成才，共同助推红色教育发展。最后，在热烈的掌声中，王晶晶代表李大钊纪念馆、王国建代表上海大学马克思主义学院共同签署了"李大钊纪念馆与上海大学马克思主义学院共建协议"；李敏代表李大钊纪念馆、王国建代表上海大学共同为"上海大学'大思政课'实践教学基地""上海大学马克思主义学院党性教育基地"揭牌。

下午，守常党支部的党员们来到位于乐亭县胡家坨镇大黑坨村的李大钊故居参观。故居管理处副主任赵书明是赵纫兰的侄孙，他早早就站在停车场迎接，并与讲解员一起陪同大家参观。

李大钊故居由李大钊祖父李如珍建于清光绪七年（1881），故居为砖木结构，总建筑面积434平方米，是一座具有明清以来乐亭县民居建筑风格的一宅两院的穿堂套院式建筑。1988年1月13日，李大钊故居被国务院公布为第三批全国重点文物保护单位。故居内陈设基本保持了原来的生活场景，使参观者真切地感受到"老屋依旧当年貌"。守常党支部的同学大部分来自南方，故居里的炕和炕上的炕寝、炕桌都引起了他们的兴趣、遐想。在靠街的前院，一棵李大钊亲手栽种的丁香花枝繁叶茂、花朵盛开，院内香飘四溢，象征着李大钊的未竟事业后续有人、蒸蒸日上。参观结束，大家意犹未尽，"追攀更觉相逢晚，谈笑难忘欲别前"，师生们邀请赵书明共同在故居大门口留影，前排同学用手展开党旗，留下了十分珍贵的合影。

第六章 泮池杨柳今又绿,红色学府百年缘

2023年4月25日,守常党支部全体党员在李大钊故居前合影

第七章
莫愁前路无知己，天下谁人不识君

> 道德是精神现象的一种，精神现象是物质的反映，物质既不复旧，道德断无单独复旧的道理；物质既须急于开新，道德亦必跟着开新，因为物质与精神是一体的，因为道德的要求是适应物质上社会的要求而成的。
>
> ——李大钊《物质变动与道德变动》

道德，就是人们在为人处事时体现出来的正确的世界观、人生观、价值观，而道德行为中又以修身为本、诚意为要。

长期以来，李宏塔本着以诚相待的交友态度和"人之相识贵在相知，人之相知贵在知心"的交友原则，结交了各行各业、数不胜数的朋友。在这些朋友中，不仅有知音之交、杵臼之交、忘年之交、莫逆之交，也有忘形之交、贫贱之交。他不论朋友富贵贫贱，一律平等相待，见人长处，顺理为乐。他与朋友们从道德上互相砥砺，从学识上互相切磋。他多次慷慨解囊资助有困难的朋友，他对朋友们忘我利人、雪中送炭，"温不增华，寒不改叶"，深受朋友们的尊重和爱戴。古人言："未见其人，先观其友"，现在就讲讲与李宏塔交往的一些旧识新交的故事。

一、老战友的情谊

与李宏塔交往较多、交往时间最长的是他在部队当兵和在工厂当工人时"滚稻草"的朋友,比如他在部队时的老班长朱亚云。

1941年8月朱亚云出生于上海市松江区泖港镇田黄村一个贫苦农民家庭。历史上,从青浦区的淀山湖到黄浦江是一个带状的湖泊沼泽地。在松江区境内的沼泽地中,有三处被人们称为"泖",是既有湖泊又有河流的不规则水系。自宋代起,这三个泖逐渐淤塞,后经历代农民不断围圩筑堤,到了明代,广袤的三泖已基本被围垦成泖田。约1.7万亩的五库泖田就是由三泖之一的长泖围垦而成,田黄村的不少村民每天就需要到这些泖田中去劳作。

泖田远离村庄,到泖田劳作每天往返要走十多里路。泖田中纵横交叉的河道不计其数,农民下泖田大多要蹚三四条河,身穿湿衣劳作是常态。农忙季节,去泖田劳作常常是鸡鸣出工狗叫回。泖田中无一间房屋,难见大树,既无法遮阳又无处躲雨。泖田不仅自然环境恶劣、劳动强度大,而且收成差,重灾之年颗粒无收。民间曾有俗语称"背井离乡去讨饭,有女不嫁泖田郎"。朱亚云一家就是靠替人耕种泖田生活,全家人过着受尽欺压、饥寒交迫的穷苦生活。1949年5月,上海解放了。解放后的上海郊区农村用了两年时间完成了土地改革,朱亚云家也分到了属于自己的土地。不久以后,又走上了互助合作的道路,这促进了农业生产水平的提高和农民生活的改善,朱亚云家的生活也逐渐好起来。但从1958年建立人民公社,上海郊区实行了"政社合一"行政管理体制和"三级所有,队为基础"的经营体制后,高度集中的农村管理体制带来了"瞎指挥""浮夸风",盲目地"大跃进","跑步进入共产主义",挫伤了农民的生产积极性,制约了农村生产力的发展。农民没有生产自主权,农村市场凋敝,农民收入不仅没有增长,反而进入了"三年困难时期"。

当时,农村的生产方式仍很落后,主要依靠锄头、扁担、牛拉、肩挑。在忠厚善良、朴实勤劳的父母影响下,刚刚懂事的朱亚云就知道要吃苦耐劳、善待别人、孝顺父母、知恩图报。才八九岁,他就以自己瘦小的身躯承担起家里放牛、割草等农活。日晒雨淋和艰苦劳作使他养成了十分能吃苦能忍耐的刚毅性格。在应该上学的年龄,因为家里条件差,只上了三四年小学,父母就让朱亚云休学回家务农了。

在20世纪五六十年代农村的集体劳动中,朱亚云任劳任怨、埋头苦干、洁己奉公、宽以待人,中国农民淳朴、善良、憨厚、务实、勤奋的优秀品质在他的身上体现得淋漓尽致。1963年上半年,朱亚云加入了中国共产主义青年团,成为一名共青团员。1963年12月,朱亚云光荣参军入伍,被分配到中国人民解放军第27军80师,很快就被提拔为班长。1965年李宏塔从军校被分配到27军后,正好就分在朱亚云这个班里,在朱亚云手下当了四年兵。

1969年上半年,朱亚云和李宏塔等战友一道从部队退伍。李宏塔回到合肥,朱亚云则回到老家上海市松江区泖港镇田黄村。

田黄村距离上海市中心50多公里,这里的村民在改革开放前以农作物种植为主业,与中西部地区农村相比虽不算贫困,但也算不上富裕,每个工分值只有八九角钱。

回到家乡不久,朱亚云就遇到了一次国营企业在他们村招工的机会。这是一次可以改变家庭经济状况的好机会,他理所当然地报了名。本来,他既是退伍军人,又是共产党员,大家都认为他肯定会被优先录用。但令人意想不到的是,大队党支部书记第二天就找他谈心,告诉他说村里年轻的党员骨干很少,希望他能自己放弃这次招工机会,不要走,作为骨干继续留在村里工作。

朱亚云心里很矛盾。一方面,这确实是一次十分难得的招工机会,随着自己年龄的增长,以后这样的机会可能不多了;但另一方面,作为一个组织观念很强的共产党员,对党组织的召唤是不容犹豫、必须服从的。考虑再三,最后,他还是放弃了招工机会,仍然留在了拽耙扶犁的农业生产岗位。对此,妻子董婉芳没有一句怨言,照常干着繁重的农活和家务,默默地支持着他。

从那时起的几十年间,朱亚云除了在生产队里务农外,先后兼任过大队党支部的支委、民兵连长、治保主任,尽管这些都是不拿一分钱工资的职务,但他依然保持着一个优秀退伍军人的本色,认真负责地把这些工作干得有声有色，多次受到公社和松江县的表彰。在田黄村村史馆的"老党员"榜上有32名老党员的照片，朱亚云也在其中。村党总支副书记曹晴艳说："近年来，田黄村先后获上海市文明村、卫生村、健康村、整洁村、生态村等多项市级荣誉，这与朱亚云等老党员持之以恒作出的无私奉献是分不开的。"

人与人之间最长久的关系，都是靠以心换心。李宏塔退伍被分配到合肥化工厂当工人后，依然十分怀念部队的生活，想念在部队时那些以心换心的战友们。他就经常给朱亚云写信。从那时起，无论在信中还是见面，他对朱亚云的称谓也就改为充满战友情谊的"老班长"，至今几十年未变。

有一次，当李宏塔从回信里知道朱亚云服从党组织需要仍留在农村务农、收入很低时，李宏塔从自己30元的月工资里拿出20元，通过邮局寄给了老班长。50多年后，朱亚云对李宏塔这次雪中送炭的汇款仍记忆犹新。他说，自己当时是怀着感激之情到邮局取回了这笔充满战友关爱的汇款。

朱亚云和董婉芳生育了一儿一女。儿子朱纪明出生于1970年，女儿朱菊花出生于1972年。那时朱亚云夫妇在生产队劳动的年收入不到400元，两个孩子的出生在给住着三间简陋平房的家庭带来欢乐的同时，也增加了经济负担。夫妇二人以他们的勤劳、坚韧和乐观操持着这个不富裕但很幸福的家庭。

改革开放之后，中国进入了社会主义现代化建设的新时期。1978年开始实施的联产承包责任制，打破了计划经济体制下农业生产的集体经营模式，农民由集体经营的劳动者转变为农业生产的自主经营者，农民的生产积极性、责任心和创造力被极大地调动起来。上海市郊区的农业逐步实现由传统型、粗放型农业向现代型、集约型农业转变，开始稳步发展。朱亚云夫妇凭着自己的辛勤劳动，使家里的经济状况也随之好转。他经常把家乡的变化写信告诉一直保持着通信往来的李宏塔，同时也向李宏塔诉说自己在农业生产和农村建设中遇到的一些不理解的问题。李宏塔不论多忙，对朱亚云的每一封来信都仔细阅读，对其中提到的问题，事无巨细，必定抱诚守真地谈观点、提建议。

1989年3月，朱亚云在准备建自家的楼房时遇到了一些问题，他写信告诉了李宏塔。当时，李宏塔是安徽省民政厅副厅长，经常下基层，因此在一个多月后才有空给朱亚云回信。李宏塔在信中推心置腹地写道：

老班长：您好！

3月份的来信已经收到。从信中知道了老班长近来的一些情况，特别是老班长为盖房子牵扯了不少精力，而且还存在不少困难，我本人深表同情。

您信中问到上级现在对农村建房的政策是怎样规定的，由于我的工作和这方面关系不大，知道得也不详细。但有一点是明确的：各级党政领导必须从实际出发，关心人民群众的疾苦，特别是在涉及到人民群众衣、食、住、行方面，更要尊重群众的意愿和习惯，不能简单化，搞一刀切，更不能搞强迫命令。也就是说，我们党的各级干部一定要有群众观念。由于各地干部在政策水平、工作能力、方式方法上不同，各地执行同一政策情况也就不同。政策水平、工作能力强，并注意方式方法的干部，在工作中就能比较好地处理各种矛盾，搞好干群关系。反之，就容易激化矛盾，造成干群关系紧张……

我现在工作还可以，就是出差的次数比较多，好在我的年龄还不算大，身体还可以。多在下面跑跑看看，也能使我们和人民群众的感情更接近，关系更密切。我爱人和小孩也都很好。由于工作要求，我计划在今年晚些时候或明年去上海参观学习民政工作，去沪前我将写信告诉您，到时专程看望老班长，请老班长多多保重身体！有什么事情和问题请随时来信告知，战友将尽力帮您排忧解难。

向大嫂问好！

祝全家身体健康，生活愉快！

战友：宏塔

1989.4.5

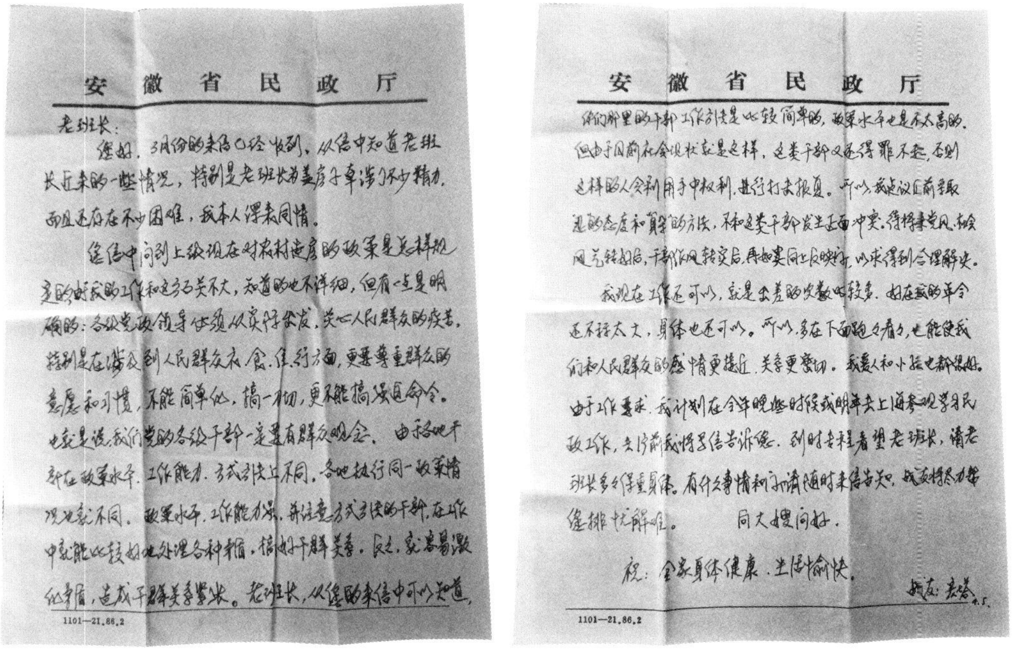

安徽省民政厅

老班长：

您好，3月份的来信已经收到，从信中知道老班长近来的一些情况，特别是老班长为盖房子费了不少精力，而且还存在不少困难，我本人深表同情。

您信中问到上级现在对农村建房的政策是怎样规定的，我所的工作和这方面关系不大，知道的也不详细，但有一点是明确的：各级党政领导必须从实际出发，关心人民群众的疾苦，特别是在涉及到人民群众衣、食、住、行方面，更要尊重群众的意愿和习惯，不能简单化，搞一刀切，更不能搞强迫命令。也就是说，我们党的各级干部一定要有群众观念。由于各地干部在政策水平、工作能力、方式方法上不同，各地执行同一政策情况也就不同。政策水平、工作能力强，并注意方式方法的干部，在工作中就能比较好地处理各种矛盾，搞好干群关系。反之，就容易激化矛盾，造成干群关系紧张。老班长，从您的来信中可以知道，

1101—21.86.2

安徽省民政厅

你们那里的干部工作方法是比较简单的，政策水平也是不太高的。但由于目前社会现状就是这样，这类干部又还得罪不起，否则这样的人会利用手中权利，进行打击报复。所以，我建议目前采取忍让的态度和冷静的方法，不和这类干部发生正面冲突，待将来党风、社会风气转好后，干部作风转变后，再如实向上反映情况，以求得到合理解决。

我现在工作还可以，就是出差的次数比较多。好在我的年令还不算太大，身体也还可以。所以，多在下面跑跑看看，也能使我们和人民群众的感情更接近，关系更密切。我爱人和小孩也都很好。由于工作要求，我计划在今年晚些时候或明年去上海参观学习民政工作，去之前我将写信告诉您，到时专程看望老班长，请老班长多多保重身体。有什么事情和困难请随时来信告知，我一定尽力为您排忧解难。　　同大嫂问好。

祝：全家身体健康，生活愉快。

战友：袁答　4.5.

1101—21.86.2

1989年4月5日致朱亚云的信

在这封信中，李宏塔诚心实意地同亦兄亦友的老班长聊家常、讲道理，融思想工作于开诚布公的谈心之中，层层铺展，前后呼应，对老班长的敬重之情跃然纸上，向当农民的老班长明确表达了"咱们仍然是同道知己"的真挚情感。

朱亚云反复阅读了这封浅显地解释了党的群众路线的信，心中的疑惑和不快顿时烟消云散。他轻装上阵，协调办理好建房的有关手续，在乡亲们的鼎力相助下，终于在1990年底把新楼房盖好了。可是信中所说来上海参观学习顺便专程看望老班长的计划和心愿，恪尽职守的李宏塔因为身不由己而推迟到1993年下半年才如愿以偿。

1993年国庆节后，李宏塔出差来到上海。他马不停蹄地完成了开会交流、参观学习的工作任务后，专门挤出了半天时间，在上海市民政局一位副局长的陪同下，来到了朱亚云家。

用杜甫"正是江南好风景，落花时节又逢君"的诗句来描述两位老战友的这次相见，是恰如其分的。朱亚云请李宏塔一行参观了自家的新居，告诉李宏塔自己的儿女都已工作，自己已当了爷爷，家庭经济状况大有好转。李宏塔看了听了十分高兴，也感到放心。到旧雨重逢的老战友分别的时候，李宏塔提议合影留念。朱亚云和抱着小孙女的董婉芳与李宏塔站在原来的平房前，留下了一张大家笑容满面的珍贵照片。

一个多月后，李宏塔又收到朱亚云一封来信，他很快就写了一封回信。他在信中写道：

老班长：

您好！来信已收到，您女儿的来信和寄来的照片也已收到。由于前一段一直在下面检查工作，故未能及时回信，请原谅！

十月初去上海开会，能在会议期间见到老战友、老班长，实在令人难忘。望老班长将来有空到安徽来走走看看。

来信中讲老班长还有后顾之忧。上次去上海时，已和市局政研室同志讲好，如确有困难，可通过上海市民政局帮助协调。随着改革

第七章　莫愁前路无知己，天下谁人不识君

与老班长家人合影

深化，农村形势会越来越好，人民群众的生活水平也会逐步提高，老班长家也会不断改善。

随信寄去照片二张，人民币贰佰元，以解决暂时困难。

向全家问好！

祝老班长身体健康，生活愉快！

战友：宏塔

1993.11.15

一个是副厅级领导干部，一个是普通农民，但在这封文字简朴、一无雕饰的信中却绝对看不出他们身份地位的任何差别，充分体现了李宏塔"布衣之交不可忘"的一寸真心。他在信中尽情地表达了对朱亚云诚挚的战友情感，鼓励老战友要笑对未来，相信"农村形势会越来越好"。同时还告诉朱亚云，作为一名退伍军人，如有困难，地方民政部门应该也有责任帮助协调解决。读了这封信，不仅让朱亚云心情舒畅起来，还解除了他的后顾之忧。

2021年11月15日下午，李宏塔到上海大学给师生们作《李大钊清廉家风代代传》专题报告。报告一结束，他就和夫人赵素静赶赴田黄村。到朱亚云家时，天已经完全黑了。朱亚云和同村的战友冯永仙早就等候在村口的公路上，二人把李宏塔等迎进了家中，董婉芳热情地给客人们端来了茶水。大家围坐在一起畅叙9月份分别后的所见所闻。看到朱亚云夫妇的身体都还健康，他们的孙辈们也已成家立业，李宏塔为他们感到由衷的高兴。

李宏塔关心地询问两个老战友的身体和现在的收入情况。他们告诉李宏塔，每月每人都有近3 000元的农保和退役军人补贴款，他们的身体也都较好。那天晚上，李宏塔一行回到市区时已近11点了。

李宏塔认为，人这辈子最该永远铭记的人，是在困难时背后挺你的人，是在病痛时为你端茶倒水的人，是在你人微言轻时真心扶持你的人，是在你遇事茫然不解时全心全意指点你的人。对李宏塔来说，少言寡语

第七章 莫愁前路无知己，天下谁人不识君

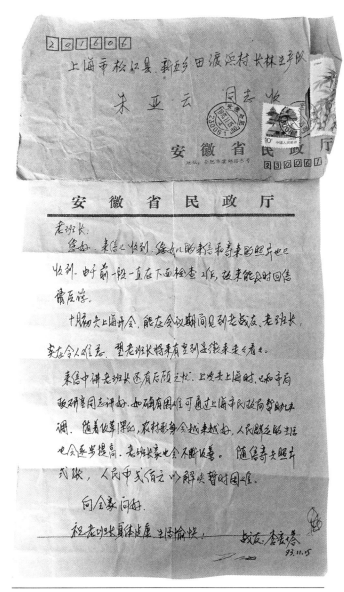

1993年11月15日致朱亚云的信

2022年11月9日在朱亚云家合影

的朱亚云就是值得他永远铭记的人之一。

结交在相知,骨肉何必亲。从20世纪90年代开始,李宏塔只要到上海,不管多忙,他一定要安排时间到朱亚云家来看望,也一定要或多或少带给朱亚云一些钱。朱亚云总是推辞说自己现在日子过得很好了,请老战友不必破费。李宏塔仍劝他一定要收下,并说:现在年龄逐渐大了,用这点钱买些补品吧。这些年来,李宏塔在上海的众多朋友都知道李宏塔在松江区有个"老班长"。

二、倾力相助见真情

可能因为李宏塔是身高1.81米的大个子,也可能是受祖父李大钊、父亲李葆华的影响,他从年轻时就时常显现舍我其谁的性格特质,愿助人,敢担当。他认为,在不违反原则的前提下帮助别人、关爱别人是最好的、最值得拥有的品质,这是中华民族的传统美德之一。所以,他把"朋友们的困难就是我的困难"作为自己几十年来的座右铭。当然,他这里所说的"朋友"范围很广,与他有过交往的同学、战友、同事、部下、邻居都在其内。由于他工作起来十分投入,占用的时间很多,所以他倾情帮助的共事同志为数不少。

郑宏杰在共青团组织工作时是李宏塔的老部下。1994年他从合肥调到深圳工作,由于工作出色,后被选任为深圳市前海深港现代服务业合作区管理局首任局长。2010年1月,郑宏杰以刚刚受命前海管理局局长的身份,来到与蛇口仅一山之隔的前海。面对这14.92平方公里没有任何建筑物的滩涂,郑宏杰决心要发扬深圳人敢闯敢试的好传统,把前海在改革开放中应具备的探索者、引领者、开拓者的形象充分显示出来。他以开朗乐观、坚忍不拔、雷厉风行、善于创新的气质和作为,率领管理局全体工作人员用333个废集装箱改装成简陋的办公室,并在这样的办公室里制定了《前海深港现代服务业合作区总体发展规划》,对前海作出了四大定位、四大产业、三区两带、打造法治示范区的战略定位。郑宏杰认为,深圳是一座始终站在改革开放最前沿的城市,是一个让人不得不相信"中国梦"的地方。而前海则是最能显示深圳特质的地方。勤勉、勤奋、勤劳、勤俭,一个"勤"字就是前海人奋斗精神的写照。

在前海工作的几年,是郑宏杰在深圳工作期间最忙、最累、最辛苦,但也是最兴奋的一段时间。仅仅经过两年艰苦的建设,前海就已初具规模。沿着前海大道,穿过鳞次栉比的写字楼前行至海边,一块巨型黄蜡石上,鲜红的"前海"二字,在阳光的照射下分外耀眼。

2012年12月7日下午,伴着施工机械的轰鸣,郑宏杰向前来调研的习近平总书记简要地汇报了前海的情况。就是在这块见证了滩涂巨变的前海石旁,习近平总书记发出了改革开放再出发的号召。

在认真听取郑宏杰汇报的同时,习总书记偶尔也向郑宏杰提出问题,他亲切地称郑宏杰为"老郑"。休息时,习近平总书记看着郑宏杰满头银发,关心地问他多大年龄了。郑宏杰对习总书记说:"我比总书记您小4岁,今年55周岁。"习总书记笑着说:"我看到你满头白发就以为你比我大,所以我叫你'老郑'。现在开始我应该叫你'小郑'了!"当时在座的人都被习总书记的幽默逗笑了。

2021年4月16日,郑宏杰在接受记者采访时,深情地回忆道:"习总书记在党的十八大后考察调研的第一站就是深圳的前海,这就是要向世界宣示,中国的改革不停顿、开放不止步。那天我们工地热火朝天,一片忙碌。习总书记说,前海现在这种建设场面,使我们回忆起深圳初创时期的景象。一张白纸,从零开始,可以画最美、最好的图画,关键是怎么画好。习总书记指出,把前海作为改革开放的一块试验田,继续获得经验并向全国推广。要发扬特区'敢为天下先'的精神,做第一个'吃螃蟹'的人,落实好先行先试的特殊政策。"

2018年10月24日上午,习近平总书记再次来到前海,在前海石前,他同前海建设者和见证者代表同话沧桑巨变。刚刚办理了退休手续的郑宏杰作为重要的见证者,也应邀参加。习近平总书记指出:"深圳要扎实推进前海建设,拿出更多务实创新的改革举措,探索更多可复制可推广的经验,深化深港合作,相互借助、相得益彰,在共建'一带一路'、推进粤港澳大湾区建设、高水平参与国际合作方面发挥更大作用。"习总书记再次为前海的发展擘画了美好前景,促使前海在之后3年的建设中如疾风迅雷。截至2021年,在前海注册的港资企业累计达1.15万家,注册资本1.28万亿元人民币,实际利用港资占前海实际利用外资的92.4%。前海的企业共吸引3 652名香港籍人才,前海深港青年梦工厂孵化企业团队521家,其中香港团队245家。

2021年9月6日,中共中央、国务院印发的《全面深化前海深港现代服务业合作区改革开放方案》发布。方案明确,进一步扩展前海合作区发展空间,其总面积由14.92平方公里扩展至120.56平方公里。从一片泥泞滩涂到满眼繁华都市,前海发生了翻天覆地的变化。前海因深港合作而生,因深港携手而兴,而这个日升月恒的发展,除了得益于中央高瞻远瞩、把脉定向的正确决策,也离不开前海人敢作为善作为的超常努力。而这其中当然少不了郑宏杰的一份汗水。

在前海的创业过程中,郑宏杰全力奉献、纵横驰骋,为前海的发展打下了坚实的基础,也使他的事业政绩达到了新的高峰。面对不断的褒扬之声,郑宏杰不仅表现得冷静、谦虚,还诚恳地对朋友们说:我的每一个进步都是靠党组织的培养和老领导们的关心才取得的,而老领导李宏塔书记的无私帮助,为我攀上事业高峰给予了一个重要的推动力,我永远铭记心中。原来,1985年暑期,时任马鞍山团市委副书记的郑宏杰接到调任安徽团省委青工部部长的通知,但有关部门告诉他,在马鞍山钢铁公司医院门诊部当医生的妻子李梅的调动需自己联系合肥市的接收单位。李梅不随调合肥,全家就只能分居两地、生活不便,工作也会受到影响。可是郑宏杰刚刚到合肥报到,举目无亲,到哪里联系李梅的接收单位呢?

国庆节后,在一次汇报团省委青工部工作之后,时任安徽团省委副书记的李宏塔关心地询问郑宏杰的家庭情况。郑宏杰怀着惆怅无奈的心情向李宏塔讲述了李梅工作调动的困难。李宏塔对郑宏杰不仅好言相慰,还仔细了解了李梅的年龄、专业等情况。他对郑宏杰说:家庭稳定对我们都很重要,我是从合肥市调出来的,可以为李梅的调动试着联系一下。李宏塔这番温暖贴心的言语给郑宏杰和李梅莫大的慰藉。喜爱古诗词的郑宏杰这时想到了李冶的诗句"离人无语月无声,明月有光人有情"。在此后近两个月的时间里,李宏塔多次与合肥市的医卫部门联系。时近年底,合肥市卫生局终于回话:李梅可以从马鞍山钢铁公司医院调入合肥市西市区卫生防疫站。李梅很快办理了调动手续,带着幼小的女儿到了合肥。从此,郑宏杰在团省委的工作更加风生水起、蒸蒸日上。2021年9月11日晚上,在深圳的郑宏杰听说李宏塔到上海开会,还专门与李宏塔通了电话,他在电话里动情地说:"李书记,我们夫妻永远忘不了您的无私相助!"

1978年9月,李宏塔被任命为合肥团市委副书记,因经常在工作上与兄弟地市团委联系配合,他与时任安庆团市委书记的丁磊结下了持续40多年的深厚友谊。人生贵相知,何用金与钱。丁磊在一篇文章中写道:"宏塔虽然职务比我高,但他谦虚谨慎,做人处事低调,和蔼可亲。我们见面,他叫我老丁,我叫他老李,从没有喊过职务,似兄弟般亲情。"

丁磊1965年就从安庆市高琦小学被调到安庆团市委工作,先后担任过团市委学少部副部长、副书记、书记、中共安庆市委副秘书长、安庆市政府副秘书长兼外办和侨办主任、市委统战部副部长、市海外联谊会会长,直到2004年退休。几十年间,在公众眼里,工作中的丁磊心胸宽广、朴实无华、关爱他人、文才出众、善于创新、努力勤奋。退休后的丁磊虚心求教、苦学不怠、真挚无私、坦荡正直。

1991年,丁磊坐车出差时在舒城县附近的公路上发生了车祸,他的右腿受了重伤。在医院治疗了一个月后又回家休养了半个月,没等完全恢复,工作责任心很强的丁磊就带着伤痛迫不及待地上班了。

1994年的一天,时任安徽省民政厅副厅长的李宏塔到安庆市检查指导工作。工作之余,李宏塔约老朋友丁磊见面一叙。当李宏塔问到丁磊身体是否健康时,丁磊随口说道:"我身体尚好,只是天阴下雨时右腿麻木疼痛。"李宏塔问他腿疼的原因,丁磊把3年前出车祸的事由讲了一遍。

言者无心,听者有意,尤其是精通民政业务的李宏塔听出了这是一个有因无果的工伤事故,而丁磊因为不熟悉工伤事故处理程序,没有申请他原本应该享受的工伤医疗待遇。于是,李宏塔对丁磊说:"你这次出差受伤属于工伤,这个伤情的后遗症将会随着年龄的增长加重,医疗费用也会相应增加。建议你把医院检查结果和治疗方案如实报送安庆市民政局,让专家们按程序审查,争取补办工伤认定手续。"丁磊在安庆市民政局的指导下,补报了有关材料。不久,安徽省有关部门鉴定审批丁磊为因公二等甲级残疾(5级伤残),享受残疾医疗待遇。丁磊在2021年7月写的《好友宏塔》一文中回忆了这件事,他不无感激地说:"我非常感谢宏塔。要不是他提醒,我根本就不知道这次负伤还能评残。我现在已是耄耋之年,只要天气变化,受伤的右腿就麻木疼痛,有时彻夜难眠。次日,我必须去医院治疗方可缓解。因为我是因公伤残,治疗才可享受全免费。"

20世纪40年代初,因日寇侵华,中国正处于一个遍地战火、灾害连年、民不聊生的年代。这时,丁磊出生在安徽省宿县一个贫苦农民家庭,一家人每年有几个月靠要饭为生。抗日战争刚刚取得胜利,国民党反动派又悍然发动了全面内战,使丁磊一家人的贫困生活如雪上加霜。五六岁的丁磊在穿着破衣烂衫跟着大人四处乞讨的日子里,遭到过叱骂、冷遇甚至狗咬,但也能偶遇慷慨施舍的好人。从那时起,幼小的丁磊就明白了什么是善,什么是恶,他暗暗下定决心:长大后要做一个好人、一个善人。童年的经历和认知对人生的影响是巨大的。从贫寒中走出来的丁磊,对贫寒境遇中的人们自然而然地深怀特别的牵挂。他的童年充满苦难,也给他种下了善根。有善根必有善果。他长大后刻苦学习、勤奋工作、乐于奉献,退休后倾其全力从事慈善事业,这既与童年种下的善根不无关系,但在某种程度上说,李宏塔对他的影响显然也是一个重要的原因。李宏塔给丁磊以帮助,丁磊也给其他人以帮助。两个人的爱心产生了共鸣,更加发扬光大。

丁磊家的住房面积不到70平方米,简单的装饰20多年没有变化。他的夫人杭守文患有较严重的眼疾,独自外出十分不便,但她却怀着一副热心肠,与丁磊经常共同关心着社会上需要帮助的人们。

2008年,丁磊家楼下看车库的老马突然中风,治疗后留下后遗症,这使靠退休金和捡废品维持全家生活的老马夫妇更加困难。丁磊和杭守文知道后,给老马送去了钱和水果并好言安慰。春节时,丁磊来看望老马,发现他家过年吃的基本是素菜。丁磊立即去买了些鱼和肉给他们送来。老马夫妇感动得热泪盈眶,连声说:你们真是好邻居,真是好人啊。

退休前,丁磊以"达则兼济天下"的满腔热情,参加过1998年河北张北地区地震和2003年新疆巴楚大地震的募捐救灾工作。退休后,他置较重的心脏病和行走不便的伤腿于不顾,全身心地投入到慈善事业中。因他曾任安庆市政府外办、侨办主任和安庆市海外联谊会会长,熟悉不少旅居境外的爱国成功人士。退休后的丁磊以个人名义继续联系这些老朋友,动员他们救灾扶贫、助教助学成为他的一项经常性工作。他在工作中发现,境外慈善人士十分看重和信任募捐组织主要负责人的身份,以副会长、理事或个人名义开展募捐总是事倍功半,成功率不高。

2006年的一天,已是安徽省民政厅厅长的李宏塔到安庆市检查工作,他约丁磊相见,关心地询问丁磊的身体情况和退休后开展慈善工作的情况。当听到丁磊在向境外开展募捐工作中遇到的身份问题时,李宏塔对安庆市民政局领导和丁磊说,虽然现在安庆市慈善会还未正式成立,但向境外募捐的工作不能等。丁磊不仅熟悉这个工作,而且他已退休,不涉及干部编制和管理任命,我建议在安庆市第一届慈善会领导班子选举产生前,由他先担任慈善会长。就这样,一个经省市两级民政部门备案、特事特办的慈善会长上任了。当年,丁磊就从境外募得近百万元善款,其中为安庆市民政局社会福利院募捐了20万元。

2008年5月12日下午,午休后刚刚打开电视的丁磊被一则消息惊呆了:四川省汶川县发生了7.8级的特大地震。慈善会长身份使得丁磊对这样的消息特别敏感,他判断,如此大的地震,肯定有大量人员伤亡和财产损失。骇心动目的震情紧紧牵动着丁磊的思绪,令他心如刀绞。他首先拨通了香港慈善机构负责人的电话,然后又对照着电话号码本,联系一个个熟悉的境外朋友,向他们报告了汶川地震的消息和自己的意愿,请他们能为抗震救灾慷慨解囊并积极募捐。随后的十几天,丁磊不顾屡屡发作的心脏病四处奔走,为汶川募集了第一批爱心捐款500多万元及5 600床棉被、62 900斤大米、15 380斤食用油等救灾物资。接着,丁磊马不停蹄,到10月底,他通过各种社会关系又为汶川募集赈灾物资总计价值达1 157万多元人民币和近50万元现款。为此,2008年,他被中央文明办评为"中国好人",而他是这届"中国好人"中唯一曾担任领导干部的代表。2009年,汶川县委、县政府给为地震灾区作出突出贡献的10位同志授予"汶川荣誉市民"称号,丁磊是其中之一。

2009年4月12日,在汶川大地震近一周年之际,丁磊再次走进灾区,检查几所受灾学校援建计划的落实情况。入川的第二天,他的另一位老领导、老朋友、四川省委书记刘奇葆在省委亲切地约见了他。刘奇葆笑着对丁磊说:"你老丁退下来搞慈善工作很有作为,感谢你为我省赈灾助学募集了3 000多万元。汶川地震一年来,我们在抗震救灾和恢复重建中取得的成绩再一次证明,党领导得好,我们国家体制好,我国的人民好!"丁磊告辞时,刘奇葆与他合影留念,并一直陪他走出了省委办公楼。二人握手告别,刘奇葆目送着丁磊离去才返回办公室。

慈善事业人人都可以做,但并不是人人都能做好。做一件好事并不难,难的是以不拔之志长期坚持。在20多年的慈善工作中,丁磊作为一名竭尽全力、不拿报酬投入其中的志愿者,他不知老之将至,坚持不懈、不敢告劳,为安庆市慈善事业增添了浓墨重彩的篇章。仅仅统计丁磊退休后6年的募捐数据,就足以令人对他肃然起敬:资助贫困地区新建、重建中小学校和幼儿园45座、医院5所、农场2个、工厂1个、养老院1个、桥梁4座、乡村道路5条,资助贫困中小学生495名,大学生177名。

2023年1月22日是癸卯兔年的大年初一。上午10点,年逾八旬的丁磊精神抖擞地来到安庆市迎江区锡麟居委会会议室,代表慈善组织"安庆市侨声公益服务中心"主持"暖冬献爱救助物资发放仪式"。这是他连续第六年主持这个活动。他们用近期募集到的9 000多元钱款购买了一批生活物资,在大年初一发放给社区的贫困居民,彰显社会和谐,体现人间大爱。当到会的贫困居民代表从丁磊手上接过救助物资时,内心充满了温暖,他们欢快的笑声也让丁磊感到欣慰。

丁磊的退休生活是丰富多彩的,他不仅热衷于慈善事业和广泛的社会交往,还虚心向一些作家朋友们请教,认真学习研读《古典诗词写作指南》《诗的常识》等书籍,初步掌握了诗词创作的方法、规律和技巧。丁磊有着积累丰富的社会阅历和善于观察的敏锐眼光,他用了几年时间,创作了各种风格的诗词134首,2018年自费出版了《学乐吟——丁磊诗选》。之后,他又用了两年时间创作了83首诗词,于2020年出版了《暮阳吟——丁磊诗词续集》。在《暮阳吟》出版前,丁磊联系了李宏塔,想请他为这本诗集作序。对于老朋友的恳请,也已退休了的李宏塔毫不犹豫地答应下来。他在这年的夏天,一连用了几天时间,在电脑上认真通读了丁磊用电子邮件发来的这些诗作,然后奋笔疾书,一气呵成写下了可谓"大文弥朴,质有余也"的序《为政,为善,为文》。

李宏塔在这篇序文中写道:"丁磊大半生最大的亮点,是他退休后倾心慈善事业。他利用海外联谊的优势,'走出去,请进来',广交朋友,积攒人脉。因此,在他刚开始从事慈善工作时,我就提议他担任安庆市慈善会会长(后又任安庆市志明公益服务中心法人代表)。他一方面跋山涉水,走村串户,访贫问苦,一方面远涉西欧,近去日本,往返我国港澳地区,千方百计找善源,千辛万苦筹善款。十几年来,他共募集、捐赠各种善款(物)5 000多万元,用于各地赈灾扶贫、助教助学、助医助残、建桥修路等公益事业……如果仅仅是'为政'和'为善',还不能完全显现丁磊的人生。前年,他出版了第一本诗集《学乐吟》,令我大为惊讶和钦佩。我的印象中,他的文笔并不怎么突出,以前所写文章,大多是公文类和报道类。没想到,他以近80的高龄,学起了写诗填词,而且写得像模像样,填得中规中矩。解读《学乐吟》,不论是近体诗,还是现代诗,抑或所附图,无不记述了他对人生和社会的所思、所言、所叹、所赞,既是他矢志不渝的浓缩,又是他老有所为的写照。就在我惊讶未息之际,又接到他的喜讯,第二本诗集《暮阳吟》即将付梓。真可谓：'耄耋之年不下鞍，不须扬鞭自奋蹄'。为政，不负众望，造福一方；为善，惠泽百姓，中国好人；为文，志骋千里，暮阳璀璨。这就是丁磊两本诗集给人的启迪。"

三、旧雨新知的不解之缘

李宏塔不忘旧朋友，同时也不断结交新朋友。不管是新朋友还是旧朋友，只要理想情趣相投，相互理解尊重，李宏塔都能平等相待，平和相处。因此，许多新朋友也就不断地成为老朋友。

多年前，在一次民政部召开的全国民政厅局长会议上，李宏塔认真听取了著名社会学家邓伟志的专题讲座。休会时，他找到邓伟志，继续向邓伟志请教民政工作如何与社会学理论相结合的有关问题。当也是安徽人的邓伟志知道他就是安徽省民政厅厅长李宏塔时，顿觉相见恨晚。他对李宏塔说："我早就听说你在民政厅，今天咱们才再次相见。"李宏塔心存疑惑地问道："邓老师，咱们以前见过面吗？我不太记得了。"邓伟志笑着说："我大学毕业后先到上海社科院工作了两年，1962年初调到中共中央华东局政治研究室工作，当时你父母亲都在华东局工作，他们都是我的领导。你母亲是华东局机关党委副书记，更是我的直接领导。那时你们家离华东局机关不远，你也在附近上中学，我曾见过你几次。"李宏塔这才恍然大悟，他们会心地笑了。

从那时起，二人虽因"同是宦游人"，各自繁忙相见寥寥，但却一直在相互关注，持续着不解之缘。

1976年4月，邓伟志在编撰科普书籍《人类的继往开来》时，为了使写作班子对原始人类的生存状态有更加系统的感性认识，有关领导同意让邓伟志带队南下考察。南下，也正好合乎邓伟志等三位作者逃避上海"反击右倾翻案风"的意愿。五一节，他们来到了贵阳。在省委招待所，邓伟志巧遇田映萱。

田映萱是邓伟志在中共中央华东局工作时的领导，是时任中共贵州省委第二书记李葆华的妻子,也是李宏塔的母亲。田映萱不顾当时正在批斗"邓小平在贵州代理人李葆华"的严峻政治形势,仍然热情接待了邓伟志一行。她询问他们此行来黔的工作安排,并问到上海一些老同事的情况。邓伟志本想去看望老领导李葆华,无奈李葆华正在遭遇"反击右倾翻案风"的冲击,未能如愿。临别时,田映萱还送给邓伟志他们几张票,她说:"过几天是苗族的节日四月八,你们去参加一下,可能有助于研究苗族历史和民俗甚至人类学。"

40多年过去了,邓伟志对这件往事仍记忆犹新。他为自己有幸结识这两位有情怀有水平的老前辈而深感欣慰。他从他们身上看见沉稳和主见,从他们的沉稳中见识理念,从他们的主见中悟出智慧。这使他终身受益。

作为上海大学终身教授,曾任民进中央副主席、全国政协常委的邓伟志,不仅是著名的社会学家,也是著名的杂文作家和科普作家。邓伟志儒雅谦和、节俭朴素、勤勉钻研、笔耕不辍。他"髫发厉志,白首不衰",从1976年3月执笔编著出版第一本科普著作《天体的来龙去脉》之后至今,他出版多学科书籍51部共80卷(本),平均每年出版近2本书。邓伟志的父亲是位1926年入党的老革命,他自己从幼年开始,亲身经历解放战争时期、社会主义革命和建设时期、改革开放和社会主义现代化建设时期、中国特色社会主义新时代,他"不愧于人,不畏于天",用自己的智慧和才华,为实现中华民族伟大复兴的中国梦作出了不懈的努力和贡献。邓伟志是位忧国忧民、雅人深致的社会活动家,他不论登庙堂还是涉江湖,虽经纬万端却始终不忘初心、爱党爱国、至诚高节,为人们树立了严于律己的榜样。

2021年9月中旬,在北京休养的邓伟志听说李宏塔要来上海开会,他把这个消息立即告诉了正在想方设法寻找李宏塔联系方式的上海大学领导。原来,上海大学的领导们为了推进师生思想政治工作、校史工程和学校董事会换届工作,以求贤若渴的迫切心情希望李宏塔能够参与。但由于李宏塔住在合肥,一时无法联系上他。

听到李宏塔要来上海的消息,上海大学领导们喜出望外,他们派出了由陈然、杨静、张乃琴、洪丹丹组成的得力高效的工作团队,想方设法面见了李宏塔,向他汇报了上海大学的情况并发出邀请,得到了他的赞同和支持,并商定11月中旬请他来校指导。

2021年11月15日上午,李宏塔应邀来到祖父李大钊曾经多次发表演讲的上海大学。"桃李春风一杯酒,江湖夜雨十年灯",两位老朋友在上海大学相遇了。邓伟志陪同李宏塔参观了社会学院,然后共同参加了社会学院部分学生组织开展的共话初心主题沙龙"与信仰对话"活动。他们二人笑容可掬地向同学们发表了热情洋溢的演讲,回答了他们提出的问题。在这次活动中,李宏塔还被聘为上海大学社会学院"秋白党支部"的校外指导员。邓伟志与李宏塔相互约定,在2022年开展的上海大学建校百年纪念活动中将再次共同到校,与青年学子们欢聚一堂,共话实现伟大中国梦的锦绣前程。

2022年4月24日,李宏塔在合肥的家中接到来自上海的老部下胡开建的电话。胡开建向他汇报了半年来创作传记文学作品《走近邓伟志》的情况,恳请他为这部作品作序。李宏塔在电话中欣然应允并说道:"邓伟志先生是位讲政治、学风正、成果多的学术大家,值得我们宣传和学习。你们二人为上海学术界做了一件有意义的事。请你先把书稿发来,我认真阅读后再起草序文。"收到《走近邓伟志》的电子版书稿后,一连十多天,李宏塔每天都在电脑上阅读。他边阅读、边回忆、边思考、边摘抄,深感书中所写内容"言有尽而意无穷",邓伟志的言谈举止、星斗文章不时显现在李宏塔的忆想中。5月5日,李宏塔挥毫泼墨,很快就将已构思的文章框架写成了一篇序文。5月6日一早,他就打电话通知胡开建:"序已写好并发你的邮箱。咱们都曾是共青团干部,今年是中国共青团建团一百周年,为了我们共同的纪念,我建议序文日期落为'5月4日'。"

李宏塔在这篇序文中诚心实意地写道:"说起来,我与邓伟志先生倒是有缘的。这缘分数起来至少有六条:一是工作缘。邓伟志先生20世纪60年代初在中共中央华东局工作时,与我的父母同在一个机关大院,那

同邓伟志在上海大学社会学院与同学们对话

时的邓先生还是一位青春洋溢的小伙子,这在书中也有反映。二是政协缘。邓伟志先生曾连任两届全国政协常委,我在担任安徽省政协副主席时兼全国政协委员,我们在全国政协的工作中,为落实中国共产党领导的多党合作和政治协商制度共同努力过。三是社会学缘。邓伟志先生是著名的社会学家,而我在省民政厅的业务工作,绝大部分都要在社会学理论的指导下开展。记得在民政部的一次培训会议上,邓伟志先生专门到会为我们讲了民政工作与社会学的关系,使我们对民政工作的认识有了理性的提升。四是校友缘。仍是60年代初,我跟随父母从北京来到上海,先后在上海市高安路小学和第五十四中学读书。若干年后,邓伟志先生的爱女邓曈曈也在这两所学校读书,我们还是校友。五是上大缘。一百年前,我的祖父李大钊推荐瞿秋白等共产党内的理论家到上海大学任教,他自己也多次到上海大学演讲。而邓伟志先生的父亲邓果白1925年由党组织推荐,进入上海大学学习并在这里加入了中国共产党。2019年,邓伟志先生作为上海大学的终身教授荣休,但一直在为上海大学奔忙着。2021年,我被聘为上海大学第三届校董事会名誉校董,我们二人都在为上海大学更加兴盛的明天发挥着自己的余热。六是安徽缘。邓伟志先生从安徽来到上海,而我的主要工作经历也在安徽,我们之间有着不解之地缘关系。"

2022年9月7日,听说李宏塔希望在近期来上海大学参加校董事会会议时,能到离别60周年的母校上海市第五十四中学拜访,邓伟志当仁不让地担负起联系学校的责任。他用电话向五十四中学负责校友联谊工作的陈金生老师告知:李宏塔将于11月中旬来沪开会,届时他一定到母校拜访。陈金生是邓曈曈的语文老师,也是五十四中学校歌《托起明天的太阳》的词作者,他立刻把李宏塔要回母校的消息向张岚校长做了汇报。为了使李宏塔的首次母校之行顺利紧凑,邓伟志建议安排人提前去五十四中学与校领导面商有关接待工作。10月25日下午,胡开建和叶庆来到五十四中学。他们向校长张岚、办公室主任周懿和陈金生介绍了李宏塔来上海的日程安排,大家共同商定了接待活动方案。在邓伟志的热情安排协调下，母校做好了细致而充分的准备，对老校友李宏塔的返校将倒屣相迎。

2022年11月8日，李宏塔乘坐高铁列车从合肥来到上海。原本准备陪同李宏塔在上海参加多项活动的邓伟志，此时却因已安排接受一个外科手术而住进了华东医院。为此，他颇有"最难风雨故人来"的歉疚感。还有三天就要进行手术了，邓伟志向医生请假，要求出院参加活动，却被医生一口回绝，两位老友因此错过了这次见面的机会。

11月15日上午，李宏塔顺利地完成了在上海忙碌的活动行程，要返回合肥了。这时，邓伟志给李宏塔发来了两条微信："我时常怀念田映萱阿姨，我永远不会忘记田阿姨的关怀和教育！""我现在出不了医院，只能用微信祝您一路平安！合肥有您的家人恭候，更有我们安徽的父老乡亲欢迎。您这次来沪，是对守常思想、守常作风的赓续。李守常永远活在中国人民的心中，李守常的光辉照万家！"李宏塔刚到虹桥高铁站候车室，邓伟志又从医院打来了电话，他对李宏塔说："百忙中请您一定要保重身体。这次我未能陪您参加活动，也不能折柳相送，只能用'君子交有义，不必常相从'进行自我安慰了。"李宏塔笑着回答："今后见面机会多的是，咱们'青山不老，绿水长存'，而现在安心治病是您的首要任务，我祝您早日康复！"

尼采说："我们来到这个世上，就应该跟最好的人、最美的事物、最芬芳的灵魂倾心相见。唯有如此才不负生命一场。"李宏塔在对老朋友不离不弃的同时，也十分重视新朋友的出现。他"诚以待人花明月朗"，厚待旧识老友的同时也不薄今雨新知，颇有"乐莫乐兮新相知"的古风。因为李宏塔知道，友情是使人们能获得满足感的一种基本感情，友情与人们的生活密不可分，而友情不只是一段长久的相识，它必须是一份交心的相知。正所谓肝胆相照方能高朋满座、胜友如云。

2022年2月11日下午，中华志愿者协会安庆分会邀请李宏塔进行工作指导，老朋友丁磊、黄菊旺参加，中华志愿者协会安庆分会会长刘同庆向李宏塔介绍了安庆分会的顾问王宜城。当李宏塔知道王宜城是从部队转业并曾担任过安庆市税务局团委书记时,就热情地与王宜城攀谈起来。王宜城向他汇报了安庆分会工作情况,也讲了自己退休后去大别山区扶贫的所见所闻。李宏塔听得认真,问得详细,指导诚恳。在安庆分会的食堂吃晚饭时,王宜城把话题转到了与李宏塔共同的军旅生活上,同样的当兵经历使他们交谈甚欢,二人在大家的随声附和下唱起了《小白杨》,"同我一起守边防"的激越歌声长时间回荡在大家耳畔。李宏塔的真诚实在和坦荡,给王宜城留下了极为深刻的印象。

杨力敏曾是下放在安徽省池州市的上海知青,在农村插队时因表现优秀,被提拔担任了公社党委副书记,几年前从上海市闸北区应急办主任的岗位上退休,他爱好读书和旅游;陈列是上海大学毕业的资深校友,在上海市静安区芷江西路街道办事处当副主任,读书和集邮是他的两个主要的业余爱好;任宁春是20世纪末从安庆市作为人才引进上海的画家,他的油画作品多次入选上海市和国家级画展。三人先后都曾任共青团组织的干部,他们以前虽与李宏塔未能谋面,但对李宏塔的事迹早有所闻且久仰山斗。2021年9月11日晚饭后,杨力敏、陈列和任宁春相约到酒店拜访来上海开会的李宏塔。深知以知交友、见多识广的李宏塔热情地接待了他们。大家一见如故,畅所欲言。杨力敏告诉李宏塔,他前几天到上海书城把仅存的两本李大钊著作《青春》买到了,今天特地带来请李宏塔签名留念。李宏塔二话不说,提笔在这两本书的扉页签上了自己的姓名。任宁春提出要单独与李宏塔合影,他说要珍藏这一照片作为日后油画创作的参考素材,李宏塔和颜悦色地面对相机与任宁春并排而立。陈列拿出一沓纪念建党百年首日封请李宏塔签名,李宏塔边认真签名边笑着说:你给我的任务重啊!随后,陈列又拿出一本他大学时期在旧书摊购买的老版本《李大钊选集》对李宏塔说:"请您在书上帮我写一句话,行吗?"李宏塔说道:"写'不忘初心牢记使命'吧。"陈列不同意,他说:"这是您爷爷的著作,还是为我题上他的那句名言吧。"李宏塔用秀丽的字体心虔志诚地在《李大钊选集》的扉页上写下了爷爷的名言:"试看将来的环球,必是赤旗的世界。"

2021年11月22日，李宏塔应邀再次来到上海，按中建八局和中国银行上海分行领导班子的要求，给这两个单位的党员讲党课。于国颖、蔡六零、桂泽发、蔡念睿和陆金云知道这个消息后，顶着寒冷，当晚就赶到宾馆看望李宏塔。于国颖是海军驻上海某部原宣传处长、军旅作家、中国作协会员；蔡六零也曾是海军部队的一名军人，后来从一家央企退休；桂泽发在中国交通银行工作，他曾在甘肃省庆阳市挂职任常务副市长。他们三人都有着长期从事思想政治工作的经历和赓续红色传统、密切联系群众的情怀，与李宏塔有着说不完的共同话题，正是"合意友来情不厌，知心人至话投机"。蔡念睿毕业于景德镇陶瓷大学，是上海陶瓷科技艺术馆馆长，因他是上海市青联委员，并且祖籍是安徽省宿松县，所以听说曾任家乡省青年联合会副主席的李宏塔来到上海，想方设法要拜见请教。陆金云是上海一家民营企业的总经理，曾多次到安徽省，听不少安徽的朋友介绍过，对李宏塔的事迹钦佩之余，他也迫切希望面见自己心中的榜样。当晚，于国颖把自己的中短篇小说集《女兵帅克》赠送给李宏塔。蔡念睿把上海陶瓷科技艺术馆正在筹建新时代红色陶瓷艺术馆的情况，简要地向李宏塔作了汇报，同时他拿出一本《庆祝中国共产党成立一百周年陶瓷精品创作设计大展》，请李宏塔在上面题字。李宏塔认真翻阅了这本印制精美、图文并茂、内容丰富的作品集，稍作思考，在书的扉页上题了"梦想起航"四个大字。后来的三天里，他们5人分别陪同李宏塔夫妇利用讲党课的空余时间，参观了中共一大会址纪念馆、《新青年》杂志编辑部纪念馆、陈云纪念馆、四行仓库纪念馆、中建八局青浦区的一个建设项目和上海中心大厦。其间，李宏塔同他们一起看着、听着，同感巨变、共述体会、笑谈人生。

11月23日，在中共一大会址纪念馆的留言墙上，李宏塔庄重地写道："人民就是江山，江山就是人民，党和人民群众永远同呼吸共命运。"11月25日下午，蔡六零、陆金云陪同李宏塔来到位于青浦区重固镇的中建八局新型城镇化建设项目参观考察。他们在项目负责人的引导下，实地考察这个新型城镇化项目建设展示中心和章堰村乡村振兴项目，详细了解

第七章 莫愁前路无知己，天下谁人不识君

2021年11月23日，参观中共一大会址

2021年11月23日，参观老渔阳里2号《新青年》编辑部纪念馆

参观陈云纪念馆

了项目建设情况。李宏塔对中建八局将重固镇打造成"国家新型城镇化建设样板区""长三角一体化乡村振兴展示窗口"和"上海绿色智慧创新示范基地"的实践探索，给予了充分的肯定。他说：要认真学习贯彻党的十九届六中全会精神，坚持以人民为中心，在推进乡村振兴过程中注意保护好传统村落风貌，持续改善人居环境，大力发展乡村产业，让重固镇新型城镇化建设的成果更好惠及当地人民群众，不断实现人民对美好生活的向往。

几天时间转眼过去了，与李宏塔临别前，于国颖、蔡六零、桂泽发、陆金云已成为李宏塔新交的好朋友。这印证了心理学上的一个法则：一个人身边的一切，都是由他内心的想法和特质吸引而来。

2022年11月，李宏塔作为名誉校董来上海大学参加一年一次的校董会。11月9日这一天，李宏塔趁会还未开，仍然像以前一样挤出时间去松江区看望老班长朱亚云。罗玉迎、罗召光、倪修龙都是在中建八局会议室听李宏塔传达中共二十大精神时与他结交的新朋友，他们都知道老班长，也希望陪同李宏塔去见见老班长。罗玉迎曾是海军航空兵某部的航电专家，倪修龙曾在新疆武警总队吐鲁番支队服役，他们都是部队转业干部，而罗召光所在的中建八局是一个由基建工程兵部队集体整编组建的央企，他们三人都有部队情结，不仅与李宏塔谈而忘忧，对看望老班长更有对床风雨之感。尤其是作为摄影爱好者的倪修龙，凌晨4点就睡不着了，他只好起床，反复检查自己心爱的照相设备。一大早，三人就相约开车先行了，他们比李宏塔早一个小时到了老班长家。老班长夫妇热情地接待了他们，端上自己家橘树上结的橘子，大家热热乎乎地抵足谈心。当听到李宏塔的车到了，他们出门相迎。李宏塔看到新老朋友济济一堂，笑着对老班长说："老班长，您这是'门内有君子，门外君子至'啊。"倪修龙不仅用相机为大家记录下令人难忘的一刻，他还因看到老班长家院子里的一口井而联想到自己合肥老家的井，回去后写了一篇散文《一口老井》，发表在2022年12月26日的《徐汇报》上。离开老班长家前，李宏塔和全体有过军旅经历的战友们在一起合影，用以纪念这快乐美好的一天。

李宏塔来上海大学讲党课、参加校董事会，学校连续两年都派出了陈友良负责开车接送。陈友良是车队负责人，为人稳重，工作负责，不仅驾驶技术好而且很熟悉上海的大街小巷。李宏塔每天早上见到陈友良都亲切地向他问好，下午分手时他总不忘说一声"陈师傅辛苦了"。2022年11月15日，陈友良把李宏塔送到虹桥高铁站。在握手道别时，李宏塔把学校赠给他的一盒茶叶送给了陈友良。陈友良谈到李宏塔就说："李老师礼贤下士，没有一点架子，对我很和气、很关心，我们在一起像老朋友一样。"

　　李宏塔是安徽省集邮协会名誉会长。他认为，集邮可以培养爱国主义思想、促进对科学文化知识的学习，能够增加对传统文化的了解，在集邮的过程中还能不断丰富自己的精神世界，可以将集邮这样共同的话题作为与人沟通的媒介。李宏塔不仅认真收集、购买有价值的邮品，而且积极支持和参加省集邮协会的活动，对集邮的朋友们他也热情地加以指导、互相交流甚至毫不吝啬地向他们赠送有价值的邮品。

　　在2011年6月马鞍山市举行的《中国古代书法——草书》特种邮票首发式上，在2018年5月19日凤阳县小岗村举行的"庆祝改革开放四十周年"全国集邮文化巡回活动首站揭幕仪式上，在2018年12月18日滁州市人民广场举办的《改革开放四十周年》纪念邮票首发仪式上，都可以看到李宏塔的身影。

　　2021年1月5日，《辛丑年》特种邮票首发式在合肥邮政大厦举行，李宏塔与其他领导在这次活动中为邮票图样揭幕，标志着《辛丑年》特种邮票正式首发。自1980年发行第一套生肖邮票《庚申年》猴票以来，中国邮政延续了每年发行生肖邮票的传统。《辛丑年》特种邮票是中国生肖邮票序列第四轮中的第六套，由著名画家姚钟华先生创作，延续了第四轮生肖邮票的"家国"理念，一套两枚分别展示了国家的期许、家庭的期盼，组合成浓浓的新春祝福，将生肖牛"脚踏实地、敢于拼搏、开拓进取、勤劳奉献"的精神内涵进行了生动诠释与艺术展现。

　　1990年春天，李宏塔到安庆市民政局检查工作。几个月前他到安庆市迎江区指导工作时，与该区区长、老朋友丁利武久别重逢，二人从共青

第七章　莫愁前路无知己，天下谁人不识君

丁利武获赠的纪念邮票首日封

221

团活动谈到民政业务,从日常工作谈到业余爱好。通过这次交流,李宏塔才知道丁利武也是位集邮爱好者,把不少业余时间都用来收集、整理邮票和首日封。有心之人无需多言。李宏塔是位对朋友需求切切于心的人,他在忙完工作后给丁利武打了个电话,约他晚上到宾馆聊聊。丁利武来到宾馆后告诉他,自己家离宾馆很近,约请李宏塔到他家指导一下自己的集邮,李宏塔欣然同意。在丁利武家,二人抵掌而谈,李宏塔认真查看并点评了丁利武集邮册中的邮品。临别前,李宏塔拿出他从家里带来的一个纪念首日封送给丁利武。丁利武回忆说:"他送给我的是一张十分珍贵的纪念首日封:'李大钊同志诞生100周年纪念邮票首日封',上面有他父亲李葆华的印章和亲笔签名,而李宏塔手上一共也只有10张。对集邮爱好者来说,这是一份无价之宝,更何况是出自我的老领导之手。我在特别感动之余,想回送点礼品给他,但因毫无准备,只好两手空空地送他离开了我家。30多年来,李宏塔始终与我们这些老朋友保持着相得无间的君子之交,给我们树立了学习的好榜样。"

一个人用爱和尊重对待别人,才能赢得别人的爱和尊重,而李宏塔就是这样的人。在或长或短、或苦或甜的人生之路上,只有品格心性相似的人才会相遇相知,互为欣赏,并沉淀下来,成为一生的朋友。李宏塔的朋友圈不仅早已遍及五行八作、人数众多,而且随着他频繁的社会活动还在不断增加,但与朋友们相处的原则他始终坚持不变:既能有乍见之欢,更能经得起久处不厌;既能保持分寸感,又不会疏离;既能守住底线,又不至于淡薄;可以各自忙碌,又彼此牵挂、彼此惦记,简单又纯粹。他把党的群众路线核心内容融入交友待友的过程中,为朋友们树立了榜样。

第八章
老牛亦解韶光贵，不待扬鞭自奋蹄

> 由历史考之，新兴之国族与陈腐之国族遇，陈腐者必败；朝气横溢之生命力与死灰沉滞之生命力遇，死灰沉滞者必败；青春之国民与白首之国民遇，白首者必败。此殆天演公例，莫或能逃者也。
>
> ——李大钊《青春》

2021年6月29日上午10时，经中共中央批准，"七一勋章"颁授仪式在北京人民大会堂金色大厅隆重举行。

曾经担任过两届全国政协委员，十几次进出过人民大会堂的李宏塔，在自己年逾七旬之际再次走进人民大会堂，以"共产党人革命传统、优良家风的传承人，始终艰苦朴素、严于律己，在每个岗位上都践行党的根本宗旨，当好人民'勤务员'，树立了党员领导干部忠诚干净担当的典范"的评价，由习近平总书记亲自颁授"七一勋章"，心情是十分激动的。

作为中国共产党创始人之一李大钊的孙子，中共安徽省委原书记、中国人民银行原行长李葆华的儿子，李宏塔深知这枚勋章的分量。这枚勋章不仅是给自己的，也是给他整个家族的，更是给所有老一辈革命家后代的，是要他们把李大钊等老一辈革命家的革命传统不断传播开来，永远传承下去。

李宏塔感到了自己肩上责任的重大，他必须更加努力才行。

一、乐亭再出发

李宏塔是一个不爱出风头的人。退休以后,他除继续担任中华慈善总会顾问外,基本上闭门少出。平时除了坚持锻炼身体,得空的时候就是打打桥牌,下下围棋。

桥牌是从国外传入的活动,在中国兴起于"文化大革命"结束之后,主要是在知识分子圈子里流行。打桥牌要有"搭子",最大的特点是讲究配合、讲求逻辑,靠计算精准。而围棋在中国有久远的历史,雅俗共赏,老少咸宜,更是李宏塔家祖传的技艺。李大钊教李葆华手谈,李葆华不仅教李宏塔坐隐,而且还常常与孙子李柔刚对弈。围棋"始以正合,终以奇胜,最要变通,不宜执一",既重地,更重势,着眼大局,变化无穷。一中一西,中西合璧。这些对李宏塔的为人处事都是大有影响的。

自从李宏塔荣获"七一勋章"之后,他平静的生活便被打破了。各路记者,各个方面,通过各种渠道,纷纷来邀请他接受采访、对话、访谈、作报告。李宏塔既不能一概拒绝,也无法全部接受。他按照实际和可能,实事求是地加以处理。

鲁迅在《〈守常全集〉题记》中这样描述李大钊:"(他)给我的印象是很好的:诚实,谦和,不多说话。《新青年》的同人中,虽然也很有喜欢明争暗斗,扶植自己势力的人,但他一直到后来,绝对的不是。他的模样是颇难形容的,有些儒雅,有些朴质,也有些凡俗。"不得不说,血缘真是很奇妙的东西,这些描述用在李大钊之孙李宏塔身上,竟也如此恰当。但与鲁迅眼中的李大钊相比,李宏塔身上的谦和色彩更浓一些。当被《环球人物》记者问及荣获"七一勋章"提名的感受时,李宏塔说,这是对自己的鞭策,自己还"不够格",还需要努力。当提到他的红色后代身份时,他说,老子再红那是老子,爷爷再牛那是爷爷。这不值得夸耀,更不是资本,而是比其他人更重的责任。当记者就一些他从政时的闪光点提问时,他总是轻描淡写地说"这是该做的,没什么"。

在李宏塔看来,荣誉应该属于革命前辈。初心不忘,接续奋斗,才是我们这一代人应有的责任。他说,"近代以来,为了探求救国救民的道路,摆脱水深火热,中华民族的牺牲以千万计。回望我们党100年波澜壮阔的历程,多少前辈付出了自己的汗水、心血,甚至献出了生命,牺牲的共产党员有名有姓的就有100多万名,更别提无名英雄了。就是在这次授勋的29人中,也有3人已经牺牲或去世了。跟他们比起来,我仅仅是做了党员干部该做的事情。"

在回答《新京报》记者提问时,李宏塔说得更加平实:

新京报:对首次设立的"七一勋章",你觉得其意义是什么?

李宏塔:在中国共产党诞辰100周年这个节点,授予29位党员"七一勋章",这是为了激励全党奋勇向前。正如习近平总书记讲的,"在全党全社会形成崇尚先进、见贤思齐的浓厚氛围,激励广大党员、干部牢记党的性质宗旨,牢记党的初心使命,不懈奋斗,永远奋斗,在全面建设社会主义现代化国家新征程上,向着第二个百年奋斗目标、向着中华民族伟大复兴的中国梦奋勇前进!"

新京报:作为共产党创始人李大钊的嫡孙,安徽省委原书记李葆华的儿子,你觉得自己继承了他们的哪些优良传统?哪些你觉得自己还做得不够?

李宏塔:党的好传统、好作风很多。你不能说是完全继承了、做到了,我们做得不够的还有很多。比如,毛泽东同志提出的"两个务必"(即:务必使同志们继续地保持谦虚、谨慎、不骄、不躁的作风,务必使同志们继续地保持艰苦奋斗的作风),以及党的宗旨"全心全意为人民服务"……这些都是对我们每个党员干部提出的要求。就像我们的反腐败斗争,永远在路上,不能停步。对这些党的好传统、好作风的传承也是永远在路上,不能丢。

新京报:古话说"人生七十古来稀",现如今活到100岁也很正常。你还希望自己再做点什么?

李宏塔:这次获得"七一勋章"的人中就有10位是90岁以上的。我们建立了退休制度,咱就要按党的要求,到退休年龄了就退休,不给年轻人添乱。按中央要求，退休的高级干部不能再担任领导职务了。我之前在中华慈善总会当副会长，现在也不当了。但社会上需要做的事还有很多，社会组织也很多。允许我做志愿者的，我就去做志愿者。有些活动可以参加的，我就去参加。多做点工作，做点对社会有益的事。

对李宏塔来说，获得"七一勋章"后最大的心愿，就是亲手将象征党内最高荣誉的"七一勋章"送回祖父、父亲的出生地，献给河北乐亭的乡亲，捐赠给李大钊纪念馆。

2021年7月14日，离荣获"七一勋章"不过半个月，李宏塔夫妇便回到故乡河北省唐山市乐亭县。

下午14时30分，乐亭县李大钊纪念馆报告厅内座无虚席。与共和国同龄的李宏塔健步走上主席台，双手将"七一勋章"交到中共乐亭县委书记李轶手中。

李轶书记发表了热情洋溢的讲话。他说："今天，李宏塔先生将饱含一生荣誉的'七一勋章'捐赠给李大钊纪念馆，不仅体现出对大钊先辈的崇敬之情，更表达了对大钊故里的殷切期望。"他表示，这枚宝贵的"七一勋章"，生动体现了中国共产党人的高尚品质和崇高精神，必将成为新时代深刻阐释大钊精神的重要载体，必将对学习弘扬大钊精神产生深远影响，必将更加激励大钊后人和家乡儿女见贤思齐、奋勇争先。作为大钊故乡人，一定要以李宏塔同志为楷模，以弘扬大钊精神为己任，进一步振奋精神，鼓舞士气，改革创新，锐意进取，在全县上下唱响"大钊故乡党旗红"的主旋律，奋力书写"大钊故里、滨海强县"的新篇章。

2021年11月，李宏塔和夫人赵素静应中央电视台《故事里的中国》节目组邀请来到北京大学红楼。

原创大型文化节目《故事里的中国》，是在中共中央宣传部的指导下，由中央广播电视总台央视综合频道联合央视创造传媒、中国国家话剧院共同打造的。定于12月5日晚8点档播出的第三季第二期，通过多位嘉宾的视角，从革命先驱李大钊的"铁肩担道义，妙手著文章"，到说出"我们只有一个权力，就是为人民服务"的李葆华，再到"视孤寡老人为父母、视孤残儿童为子女、视民政对象为亲人"的"七一勋章"获得者李宏塔,讲述了一家三代人如何坚守革命信仰、赓续精神血脉、传承百年"守常"家风的故事。节目除了通过戏剧舞台带领观众重返峥嵘岁月,还特别邀请李宏塔走进百年北大红楼,讲述李大钊的"播火"故事,并和北京大学"大钊班"的青年学子一起诵读《青春》选段,展望新的时代。

节目录制结束后,李宏塔应邀在红楼进行了参观交流。他感慨地说,自己曾多次路过五四大街,都是隔着围墙看红楼。这一次终于推开了百年时光之门,可以亲眼看一看祖父曾经工作过的地方了。"我可以从我父亲身上,看到祖父的样子。父亲跟着祖父学,我就跟着父亲学,一代一代往下传。"首次走进祖父曾经的办公室,李宏塔讲述了自己对红色家风的理解。

中国共产党早期北京革命活动纪念馆常务副馆长杨家毅向李宏塔汇报了纪念馆开馆以来的各项工作,并陪同李宏塔参观了"李大钊办公室旧址复原""五四游行筹备室""播火者李大钊"等展厅。一件件当年珍贵的老物件,一幅幅耐人寻味的老照片,一段段惊心动魄的故事,把李宏塔的思绪拉回到祖父李大钊所处的"觉醒"年代。他仔细阅读李大钊亲笔批阅的试卷,赞叹试卷字迹之工整、书法之美观,并动情地为在场人员讲述墙上照片背后的生动故事。在李大钊先生铜像前,李宏塔望着祖父的面容,驻足良久。他再次嘱咐身边的年轻同志,一定要不忘初心,牢记使命,在新时代不懈拼搏,认真工作,在中华民族伟大复兴的中国梦新征程上砥砺前行,努力奋进。

李宏塔对纪念馆的工作给予了高度评价。杨家毅代表北大红楼向李宏塔赠送了有关研究资料并合影留念。

2021年底,李宏塔在接受《解放周末》采访时说:

> 2021年,对我来说是浓墨重彩的一年。无论是6月29日,在人民大会堂从习总书记手中接过"七一勋章"的那一刻,还是7月1日中国共产党百年华诞,在天安门广场见证历史性盛典的那一刻,我都激

动万分、心潮澎湃。

正是无数和祖父一样的革命志士,在惊涛骇浪中坚定前行,使星星之火顽强不灭,让历尽劫难的中华大地换了人间。今天,华夏大地欣欣向荣,祖父百年前的梦想,如今正在实现。

在这100年间,多少前辈付出了血汗,甚至牺牲了生命。跟他们比起来,我仅仅是做了一名党员干部该做的事情。我长期在民政领域工作,民政工作用两句话来概括就是"为党和政府分忧,为困难群众解愁"。虽然干民政是辛苦的,但我们多一点辛苦,群众就会少几分痛苦,何乐而不为?退休后,我仍然担任中华慈善总会顾问。慈善工作是直接为最困难的群众服务,能为慈善事业尽心竭力是我晚年的一件幸事。

一代人有一代人的使命和担当。把历史故事讲给现代人听、把革命故事讲给年轻人听,坚持弘扬伟大建党精神、赓续红色血脉,也是我退休后一直在做的事情。

前几个月,我陪夫人来上海看病,参观了中共一大纪念馆,还去了上海大学。98年前,在上大的讲堂里,李大钊积极传播马克思主义的唯物史观,并深情寄语青年学子:"黄金时代,不在我们背后,乃在我们面前;不在过去,乃在将来。"这次,我为上大师生作《李大钊清廉家风代代传》专题报告,回顾了祖父清正廉洁、以身作则的优良家风,也讲述了自己追随祖辈、父辈坚守初心、牢记使命的一些人生经历与感触,希望能对今天的青年学子有所启迪。

说到上海,我和上海也颇有缘分。12岁那年,我跟父母来到上海,读了一年小学、一年初中,至今上海人讲话我都能听懂,还能说一些上海话。那个时候,全国还是比较困难的,上海的经济已经相对活跃。印象中,徐家汇的农贸市场里,鸡、鱼、肉、蛋什么都有。上海与安徽同处长三角,如今,在长三角区域更高质量的一体化发展中,两地合作交流更加紧密。希望上海这个"龙头"能全力引领,安徽也能强势奔跑,积极探索新发展格局。

> 新的一年，从国家到个人可能会面临许多挑战。我认为，挑战越多、压力越大，好的传统、好的作风越是不能丢。对我们党而言，群众路线更是不能忘。人民群众的智慧和力量调动起来以后，一定没有什么克服不了的困难。

李宏塔这番咬钉嚼铁的铮铮誓言充分展现了他的心路历程。

在与《解放周末》记者对话的过程中，李宏塔不时地回忆起7月1日登上天安门那令人难忘的情景。

7月1日上午，庆祝中国共产党成立100周年大会在北京天安门广场隆重举行，各界代表7万余人以盛大仪式欢庆中国共产党的百年华诞。李宏塔和其他"七一勋章"获得者被邀请登上天安门城楼观礼。在天安门城楼上，李宏塔等看到天安门广场上，人民英雄纪念碑巍然耸立。纪念碑北侧，高7.1米、宽7.1米的中国共产党党徽和"1921""2021"的字标格外醒目。广场东西两侧，100面红旗迎风招展。庆祝大会开始前，全场高唱《唱支山歌给党听》《我们走在大路上》《新的天地》《没有共产党就没有新中国》等经典歌曲，抒发对党的热爱和祝福。

在这次庆祝大会上，习近平总书记在天安门城楼主席台发表了重要讲话。李宏塔在天安门城楼上认真聆听着习总书记铿锵有力的讲话，反复重温着自己的初心使命。他牢牢记住了习总书记所说的"以史为鉴、开创未来"才能使我们党继续成功的"八个必须"，牢牢记住了习总书记代表党中央向全体共产党员提出的号召："永远保持同人民群众的血肉联系，始终同人民想在一起、干在一起，风雨同舟、同甘共苦，继续为实现人民对美好生活的向往不懈努力，努力为党和人民争取更大光荣。"

2022年清明期间，李宏塔和夫人赵素静专程来到北京，到西郊香山脚下万安公墓拜祭祖父母和父母亲。这也是李大钊的后人们一年中难得相聚的日子。

李大钊烈士陵园位于万安公墓中央，坐西朝东，是在20世纪30年代万安公墓主体建筑基础上改建的一座庭院式仿古建筑。正门迎面有可容五六百人活动的广场，可仰见2米高的李大钊汉白玉雕像。雕像背后是李大钊及夫人赵纫兰墓地，墓后有一座宽4米、高2米的青花岗石纪念碑。碑的正面镌刻着邓小平书写的题词："共产主义运动的先驱伟大的马克思主义者李大钊烈士永垂不朽"。碑的背面是中共中央为李大钊烈士撰写的碑文，全文2 000余字，高度概括了李大钊光辉的一生和永垂不朽的业绩。碑文指出：李大钊同志是中国最早的马克思主义者和共产主义者，是中国共产党的主要创始人之一。他对中国人民的解放事业，对马克思主义的信仰和无产阶级的革命前途无限忠诚。他为在我国开创和发展共产主义运动的大无畏的献身精神，永远是一切革命者的光辉典范。院内两侧，还分别立着党和国家领导人朱德、陈毅、林伯渠、何香凝、邓颖超、李先念、陈云等缅怀李大钊烈士的18块题词石刻。陵园正殿为李大钊烈士革命事迹陈列室，陈列烈士生前的遗物、遗墨和照片。移灵中发现的1933年4月北平各革命团体为李大钊举行公葬的墓碑"中华革命领袖李大钊同志之墓"也陈列于此。在陵园西南的原墓地，仍竖立着当年刘半农为李大钊撰写的墓碑。广场和墓地三面绕以成林的翠竹，更添青春和永恒的色彩。

　　祭扫过祖父母和父母亲陵墓后，李宏塔夫妇又来到中国共产党历史展览馆，缅怀祖父李大钊，接受精神洗礼，汲取奋进力量。

　　在中国共产党历史展览馆，李宏塔在"不忘初心、牢记使命"展区停留良久。他表情严肃，目光沉静，似乎在思考着什么。当李宏塔得知清明节期间有很多学生和青年人前来观展，不禁感慨道："每一代人有每一代人的责任，青年是祖国的未来、民族的希望，了解党的历史有助于他们成长为有理想、有志向、有担当的新一代。"他还说："在清明节这样特殊的时刻来到党史展览馆参观，更加感受到今天的幸福生活是老一辈革命家用流血牺牲换来的，我们要不忘过去，珍惜当下，更要努力开创未来。"

　　2022年4月4日，李宏塔在家人的陪同下来到北京大学。在北大俄文楼前，望着李大钊先生的半身青铜雕像，仿佛能看到这位曾经身穿白色帆布西装、佩戴玄色领带，态度和蔼的学者的风采。"铁肩担道义，妙手著文

第八章　老牛亦解韶光贵，不待扬鞭自奋蹄

2023年清明节，李宏塔（右二）、李亚中（左二）和亲友们到李大钊烈士陵园祭扫

章",他用新锐的思想为北大学子指明了通往理想的方向。

北京大学与李大钊有着密切的关系,对李大钊的家人有过特殊的帮助。李大钊牺牲时,夫人赵纫兰体弱多病,生活无着。除长子李葆华已经长大成人,在北大校长蒋梦麟支持下,由周作人、沈尹默等安排赴日留学外,大女儿李星华仅15岁,次女李炎华7岁,次子李光华4岁,幼子李欣华只有几个月大。在周作人、沈尹默、胡适等人努力下,1931年夏,李星华和李炎华回到北京复学,分别进入孔德学校初中部和小学部就读。针对李大钊家中的困境,在胡适等人协助下,蒋梦麟敢于担当,不仅及时支付了李大钊的欠薪,还从那时起每月支付给赵纫兰50元作为生活补助。后来有人提出反对,蒋梦麟断然说:"要是谁能如李一样为主义而死,学校也会给他遗属钱。"为了进一步帮助赵纫兰和孩子们,周作人找蒋梦麟、胡适商议,请北大将李大钊留下的书籍全部买下。蒋梦麟完全同意,但认为这恐怕还不够,于是又提出了更好的设想。他认为光卖书卖不出多少钱,根本不顶用,不如改为老朋友们集资买下来,赠给北大图书馆,一来为李大钊留个纪念,二来也能多募集些钱来帮助赵纫兰。无论是站在当年还是今天的角度看,蒋梦麟的这个建议都是最智慧、最情深义重的。

2022年7月2日下午,李宏塔应邀正式访问北京大学。中共北京大学党委书记郝平、副校长王博在临湖轩会见了李宏塔,对李宏塔一行的到访表示热烈欢迎。郝平表示,李大钊在北大工作、研究和战斗了近十年,率先在中国介绍、宣传和研究马克思主义,对中国共产党的创建作出了至关重要的贡献,为民族独立和人民解放、国家富强和人民幸福建立了不朽功勋,铸就了北大的红色基因与光荣传统。李大钊同志的崇高精神和风范激励了一代代北大人始终与祖国和人民共命运,与时代和社会同前进,在各条战线上为我国革命、建设、改革事业拼搏奉献。北京大学将进一步传承红色基因,赓续红色血脉,将李大钊同志的精神和思想学习好、研究好、践行好。他欢迎李宏塔常来北大,为学校弘扬李大钊精神、加强李大钊研究提供更多的指导和支持。

李宏塔表示,北京大学是中国马克思主义的发祥地,是中国最早传播

第八章 老牛亦解韶光贵,不待扬鞭自奋蹄

在北京大学校园内与北大领导合影

和研究马克思主义的地方,是中国共产党早期重要的活动基地,为马克思主义在中国的传播和中国共产党的成立作出了重要贡献,也是马克思主义理论中国化与思想政治教育的诞生地。祖父李大钊从1917年受聘北大,到1927年4月就义,在北京大学度过了生命历程中最宝贵最辉煌的10年。"南陈北李,相约建党",作为中国共产党创始人之一,李大钊在北大树立起了马克思主义大旗。"铁肩担道义,妙手著文章"的铮铮誓言是李大钊光辉一生的写照。李宏塔希望北大青年学生传承好李大钊的"精神遗产",用红色血脉激励自己,回答好新时代给出的新问卷。

李宏塔一行向北京大学校园内的李大钊塑像敬献了花篮。接着,来到马克思主义学院,参观了"共命运,同前进"主题展览。展览详细介绍了从北大最早开始研究和传播马克思主义,到全国第一家马院成立,再到新时代北大马院的发展历程,特别是李大钊、陈独秀、毛泽东等在北京大学教学和学习期间所做的理论和实践的积累,为马克思主义在中华大地上播下了蕴含强大生命力的种子。

李宏塔还与马克思主义学院负责人和"大钊班"本科生代表进行了座谈交流。

北京大学马克思主义学院成立于1992年,是全国首家马克思主义学院。2018年开设马克思主义理论本科专业,并设"大钊班"本科班,完善马克思主义理论人才培养体系,着力培养具有坚定政治信仰和深厚学术素养的青年马克思主义者。

二、义不容辞的传播者

李大钊从容就义前,满怀信心地说:"我们已经培养了很多同志,绞死我,绞死不了共产主义。我们的同志像红花的种子,撒满祖国各地。我深信共产主义,在世界、在中国,必然要得到光辉的胜利。"正如其所言,在中国共产党领导下,中国革命取得了胜利,中国共产党的队伍也不断得以壮大,时至今日,已有9 600多万名党员,他们遍布祖国各地,在新时代继续为实现共产主义贡献着自己的力量。

作为李大钊的孙子,李宏塔更是义不容辞。他深知,未来将是一段继续向前永不停步的旅程。"尽管我已退休,但今后不仅要把党的好传统、好作风永远传承下去,而且还要不断弘扬起来,尽自己所能,当好一个传播者,做好我应该做的工作。"

2021年9月1日,又是一年开学季。由中共中央宣传部、中央党史和文献研究院、国家教育部、中央广播电视总台联合主办的《开学第一课》节目,于晚八点黄金时段在央视综合频道(CCTV-1)正式开播。

恰逢庆祝党的百年华诞,李宏塔等9位"七一勋章"获得者以"理想照亮未来"为主题,通过《开学第一课》这一平台,从祖国各地为全国中小学生送来了开学寄语。一个又一个真挚动人的故事,抒写了一幅可歌可泣的百年画卷:从坚持真理、坚守理想的李大钊、毛泽东、陈望道,到不怕牺牲、英勇斗争的革命烈士方志敏、蓝蒂裕;从立志用知识建设祖国的核动力专家彭士禄,到三代传承为国守边的拉齐尼一家;从践行初心的闽宁第一批移民谢兴昌,到用教育改变大山女孩命运的"七一勋章"获得者张桂梅校长,以及奋力拼搏、为国争光的航天员、飞行员、奥运健儿等新时代奋进者群像,无不用榜样的力量引导激励广大青少年坚定理想、发愤图强,努力成长为担当民族复兴大任的时代新人。

2021年《开学第一课》第一篇章以"理想是火,点燃革命热血"为主题,从一本距今已有101年历史的《共产党宣言》中文全译本展开故事讲述。正是这本已经微微泛黄、仅有56页的小册子,指引着李大钊、毛泽东等早期共产党人探索救国救民之路,点燃了百年来无数革命志士追求理想与信仰之火。

"春日载阳,东风解冻……背黑暗而向光明,为世界进文明,为人类造幸福,以青春之我,创建青春之家庭,青春之国家,青春之民族,青春之人类,青春之地球,青春之宇宙,资以乐其无涯之生……"这是李大钊在105年前发表于《新青年》上《青春》一文中写的话。在讲述了李大钊用生命捍卫共产主义理想的故事之后,作为李大钊的孙子,李宏塔携弟弟李亚中应邀与《开学第一课》的观众分享了祖父少为人知的故事。

李大钊生前每月收入有200多块大洋，他却把大部分收入投入到革命事业中。李大钊牺牲后，只给家里留下了一块大洋。李宏塔表示，祖父留给他们最珍贵的是精神财富，"我们最大的权力，就是要为人民服务！"作为"七一勋章"获得者，他用实际行动践行着红色信仰的传承。

除了在电视台接受采访，接受报社记者的采访，李宏塔更多的是应邀走进机关、企业、学校、农村。深入基层，与普通的工人、农民、知识分子、基层干部对话，是李宏塔在安徽团省委、民政厅工作时就养成的习惯，因此仍然是他接受邀请宣传革命传统时考虑的标准之一。

大别山革命老区，是中国工农红军第一军和红军第四方面军诞生的摇篮，是刘邓大军千里跃进大别山落脚的根据地，也是长期发展缓慢的贫困地区。

李宏塔知道，红四方面军和鄂豫皖革命根据地的实际领导者张国焘是李大钊在北京大学的学生。曾经在大别山区战斗牺牲的红一军军长许继慎、中共安徽省委书记王步文等都曾亲耳听过李大钊的演讲和报告。李葆华在安徽工作时，也曾把很大的精力放在促进大别山区的发展上。李宏塔在安徽省民政厅工作时，大别山区各县更是他扶贫救灾经常光顾之地。直到他退休之后，老区人民的生活仍是他心心念念之事。

李宏塔始终认为，老区人民为革命胜利作出了那么大的贡献和牺牲，我们永远不能忘了他们；全国人民奔小康，实现共同富裕，我们千万不能把他们落下。因此，当中共安徽省邮政管理局党组书记、局长伍洲文邀请他到金寨县出席安徽邮政快递业党史学习教育基地揭牌时，他便爽快地答应了。

金寨是有名的将军县，作为红二十五军发源地，金寨共走出了59位将军，其中最为大家熟知的是洪学智将军。抗战期间，仅有23万人口的金寨，就有10万儿女参军参战。位于汤家汇镇中心红军街上的赤城邮政局旧址，是目前全国仅存的两所赤色邮局旧址之一。

1930年初，鄂豫皖苏维埃政府在汤家汇镇设立赤城赤色邮政局，也被称为"红色邮局",这是安徽省境内第一个苏区邮政机构,也是革命根据地最早建立的邮政机构之一。到1932年10月,在两年九个月的时间里,红色邮局担负着为红色政权和红军战士发行报刊、邮寄信件、传递文件等任务。这些在今天看来轻而易举的事,在战争年代却充满了危险。为了安全将信件送达,赤色邮局的工作人员创造了各种文件传递的秘密方式。每一封送出的书信,都包含着难以想象的困难和艰险。赤色邮政局的三任局长均先后被敌人杀害,在送信途中牺牲的通讯人员更是数不胜数。如今,在赤色邮局展厅里,有两件珍贵的国家一级文物:两封由红军战士卢炳银家人冒死留下的家书。信件保存完好,信封上所盖的赤色邮戳,是革命战争时期赤色邮政事业的见证,也是全国苏区红色邮政机构至今留存下的唯一印记。

2021年4月12日上午,安徽邮政快递业党史学习教育基地揭牌暨"走邮路,看安徽"主题宣传活动启动仪式在六安市金寨县汤家汇镇"赤色邮局"广场举行。

说起来,李宏塔与中国邮政还是有一点关系的。他曾担任过中华全国集邮联合会第五届、第六届、第七届理事,这次出席启动仪式,也可以说是分内的事。

邮政快递业是国家重要的社会公用事业,是服务生产生活、促进消费升级、畅通经济循环的现代化先导性产业,对促进革命老区经济发展、方便群众生活意义重大。在革命老区金寨县汤家汇镇"赤色邮局"现场举办安徽邮政快递业党史学习教育基地揭牌暨"走邮路,看安徽"主题宣传活动启动仪式,有利于促进传承"赤色邮局"精神,激励一代又一代的邮政快递工作者,推动安徽邮政快递业高质量发展,共同谱写"一轴一带多点"的安徽邮政快递业发展的新格局、新华章。

事实也正是如此。令人欣慰的是,邮政快递业的发展,完善了电子商务进农村的基础条件,对于汤家汇镇结合红色基因传承和红色旅游开发,发展独具特色的电子商务提供了可能。

如今的红军街,围绕"红色"这一主题,利用既有的50余间门面房,初步建成了电商一条街，目前已有真思土、供销e家、上街去等电商和汤家汇镇近30家与电商链接的新型农业经营主体入驻电商一条街。主要通过电子商务销售汤家汇镇地方农副土特产品、红色旅游产品、红色纪念品，推介汤家汇镇红色文化，把红色历史、红色文化和绿色资源融入电子商务，实现电子商务与红色旅游的结合，为革命老区人民脱贫致富做了一件实事。

2022年9月20日上午，李宏塔又一次应邀到大别山另一个革命老区岳西县，出席"百名传邮人，万里民心路"主题宣传暨安徽省邮政快递业大别山党建教育基地揭牌仪式。

岳西县是大别山区唯一的纯山区县，一直是大别山区29个国家级贫困县中贫困面最大、贫困程度最深的县份之一。早在1924年，岳西境内就有中国共产党的活动，1927年建立起了中共党的地方组织。中共安徽省委首任书记王步文烈士就出生和战斗在岳西。土地革命时期，岳西是鄂豫皖革命根据地的重要组成部分，红34师在这里组建，红25军在这里驻扎，红11军、红27军在这里战斗，红28军在这里重建。战争年代，岳西牺牲的烈士和死难群众达4万余人，约占当时总人口的四分之一。

揭牌仪式在岳西县王步文故居举行。李宏塔和中共安徽省邮政管理局党组书记、局长伍洲文，安徽省邮政公司党委书记、总经理刘支宇，安徽新媒体集团党委书记、董事长、总经理章理中，安庆市副市长唐厚明，岳西县委副书记、县长何斌，副县长储今胜出席仪式。李宏塔和唐厚明共同为"安徽省邮政快递业大别山党建教育基地"揭牌，刘支宇和章理中共同为"百名传邮人，万里民心路"主题宣传图片展揭展。

伍洲文、刘支宇和何斌先后致辞。伍洲文对长期以来关心支持邮政快递业发展的各界人士表示感谢。他指出，邮政快递业自诞生之日起，就蕴含着深厚的红色血脉。近年来，全省邮政快递业扎实践行"人民邮政为人民"的初心使命，不断提升服务质效，持续优化群众用邮体验。从"快递下乡""邮政在乡"工程，到快递服务行政村全覆盖，所有建制村直接通邮。快递服务群众满意度始终位居全国前列。人民群众用邮的获得感、幸福感、安全感显著增强。伍洲文号召邮政快递业职工,沿着革命先辈的足迹,从新的历史起点出发,以高效能治理推动行业高质量发展,在建设现代化美好安徽的新征程中展现更大作为。

刘支宇指出,中国邮政作为党执政兴国的重要物质基础和政治基础,始终心怀"国之大者",秉承"人民邮政为人民"的服务宗旨,坚决贯彻落实中央决策部署,服务国家重大战略,有力践行央企的经济责任、政治责任和社会责任。全省邮政广大党员干部要充分用好安徽省邮政快递业大别山党建教育基地的红色教育资源,大力营造奋进新征程、建功新时代的浓厚氛围,为加快建设经济强、格局新、环境优、活力足、百姓富的现代化美好安徽不断贡献"邮"力量。

何斌表示,在岳西设立"安徽省邮政快递业大别山党建教育基地",对于赓续大别山红色血脉,弘扬大别山革命老区精神,提高邮政快递行业为民服务的能力和水平具有重要意义。岳西将以此为契机,充分发挥物流体系作用,进一步激活岳西邮政行业的创新活力和发展潜力,加快构建现代物流体系,助力岳西经济社会高质量发展。

"百名传邮人,万里民心路"主题宣传活动围绕"传递美好,便民'邮'我""乡村振兴,惠农'邮'我""使命必达,担当'邮'我""高效低碳,绿色'邮'我"四大主题,用100个人物故事,全面反映安徽邮政经营、管理、生产等各个领域的新发展、新成效,全景展现广大邮政干部职工守正创新担使命、凝心聚力谋发展的新风貌、新气象,充分体现安徽邮政作为寄递行业"国家队"的责任担当。

李宏塔虽然没有发言,但他用自己的行动表达了对赓续大别山红色血脉、弘扬大别山革命老区精神的支持,表达了对以高效能治理推动行业高质量发展,更好地为老区人民生产、生活提供优质服务的赞赏。

2021年11月23日,李宏塔和夫人赵素静应邀来到上海恒源祥集团访问,受到恒源祥集团董事长兼总经理陈忠伟、集团党委书记顾红蕾和广大员工的热烈欢迎。

在一楼文化展厅,青年员工代表向李宏塔一行讲述了恒源祥的企业文化、公益项目、非遗传承、体育事业赞助中的小故事。

在以青年员工为主的交流座谈会上，陈忠伟董事长介绍了恒源祥品牌的历史，以及在不同发展阶段，面对新的社会发展趋势，适应新的市场需求，开拓转型，在经营品牌的同时，坚持承担企业社会责任，坚持支持体育事业、公益事业，践行"爱党、爱国、爱恒源祥"理念的做法和体会。

恒源祥1927年创立于上海，是一家历史将近百年的老企业。其产品涵盖绒线、针织、服饰、家纺、童装等大类，是全球最大的绒线制造商。特别值得一提的是，恒源祥在热心公益事业方面成绩尤其突出。

1956年，恒源祥完成私有制改造成为国营企业后，就一直十分注重树立品牌形象。特别是2001年恒源祥完成管理层收购，开始了现代企业品牌经营之路后，连续获得"中国十大公众喜爱商标""亚洲品牌500强""全国工业品牌培育示范企业""国家火炬计划重点高新技术企业""影响中国公益100家企业"等荣誉称号，先后成为2008年北京奥运会赞助商、中国奥委会合作伙伴、2022年北京冬奥会和冬残奥会官方赞助商，并成功地为北京、伦敦、里约3届奥运会中国体育代表团打造礼仪服饰，在东京奥运会和北京冬奥会期间为国际奥委会成员及工作人员提供官方正装。

恒源祥所在社区——"申城第一居委"中共黄浦区外滩街道宝兴居民区党总支书记、全国优秀党务工作者徐丽华也应邀来到现场，并讲述了宝兴社区从1949年创立至今，从"福利会"到居委会，从解决居民日常生活琐事到动迁后人户分离党员管理的探索，一脉相承地把居民当亲人，为人民谋福利的初心和使命。

李宏塔对恒源祥集团和宝兴社区热心公益、服务群众的做法表示钦佩和赞扬。他回忆起自己2009年在担任安徽省政协副主席时亲自参加恒源祥举办的"恒爱行动"的情况。

"恒爱行动"是由中国儿童少年基金会和恒源祥集团有限公司联合发起，通过儿基会、妇联组织以及恒源祥联合体各地分会的经销点协同，开展以招募爱心父母为孤残儿童编织爱心毛衣为主体，以关心孤残儿童身、心、灵的健康成长为核心，同时宣传恒爱精神，传播编织文化，并号召全社会搭建平台来帮助和关爱孤残儿童生存发展的活动。活动自2005年启动、2006年正式命名后,点燃了埋藏在无数人心中的爱,在社会上引起了强烈反响,爱心志愿者参与踊跃,不论性别、不论年龄、不论身份,通过细细的爱心毛线将大家的爱串联起来,凝聚起来,形成了一股温暖的巨大的爱心力量。

时隔16年,"恒爱行动"为孤残儿童、困境儿童捐赠的爱心毛衣已从当年的21 256件,累计增加到如今的123万件。爱心有恒,源远流长,祥和互助,不断传递。抚今追昔,令人感慨。

李宏塔欣然在自己当年参加活动的照片后面签上了姓名。

李宏塔表示,一代人有一代人的使命和担当。他的祖辈,经历了民族危亡的年代,集结了一批先进分子开天辟地,救国救民,创建中国共产党,将马克思主义引入了中国;他的父辈经历了战争年代,为社会主义建设和改革开放做贡献;而他作为与共和国同龄的党员干部,长期奔走于基层,投身于群众工作,了解和解决广大人民群众的急难愁盼,团结、教育、带领、依靠群众,做好新发展形势下的基层工作,助力脱贫攻坚,为社会主义强国的建设目标和走向共同富裕履行责任。

一名恒源祥集团公益慈善中心的员工谈到对李宏塔的名言"视孤寡老人为父母、视民政对象为亲人、视孤残儿童为子女"的认识,并征求李宏塔对新一代年轻人参加公益、服务社会、服务群众的建议和期望。

李宏塔把目光转向坐在后排的六支部书记蔡怡婷等年轻职工,动情地说,世界归根结底是你们这些年轻人的,希望在你们身上。你们年轻人一定要有理想,能实干,敢担当,善作为。李宏塔鼓励年轻人努力学习,多读书,多钻研专业技术,练好过硬本领,多参与志愿者活动,多投入公益慈善事业,多联系服务群众,多关心帮助弱势群体,在广阔的新时代将恒源祥"我为人人"的优良传统发扬光大,早日承担起企业和国家的重任,为恒源祥,为上海,为中国作出应有的贡献。

中共恒源祥集团党委书记顾红蕾感谢李宏塔对企业党建工作的指导。她表示,通过对社区老人的关怀,对可可西里生态发展的关注,通过面向全国、走向世界的"恒爱行动",恒源祥将继续以党建引领,坚持贯彻全心全意为人民服务的宗旨,不断为企业、为员工创造新价值,为社会作出新贡献。

三、小车不倒只管推

2022年6月29日至30日,中国共产党安徽省代表会议在合肥召开。会议选举产生了57名安徽省出席中国共产党第二十次全国代表大会的代表,已经退休的李宏塔名列其中。

10月16日,李宏塔作为中共安徽省代表团的一员,出席了在北京举行的中国共产党第二十次全国代表大会,认真行使了作为一名党代表的政治责任。

中共二十大闭幕后,李宏塔立即随安徽代表团回到合肥。

当时,合肥新冠疫情的防控形势依然十分严峻,但已有许多地方和单位争着邀请李宏塔前去传达解读二十大精神了。李宏塔克服疫情封控等种种困难,首先到自己曾经工作过的安徽省政协机关介绍了二十大会议的盛况和主要精神,汇报了自己参加二十大的过程和体会。

进入11月,疫情形势有所缓解。由于要出席上海大学董事会年会,加上好几个驻沪央企邀请,李宏塔和夫人赵素静乘高铁来到上海。

2022年11月10日下午,中共上海大学党委召开理论学习中心组(扩大)学习会,邀请李宏塔与上海大学学习党的二十大精神宣讲团成员、马克思主义学院守常党支部指导教师张富文教授,联袂解读党的二十大精神。会议由校党委副书记欧阳华主持。学校中层干部学习贯彻党的二十大精神专题培训班学员、第三期校院治理成效提升暨第六期办公室主任培训班学员及学校各学院、部处宣传员参加学习会。

李宏塔以"发展全过程人民民主,保障人民当家作主"为题开展宣讲。他指出,这个题目是二十大报告第六部分的标题,鲜明地体现了必须坚持人民至上。

第八章　老牛亦解韶光贵，不待扬鞭自奋蹄

2022年11月13日,在上海大学党委中心组(扩大)学习会上传达中共二十大精神

李宏塔介绍说，党的十九大以后，2019年11月，习近平总书记在上海考察虹桥街道时首先提出："我们走的是一条中国特色社会主义政治发展道路，人民民主是一种全过程的民主。"这种提法也是针对西方制度的回应。

到2021年，"全过程人民民主"的理念席卷了中国各主流媒体。《中国的民主》白皮书指出："全过程人民民主实现了过程民主和成果民主，程序民主和实质民主，直接民主和间接民主，人民民主和国家意志相统一。"2021年，习近平在庆祝中国共产党成立100周年大会上强调，要"践行以人民为中心的发展思想，发展全过程人民民主"。党的十九届六中全会通过的《中共中央关于党的百年奋斗重大成就和历史经验的决议》把"发展全过程人民民主"作为新时代中国特色社会主义思想的重要内容纳入"十个明确"之中。这次党的二十大报告以独立篇章专门论述全过程人民民主，这是马克思主义中国化、时代化的最新成果。我国已经在中国共产党的领导下发展出自己的民主模式——全过程人民民主——全链条、全方位、全覆盖的民主。

李宏塔说，人民性是马克思主义最鲜明的品格，人民立场是马克思主义政党的根本政治立场。任何一项伟大事业要成功，都必须从人民中找到根基，从人民中积聚力量，由人民共同来完成。要坚定不移地深深扎根人民，始终敬仰人民，无限热爱人民，矢志造福人民，紧紧依靠人民，团结引领人民。人民至上，是中国共产党性质宗旨的集中体现，是"人民是历史创造者"的唯物史观的集中体现，是新时代中国特色社会主义思想的鲜明特征和理论品格。

11月11日，李宏塔携夫人赵素静在回母校上海市第五十四中学访问后，又应中建八局上海公司第二分公司经理任培文、副经理罗召光之约，先后到上海西岸金融城、徐汇滨江建设者之家党群服务站和中建八局上海公司金融城项目部工友之家考察调研。中建八局党委副书记、工会主席于金伟参加调研。

李宏塔沿途分别听取了罗召光和西岸金融城项目经理赵凯对建设中

的上海西岸金融城的简单介绍。作为徐汇区"十四五"重点项目,西岸金融城坐拥1.4公里滨江岸线,280米的滨江天际线,以金融产业为驱动,以"金融、时尚、旅游、文化、艺术"为五大核心定位,将整合全球最优质的资源,实行氛围先行、政策配套、机构聚合、生态链接,体现世界级规划理念,承载现代化国际大都市核心功能,构建多元共生的复合业态系统,成为新的国际金融中心增长极。

在位于龙水南路的徐汇滨江建设者之家,李宏塔一边认真观看、询问,一边兴致勃勃地与被称为"宝宝阿姨"的建设者之家党支部书记蔡莉萌交流互动。

据介绍,2016年7月设立的徐汇滨江建设者之家是中共徐汇区委、龙华街道党工委和西岸集团党委根据中央、市委群团改革的要求,立足滨江开发实际和建设者的基本需求,在区工、青、妇组织和中建八局、上海建工等建设单位以及绿洲食物银行等爱心企业支持下设立的上海市首个扎根工地、服务建设者的示范性基层群团工作站,为徐汇滨江区域内项目工地上工作生活的7 000多名来沪建设者(高峰期超过10 000人)提供一站式、多元化的服务。

建设者之家主体由一个半开放空间和一幢二层小楼组成,建筑面积约600平方米,设有便民超市、公共会客厅、法律服务站、卫生服务站、阅读空间、多功能活动室等服务区域,还引入"云医院"服务让建设者通过互联网与医生"面对面"问诊,帮助工地建设者解决工作和生活上的困难,满足他们多元化的日常生活需求。此外,建设者之家还为建设者提供电影放映、无线上网、报刊借阅等文化服务,节假日安排爱心集市、便民服务、文艺演出等,丰富建设者的精神文化生活。特别是在2022年3月之后,在因防控新冠疫情长达85天的工地封闭管理期间,已经70岁的"宝宝阿姨"带领社工志愿者直接参与一线抗疫工作,并承担起19个工地23个地块人员信息第一时间上报,保供物资搬卸、配送发放,组织核酸采样、抗原检测、病号转运等任务,动用一切资源,为工人争取急需的防护用品、部分慢性病的药品。面对蔬菜货源紧缺和生活用品短缺的严峻情况,她又千方百计联系社会爱心企业（团体）给工人们争取到了大米、油盐、蔬菜等生活补给，及时帮助解决封控期间工友们的基本生活需求。在滨江建设者倪修龙眼里，"宝宝阿姨"如时钟般不停运转，最忙时一天要打几十个电话，连喝水的时间都很少；晚上也睡不成整觉，半夜还要接收通知、安排工作。打地铺久了，腰痛得直不起来，说话时总是不由得掐着腰。

李宏塔对徐汇滨江建设者之家的工作成果和"宝宝阿姨"的工作精神给予了高度肯定。他希望建设者之家党群服务站携手属地街道、建设单位和爱心企业，继续本着干事创业敢担当、为民服务解难题、清正廉洁做表率的精神，不断把为建设者服务的工作往心里走、往实里走、往深里走，特别要防止成为面子工程或表面文章，探索一条可信赖、可持续、可复制的发展之路。

在中建八局工友之家，李宏塔对这种花钱不多，简单有效，能够实实在在帮助农民工解决最基本的住宿、吃饭、卫生、娱乐等生活需求的办法很感兴趣。当他听说中建八局非常重视关心关爱一线建设者，遍布全国的各个工地都建有工友之家时，不禁赞叹道："这才是为农民工做好事实事呀。"

于金伟对李宏塔一行到访表示欢迎，并介绍了中建八局2022年以来高效统筹疫情防控和生产经营取得的发展成就。他表示，中建八局将紧密结合行业和企业发展实际，在全面学习、全面把握、全面落实党的二十大精神上下功夫，把学习成果转化为推动企业高质量发展的实践，全力以赴创建"三标杆、两示范"的世界一流投资建设集团，为推进中国式现代化贡献中建八局的力量。

说起来，李宏塔与中建八局并不陌生。2021年11月24日上午，李宏塔就曾应邀来中建八局党委理论学习中心组（扩大）会议讲了一堂关于廉洁自律方面的专题党课。这次党课中建八局除设一个主会场外，还通过视频连线设立了28个分会场，组织在各地的分公司近2 000名党员干部收看。在党课中，李宏塔结合对党的十九届六中全会精神的深刻感悟与自身的成长经历、军旅生涯、工作经验，深情回顾了党在创建初期面临

第八章 老牛亦解韶光贵,不待扬鞭自奋蹄

参观中建八局工人宿舍

的困难和严峻考验，重温了一代又一代共产党人创造、践行、丰富"革命精神"的具体实践。他说，一个人是否富有，更多的在于精神层面，要秉持"革命传统代代传，坚持宗旨为人民"的理想信念，不忘初心，踏着先辈的脚印继续向前走。

中建八局党委书记、董事长李永明主持了会议并讲话。李永明在讲话中指出，此次专题党课主题鲜明、思想深邃、内涵丰富，对于深入学习领会党的十九届六中全会精神、贯彻落实习近平总书记关于党风廉政建设的重要讲话精神、培养弘扬党员干部优良家风、持续深化两级总部建设，提供了有力的理论指导与实践指引。李永明强调，全局各级党组织要以此次专题党课为契机，把家风建设纳入加强党风廉政建设的总体部署，坚持以"法"治家、以"廉"持家、以"德"养家，让严爱相济的优良作风成为家庭主旋律，以风清气正的淳朴家风汇聚强劲正能量，以躬亲示范的高尚家风画出最大同心圆，为实现"万亿八局"和"六个一流"的奋斗目标凝聚更加磅礴的力量。

中国建筑第八工程局有限公司（简称中建八局），其前身为国家建工部直属企业，始建于1952年，1966年整编为基建工程兵部队，有着光荣的红色传统和优秀的红色基因。这支部队1983年9月集体改编为建工企业，1998年9月响应国家加快浦东开发的号召，局总部由山东济南迁入上海浦东。2007年12月整体改制为中国建筑第八工程局有限公司，是世界500强企业——中国建筑股份有限公司的骨干成员，国家首批"三特三甲"资质企业。中建八局拥有亚洲最先进的钢结构生产线，年加工能力近50万吨。是中国总承包航站楼工程最多、中国承担卫星发射基地工程最多、获得国家级工程奖项最多的建筑企业。中建八局还与上海临港新片区务实推进战略合作，积极投身长三角一体化、京津冀协同发展、粤港澳大湾区、长江经济带和黄河流域等国家级开发建设，建造了国内30多个大中城市的第一高楼。"十三五"期间累计投资规模超5 000亿元，助力了地方社会经济发展。

考察调研之后，李宏塔又与中建八局上海公司及二分公司领导、二分公司全体党员和部分农民工代表进行了座谈交流,并向与会党员代表赠送了有他签名的书籍《李大钊》。

李宏塔结合自身参会经历,与大家分享了党的二十大会议盛况,并从党的二十大的重大意义、过去五年的工作和新时代十年的伟大变革、马克思主义中国化和时代化、中国式现代化、全面建设社会主义现代化国家的目标任务、坚持党的全面领导和全面从严治党等方面,对党的二十大精神进行了系统宣讲和阐释。他指出,党的二十大是在全党全国各族人民迈上全面建设社会主义现代化国家新征程、向第二个百年奋斗目标进军的关键时刻召开的一次十分重要的大会,是一次高举旗帜、凝聚力量、团结奋进的大会,为新时代新征程党和国家事业发展、实现第二个百年奋斗目标指明了前进方向、确立了行动指南。要紧密结合自身发展实际,深入理解和把握党的二十大提出的新部署新要求,坚持学思用贯通、知信行统一,以学习宣传贯彻党的二十大精神为强大动力,推动高质量发展取得更大成效。

李宏塔对中建八局关心关爱一线建设者、扎实为一线劳动者服务的实践给予充分肯定。他强调,党的二十大强调的以人民为中心的发展思想,不是一个抽象的、玄奥的概念,不能只停留在口头上,止步于思想层面,而要体现在经济社会发展各个环节,体现在我们每一个企业、每一个工地上。基层项目一线作为学习宣传贯彻党的二十大精神最直接、最重要的载体,作风问题最为关键。要深入贯彻以人民为中心的发展思想,践行"人民城市"理念,全心全意依靠工人阶级,积极构建和谐劳动关系,切实维护职工合法权益,汇聚推进项目高质高效建设的强大合力。检验我们一切工作的成效,最终都要看劳动者是否真正能感觉到公平正义,是否真正得到了实惠,劳动者的生活条件是否不断有所改善。这是坚持立党为公、执政为民的本质要求,是党和人民事业不断发展的重要保证。

每一次,当李宏塔在宣传党的二十大精神、讲解党的好传统与好作风之余,不知他会不会想起当年父亲李葆华、母亲田映萱双双被选为中共

2022年11月11日,在中建八局上海公司二分公司宣讲党的二十大精神

第八章 老牛亦解韶光贵，不待扬鞭自奋蹄

七大代表后，一路步行，从晋察冀根据地前往延安参加中共七大会议的情景。正是在这次决定中国命运的会议上，毛泽东不仅在所作政治报告中提出了战后建设"独立、自由、民主、统一、富强"新中国的五大目标，从政治、经济、文化三个方面具体阐明了实现目标的具体路径，而且第一次集中概括地提出了党的三大优良作风："这主要的就是理论和实践相结合的作风，和人民群众紧密地联系在一起的作风以及自我批评的作风。"（第三条后来修改为批评和自我批评的作风）这是中国共产党"区别于其他政党的显著标志"。毛泽东指出，老百姓之所以拥护我们中国共产党，一个很重要的原因就在于中国共产党是"代表了民族与人民的要求"，是可以改变中国一穷二白、积贫积弱局面的政党，"如果我们不能解决经济问题，如果我们不能建立新式工业，如果我们不能发展生产力，老百姓就不一定拥护我们"。

尽管毛泽东的这些话是在民主革命阶段说的，但在社会主义革命阶段只能是更向前进，而不能向后退。正如习近平总书记强调的，党的作风就是党的形象，关系人心向背，关系党的生死存亡。我们党作为一个在中国长期执政的马克思主义政党，对作风问题任何时候都不能掉以轻心。要不断培厚良好政治生态的土壤，把继承和发扬三大优良作风作为党内政治文化建设的根基。而其中最核心的就是党同人民群众的关系问题。要始终把人民放在心中最高位置，始终以百姓的心为心。

在此后三天中，李宏塔又马不停蹄地先后参加了上海大学第三届董事会第二次全体会议、上海大学校友会主办的"临泮书话，百年记忆"活动，并分别前往中建科技集团华东有限公司、中国人民银行征信中心，向党员干部宣讲中共党的二十大精神和党的好传统、好作风。每天还要提早排队做核酸，有时一天要驱车一百多公里，中午没法休息，晚上还要接待众多访客……

在上海短短的6天时间，李宏塔作二十大辅导报告4场，线上线下共有4 000多人听讲，参加座谈会2次，到工地、职工宿舍、学校等基层考察7处。这样连续作战，对于中青年来说可能不算什么，但对于已73岁的李

宏塔来说，确实有些吃不消。但他总是为别人着想，总是认为宣传党的二十大精神，弘扬党的好作风，为基层职工送一点关爱，是他义不容辞的责任。小车不倒直管推。既然好不容易到上海来了，又禁不住别人的反复邀请，那就坚持一下罢。

也许，总是首先为别人着想，这就是李宏塔。

第九章
笙磬同音福瑞至，守常家风有人传

> 吾侪际此新旧衍嬗之交，一切之生活现象，陈于吾侪之前者，无在不呈矛盾之观。即吾侪对于此种之生活负担，无在不肩二重之任。吾侪欲于此矛盾生活中胜此二重之负担，实不可不以沈雄之气力、奋斗之精神处之。
>
> ——李大钊《矛盾生活与二重负担》

"天下之本在家"，家庭是社会的细胞，是人生的第一个课堂，家庭和睦是社会安定的基础。中华民族历来注重家庭、家教、家风。"不能理家，勿望治国"。显然，搞好家庭建设，有利于每个人的健康成长和进步，有利于社会各项事业的繁荣和发展。

家风是家族成员长期恪守家训、坚守家规，通过家教而形成的具有鲜明家族特征的家庭文化，是一个家族最宝贵的财富，也是社会风气的重要组成部分。尤其是领导干部的家风，不仅关系自己的家庭，而且关系党风政风。古人崇尚"奉先思孝，处下思恭""孝道当竭力，忠勇表丹诚""入则孝顺父母，出则和睦乡邻"的好家风，这些充满中华民族智慧的好家风在李大钊及其后代身上不仅体现得淋漓尽致，而且他们几代人都把共产主义道德原则和规范融入其中，使好家风的传承、体现更加尽善尽美。他们在家庭生活中朴素节俭、互敬互爱、乐善好施，充满了温馨，不仅成就了每一个家庭成员良好品质的塑造，同时形成的积极向上的社会影响也如春风化雨，成为培育和弘扬社会主义核心价值观的深厚基础。

一、难忘母亲

说起李宏塔的父亲李葆华,一般人大多有所了解。而对于李宏塔的母亲田映萱,了解的人恐怕就不多了。实际上,田映萱也是一位了不起的老革命,是一位为革命事业奋斗终生的巾帼英雄。

田映萱于1919年出生于河北省完县(今顺平县)县城一个富裕的家庭。她的父亲田玉茹思想开明,母亲是位善良勤劳的家庭妇女。田玉茹生有三女一子,女儿田秀涓、田秀玉(后改名田映萱)、田秀英(后改名田莉)和儿子田茂林。天下兴亡,匹夫有责。1938年,田家三姐妹毅然一起勇敢投入艰苦的抗日战争,成为名扬华北的"敌后抗日三姐妹",被人们称为"大田""二田"和"三田"。

"大田"是大姐田秀涓,1938年她加入中国共产党,从这年9月到1942年10月,在抗日战争最残酷的五年中,这位鼻梁上架着一副白色近视眼镜的文静女性,担任晋察冀边区抗日妇女救国会主任和中共北方局及北岳区党委妇委书记,率领边区300万妇女与凶残的日寇展开了顽强的斗争。她们埋地雷、割电线、查路条、捉汉奸,为敌后抗战作出了卓越的贡献。1939年秋天,经聂荣臻介绍,田秀涓与时任八路军抗日军政大学二分校校长的孙毅在抗日前线结婚。婚后八个月,百团大战开始。孙毅领兵上了前线,田秀涓带着身孕担任了新区开辟工作队队长,在通过敌人封锁沟时,她带头跳下一丈多深的沟底,摔昏过去。醒来后,她才知道已失去了自己的孩子。1941年春末夏初,日军在冀中平原进行了空前残酷的"铁壁合围"大扫荡,在异常艰苦的战斗生活中,田秀涓又一次失去了自己未曾降生的孩子。1943年秋天,田秀涓第三个孩子出生不久,又遇到日寇纠集了四万多兵力对北岳区进行扫荡。一次,敌人把田秀涓等人包围在一座山上,因怕孩子啼哭暴露目标,田秀涓用乳房堵住孩子的嘴。虽然躲过了搜山的日军,可冬天的冷风让孩子受冻得了肺炎,连续几天高烧不退,最终,孩子还是死于缺医无药的重症。坚强的田秀涓为了抗日,擦干眼泪又上了战场。1951年11月26日,以宋庆龄为主席的中国人民保卫儿童全国委员会成立，田秀涓带着对自己孩子的怀念和对所有孩子的关爱，担任了这个委员会的理事。

"三田"田莉原名田秀英，1937年入党，党龄在三姐妹中最长。20世纪50年代，田莉曾任湖南省株洲麻纺厂党委书记。1959年3月1日上午，时任国家副主席的朱德和其夫人、全国妇联主席康克清来到株洲麻纺厂视察。在厂会议室，田莉向他们汇报了在"水涨汪洋一片，水落塘坝纵横"的荒野上建起工厂的经过，以及工厂上下力争上游的劳动竞赛。视察中，朱德、康克清不时插话，询问工厂原料来源、苎麻特性、生产品种和后勤保障、工人生活水准等情况。当田莉拿出刚生产出来的麻布样品请他们观看时，朱德连声称好。康克清问田莉："这种麻布质量很好，在市场上怎么没有看到？"田莉回答道："麻布主要是出口创汇。"朱德说："出口创汇是好事，但也要考虑人民的穿着，要多生产，满足市场需要。"汇报会即将结束，厂党委宣传部的工作人员捧来了笔墨纸砚，敬请朱德为新兴的麻纺织工业题词留念。朱德满口答应，挥笔写下了"为人民纺织最美丽的花布"。在1981年2月28日召开的政协株洲市第一届委员会第二次会议上，田莉被增选为株洲市政协副主席。

"二田"就是田映萱。她从1927年到1937年在小学、中学读书，1938年1月参加革命工作，6月加入中国共产党，历任河北省完县第四区妇救会主任、中共完县第三区常委，1939年任河北省完县妇救会主任、中共完县妇女委员会书记、完县妇女自卫队总队长。

田映萱是个开朗、豁达的人，遇事拿得起、放得下，在对敌斗争中有勇有谋，深受上级领导和战友们的信任。1939年，20岁的田映萱在被选为中共七大代表的同时，担任中共北岳区委妇女工作委员会书记的姐姐田秀涓也被选为中共七大的候补代表。姊妹俩同时当选为中共七大代表的佳话，在当时的晋察冀边区党组织中广为传扬。中共七大的正式和候补代表合计755人，其中正式代表547人，候补代表208人，代表着全党121万名党员。这是一次精英荟萃的大会，大会代表来自不同战线、不同岗位，其中还有多对是夫妻、父女和像田秀涓、田映萱这样的姐妹。

雷加曾当选为中国作家协会北京分会副主席，他是参加过延安文艺座谈会的作家之一。抗日战争时期，他坚持上前线、下基层，在烽火硝烟中，他写出了近20篇战地特写、散文、小说。他多次采访白求恩大夫，写出了长篇报告文学《国际友人白求恩》，发表于延安《军政》杂志，毛泽东读后挥笔批上了"学习白求恩"五个大字。雷加听说了晋察冀边区田映萱的故事，便慕名而至采访了她，写出了2万字的报告文学《黎明曲》，田映萱从此成为晋察冀边区闻名遐迩的抗日女英雄。在这篇报告文学的基础上，雷加又把作品聚焦田映萱领导的妇女自卫队这个女战士群体，发表了战地报告文学《她们一群》。在这篇作品中，雷加这样记述田映萱："在离前线不远的一条交通壕里，伴着炮火硝烟，我第一次见到这位完县妇救会主任兼妇女自卫队总队长。她的鼻子不大，一撮短发从白毛巾里露出来，呆在凸起的颧骨上。她的牙齿像贝壳一样白。肉嫩的乳白色的下巴，长着一层茸毛，只有在阳光下才看得出来，因此显得十分动人。除此之外，她和男人一样，一身青粗布衣裤，扎腿，布底皂鞋，右大襟的纽扣，一直扣到脖颈上，她的胸前，用白绳挂着一个日记本和一段铅笔，这是全县救亡工作人员特有的标志。""一个没有星星的夜，田映萱就是这样的装束，带着妇女自卫队，一夜间割断了几十里长的日军电话线。撤离时，一位姑娘不慎丢下一只鞋。第二天，鬼子赶来时发现了这只鞋，惊恐万状地叫着：'中国不得了了，连女人都来打我们了'……"

沧桑的巨变，历史的发展，生命的交替，物质的循环都有一定的内在规律和适宜的条件。男女青年的爱情也是一样，有了志同道合的人生目标加上天赐良缘，才可能生发出茁壮的花枝，孕育出甜美的果实。李葆华与田映萱的婚姻就是源于天缘奇遇。

1937年10月21日，中共晋察冀省委在阜平成立，李葆华任书记。1939年，中共中央决定召开第七次全国代表大会，李葆华与田映萱一样，也当选为晋察冀边区的七大代表。七大代表的选举是极为严格的。晋察冀边区有37名代表，名额在全国各敌后抗日根据地中最多，这是因为当时它的党组织规模最大、党员人数最多。在七大召开时，全党共有党员

121万人,其中晋察冀边区就有约40万人。

1940年1月,田映萱全副武装,背着打得方方正正的背包,踏着冰雪,赶到太行山深处的阜平县井儿沟村,到区委报到。当她一脚踏进李葆华的办公室,不禁愣住了——这位首长居然把办公桌放在炕上办公。她忍住笑,办了手续。出了门,她想这也对,一来炕上暖和,不冻脚,二来临窗,光线充足。报到后,田映萱去看望三个月前已与孙毅结婚的姐姐,他们的婚事是军区司令员聂荣臻和夫人张瑞华促成的。当田映萱听张瑞华和姐姐说,李葆华就是李大钊烈士的长子时,她顿时对"不曾相识早相知"的李葆华充满了敬意。在接下来近三个月的七大代表集中学习中,李葆华、田映萱都对对方有了较深的了解,产生了好感。

1940年4月,李葆华率晋察冀边区代表团在两个连的武装护卫下,出发前往延安出席七大。边区的欢送仪式非常隆重,每位代表都骑着高头大马,佩戴大红花。队伍离开边区正式行军上路时,只有几匹马跟随,绝大多数代表是步行。当时,陕甘宁边区印钞票有困难,晋察冀边区能印。于是,包括田映萱在内的身强力壮的代表就承担了背钞票的任务。他们穿行在太行山的深山峡谷中,出龙泉关入山西境不远,就进入了敌占区。

在夜里穿越同蒲铁路时,队伍遭到了日军的伏击。激战中,代表和战士都有伤亡,马匹也四散奔逃。队伍被打散后,田映萱和冀东地委组织部部长谷云亭、李葆华的小马夫隐蔽进一个山洞里。他们用土石在洞口垒成工事,面对可能发生的背水一战,三位具有坚定革命信念的抗日战二商定:第一,坚决抗击,尽可能多地射杀敌人,宁死不当俘虏,留下最后一颗子弹给自己;第二,万一被俘,就学习季米特洛夫,在敌人的法庭上揭露敌人罪行,就义时高呼"共产党万岁"。所幸的是,敌人没有发现他们。这正是"置之绝地拼一搏,险象环生转为安"。一天后,队伍重新集合,继续西行。他们从忻州以北翻越中条山,直插静乐,进入吕梁山区,再越过险峻的芦芽山,来到了兴县八路军120师师部。

行军途中的交流,使李葆华对田映萱有了进一步的了解,这位具有传奇色彩的抗日女英雄给他留下了极为深刻的印象,二人从相识相知发展到产生感情。在八路军120师师部,老战友赵仲池送给李葆华一匹马,贺龙赠给代表团每人一条粗毛羊毛毯、一套军服和一双鞋。战争年代女干部少,贺龙在与大家聊天时,笑着对年轻的田映萱说:"小同志个人问题考虑了没有?我这里好同志多的是呢。"田映萱被问得羞红了脸。在一旁的吴德指了指李葆华,故作诡秘地说:"他呀,正选佳婿,正选佳婿。"

队伍离开兴县继续向延安行进,他们渡黄河、进陕北,于1940年6月18日抵达了延安。他们先到军委总政治部办理军队代表的报到手续,受到组织部部长胡耀邦的热情接待,这使得田映萱和同志们都强烈地感受到了家的温暖。

因中共七大延期召开,8月,组织上安排田映萱进入中共中央党校学习,李葆华则在延安参加中共七大代表资格审查工作。近两个月行军的朝夕相处,田映萱和李葆华彼此产生的感情进一步加深。田映萱回忆说:"到延安后,葆华同志参加七大代表资格审查工作一年半,我在中央党校学习。有一天,他写了个条子,叫他的小通讯员送来,内容是要我经常去玩。他住在杨家岭中组部,与陈云同志隔壁。我们之间既不曲折,也不浪漫,就是每个礼拜天到延河边上散散步,走得最远的一次是到延安老城的南门外,在那儿买了一双棉鞋。"

"同声自相应,同心自相知。"在这个时期,李葆华和田映萱一见面,就交流着各自工作和学习上的感想、收获,共同的理想、信念凝结、升华为纯洁的爱情。在谈婚论嫁时,田映萱曾有过犹豫,因为她在前方时说过"不打倒日本侵略者不结婚!"陈云赞成他们的婚事,他找到田映萱做工作。平常不苟言笑的陈云笑着对她说:"李大钊同志的儿子应该有后代嘛!"

1942年2月14日是大年三十,李葆华与田映萱在杨家岭中组部的窑洞里举行了简朴的婚礼。从此之后的几十年,这对战友伉俪同甘共苦、比翼双飞、松萝共倚。1943年6月2日,他们的长子在延安中央医院出生。给儿子起个什么名字呢?看着窗外绿色的田野生机勃勃,李葆华和田映萱不约而同想起了歌曲《解放区的天是晴朗的天》,晴朗的天当然是青蓝通透的,就给长子起名"李青"吧。

在1944年5月21日召开的中共六届七中全会上,中共中央正式决定了七大召开的日期和议程。在此之前,中国共产党和人民军队长期处于严酷的战争和恶劣的环境之中,中国共产党必须集中全力领导抗日战争和对付国民党顽固派的进攻。而且,频繁的战争造成的交通不便,城市和交通要道被日寇、国民党顽固派分别占领,中共许多高级干部战斗在第一线,难以集中。同时,全党对于党内重大是非问题还没有形成统一的看法。在这种情况下,党中央才实事求是地将七大召开日期一再推迟。

1945年4月23日至6月11日,中国共产党第七次全国代表大会在延安杨家岭中央大礼堂举行。七大共召开了22次全体大会。4月24日毛泽东作题为《论联合政府》的政治报告。在此之前,田映萱在中央党校参加过9次对这个报告稿的讨论会。

在这次大会上,李葆华当选为候补中央委员。

1946年6月,田映萱任中共曲阳县委宣传部副部长,参加土改试点工作。1947年2月,她回到中央局驻地新房子。这是坐落在胭脂河北岸的一个宁静的村庄,与城南庄相邻。3月9日,女儿李乐群出生。田映萱在这里度过了一段短暂的休整时光。这时的李青快4岁了,他长得健壮可爱,沉稳得像个小大人似的。叔叔阿姨们根据他的性格特点,给他起了个外号叫"统一战线"。只有在游戏时,他才会尽情显露出活泼调皮的儿童天性。在李青的记忆里,父亲是温和慈祥的,但在物质生活上,他对部下很宽,对家属极严。前方送来的战利品种类繁多,警卫员经过申请可以得到,但李葆华绝对不许家属沾边。"统一战线"人虽小,可是很懂事而且自尊,他从来不要。

古人曾言:轻财足以聚人,律己足以服人,量宽足以得人,身先足以率人。凡是在李葆华、田映萱工作过的地方,李葆华的律己苛严和田映萱的顾全大局一直令人赞不绝口,这也体现在田映萱的任职问题上。田映萱是位有资格、有能力、有文化的领导干部,但她的行政级别在1959年之后的几十年间竟没有变过,始终是11级的副厅局级。这倒不是组织上用违其长、大材小用,而是每到提级、提职时,李葆华和田映萱都说:"提别人吧,这样有利于工作。"于是,她总是原地不动,直到离休。

在中共七大之后的几十年中,李葆华的工作多次调动,他从北岳区党委书记兼北岳军区政委到中共北平市委第二副书记,从水利部副部长兼党组书记到中共中央华东局第三书记,从中共安徽省委第一书记到主持工作的中共贵州省委第二书记,从中国人民银行行长兼党组书记到中顾委委员,任职足迹遍及半个中国。

在这期间,对因工作频繁调动带来的举家迁徙,田映萱毫无怨言,总是努力准备、积极行动。田映萱知道,母爱决定孩子一生的幸福,母教决定孩子一生的成就。每到一个新的地方,她一面尽快地熟悉自己的新岗位,一面安顿好家庭生活,把孩子们的学习安排妥当,为全家营造一个称心如意、幸福安宁的生活氛围。但是,偶尔也有李葆华履新时不辞而别、全家人的准备工作无从下手的情况。

1973年初夏,在"文化大革命"开始后被关押迫害六年之久的李葆华刚刚解除关押回到合肥的家中,就接到中央要他去北京接受新工作任务的通知。田映萱很快为李葆华收拾好简单的行李,目送他上了车。李宏塔回忆说:"我星期六从学校回家后,母亲跟我说,'你爸爸这次去北京,可能直接就到新岗位报到了。'"知夫莫如妻。果然,忧国奉公的李葆华在北京接到中央任命他为贵州省委第二书记的通知后,没有先回合肥家中作相应的安排,而是一个人从北京直接就到贵州省上任去了。

历时十年的"文化大革命",使党、国家和人民遭到新中国成立以来最严重的挫折和损失。与千万个家庭一样,李葆华、田映萱的一家也在"文化大革命"的狂风骇浪中沉浮不定、颠沛流离、蒙冤受屈。

1967年1月26日,中共安徽省委、安徽省人民委员会被造反派"夺权",李葆华等一批领导干部被打成"反革命修正主义分子",被宣布"罢官"。在安徽省监察委员会任副书记的田映萱对这个人妖颠倒的残酷现实无法理解,精神上非常痛苦。而此时偏偏祸不单行,田映萱本人也难逃厄运,她被诬为"安徽省头号走资派的黑婆娘",遭到批斗,蒙受着屈辱。

李葆华被抓走了,田映萱也被勒令从家中搬到"黑帮大院"。在艰险无助的处境中,她把12岁的幼子李亚中托付给在湖南株洲工作的妹妹田莉收养。尽管妹妹和妹夫刘海波都在大型企业担任党委书记,也都遭到了残酷的批斗和折磨,但他们的境遇比"安徽头号走资派"的家庭还是略好一些。

1968年冬,田映萱被下放到位于固镇县新马桥的省"五七干校",完全丧失了自由,她在这里劳动,一干就是四年。尽管受着高压,但这位曾经的抗日女英雄明白"兴废由人事"的历史规律,她还是保持着刚烈不屈的性格和百折不回的斗志,用智慧和勇气抗争着人间的丑恶。她觉得自己再吃多少苦、受多少罪都可以忍受,只是希望李葆华和孩子们都能安然无恙,也真心希望这场噩梦早日结束。

1969年5月底,田映萱听说一位熟识的副省长因不堪忍受凌辱而自杀身亡,她当即决定马上赶回合肥设法看望李葆华。她没有请假,因为请假肯定不会被批准。手上没有组织介绍信,她在火车站向售票员说了一大堆好话,仍然买不到火车票,被逼无奈,她就扒上了一列运煤炭的敞篷火车。火车呼啸南行,坐在煤堆上没有遮拦、没有扶手,猛烈的风多次险些把她掀下车去,飞扬的煤粉呛得她喘不过气来。经过几个小时的艰难行程,火车到达合肥,她已成了头发散乱、浑身煤粉的"黑人"。

田映萱匆忙回到家里收拾了一下并打听到李葆华被关押在省商校。她顾不上自己的疲劳,为李葆华准备了一些洗换衣服,又上街买了些吃的,不找任何人申请——因为她知道,申请不仅要花时间等待,而且必定会被拒绝。她径直闯到了李葆华的关押地,大门的看守人问她:"你是谁的家属?"田映萱大声回答:"我是李葆华的家属,现在我来探望他!"她的凛然之气镇住了盘问的人。获准见面后,军管会的军人坐在门口监视,田映萱就给李葆华讲她在干校见到的种种趣事,这对相敬如宾的患难夫妻会心地谈着、笑着。几十年后,白发苍苍的田映萱回忆说:"当时我就怕他想不开。跟他说说话,笑一笑,宽慰一下。所幸我返回干校后也没起什么风波。"

作为妻子，令田映萱怎么也想不通的是，对党忠心耿耿、为党奋斗了几十年的李葆华竟被安上了"反党"的罪名。"文化大革命"前，勤政亲民的李葆华为调研指导工作走遍了全省，现在却被押解着游斗遍及全省。"文化大革命"前，李葆华下基层一律轻装简从，以致群众中误传他常常"微服私访"，现在倒是轰轰烈烈"扈从"如云了。他在喧嚣的批斗会上戴着高帽子，挂着黑牌子，游街示众，受尽了凌辱。

1972年8月，田映萱在被剥夺基本公民权利整整六年后，被宣布"解放"，从干校回到了合肥。同月，寄养在湖南省田莉家的幼子李亚中放暑假回合肥探亲。田映萱以"总不能不准孩子看父亲"为理由，与省军管会交涉，经再三据理力争，终于获准带着李亚中去六安探望李葆华。出合肥西行200多公里，在离大别山区不远的一个偏僻的小农场里，田映萱和李亚中伤心地看到，李葆华已瘦弱不堪，头发几乎掉光，极其苍老。

田映萱回到合肥，决定给周恩来写信求助。11月初，田映萱在给周恩来的信上写道："李葆华64岁，开始军管一个月生活费24元，生活还可以，尽管天天批斗，有时候一天批斗4场，还能坚持。后来转到安徽省商校，物价涨了，也还可以。林彪一号令后，转到六安，跟战士们一块儿生活，战士每月15元，饭量大，这样，伙食费里用于买粮食的比例大了，用于油和菜的少了，生活标准下降了。他还要参加一些劳动，负责烧火。夏天得肠炎一天拉20多次，还坚持烧火，这样下去身体会垮掉。是否可以让他出来，一面检查身体，一面接受审查，等待结论。"

"惯看秋月春风"的田映萱写了一封政治水平相当高的信。情况和要求，该说的全都说清楚了，但是，信中不谈任何政治上的问题，不申诉、不诉苦，冷峻里盈满悲愤，平实中尽显风骨。尽管当时的《人民日报》《解放军报》曾发表社论正式点了李葆华和黄岩的名，并且号召把他们"彻底批深批透，斗倒斗臭，肃清他们在各方面散布的流毒"，但是，田映萱却坦荡地表示要"等待结论"，如同在说：现有的"结论"是算不了数的。

中共中央文献研究室编印的《周恩来年谱》在这一年有如下记载："12月19日，就李葆华妻子田映萱来信要求将李从关押处放出住院治疗事,打电话给中共安徽省委负责人,要求立即将李葆华放出送往医院检查身体。"但是当时的中共安徽省委负责人拖着不办。《周恩来年谱》上又载:"22日,又再次打电话催问。25日,李葆华获释。"

"远山初见疑无路,曲径徐行渐有村。"情况终于开始有了转机。1972年12月24日下午,田映萱被宣布担任安徽省轻工业厅革命领导小组副组长。25日,李葆华回到了阔别数载的合肥。田映萱悲喜交加,他们一起住进了西小楼。李葆华回来的消息不胫而走,许多干部群众不顾禁令,纷纷前来看望他。

作为舐犊情深的母亲,让田映萱感到锥心般痛苦和无能为力的是,四个子女在乌烟瘴气的"文化大革命"中全都受到了无情的株连和迫害。在浙江大学读书的长子李青饱经磨难和艰险,坚强不屈,绝不低头,被分配到偏远山区;女儿李乐群在北京高中毕业后,被下放到山西省雁北地区劳动五年,备受歧视,1971年冬才在好心人的帮助下转到安徽省肥西县农村插队落户;李宏塔在部队表现优秀,年龄虽然不大但却不能继续留在部队;1954年11月出生的幼子李亚中长期寄养于湖南省株洲市的小姨田莉家,回不了合肥。

纬武经文的田映萱奋斗一生,1982年底离休后家庭和睦称心如意,但唯有一件事成了她终生的遗憾——没有亲眼见过公公李大钊。1927年,当坚贞不屈、视死如归的李大钊被军阀张作霖凶残绞杀的时候,不满八岁的田映萱正跟着姐姐往来于上学的路上。现在,她把对公公李大钊的崇敬转化为对李葆华和子女们无微不至的关心。

田映萱在政治上光明磊落深明大义,在品德上谦虚谨慎廉洁奉公,在工作上是女中豪杰巾帼须眉,在家庭中是蕙质兰心贤妻良母。李葆华以身作则的教育加上田映萱含辛茹苦的养育,他们的四个儿女都身心健康地成长起来,在各自的人生路上都取得了成绩:大儿子李青在浙江省政协副主席岗位上退休,女儿李乐群退休前是北京阜外医院的一名主任医师,李宏塔在安徽省政协副主席的岗位上退休,幼子李亚中1976年入党,是水利部水文局一名已退休的高级工程师。他们都按照父母的要求在各

李宏塔和父母亲在一起

自的工作中始终继承革命传统,兢兢业业、廉洁自律、无私奉献、低调行事。尤其让李葆华、田映萱二人感到欣慰的是,四个子女在立业的同时,也都先后成了家并且有了自己的孩子。离休在家的李葆华、田映萱含饴弄孙,享受着天伦之乐。

1983年10月29日,在李大钊诞辰94周年之际,中共中央在北京隆重举行李大钊烈士陵园落成典礼,党和国家领导人及各方面人士500多人参加了落成典礼。李葆华率全家也参加了当天的典礼活动,并在李大钊陵墓前合影留念。

李大钊烈士陵园落成以后,前来瞻仰的人络绎不绝,成为爱国主义教育和革命传统教育的重要基地。

经中共中央批准,决定在李大钊的家乡乐亭县兴建李大钊纪念馆。1996年8月18日,李大钊纪念馆举行奠基仪式,李宏塔因工作无法来乐亭,特委托儿子李柔刚参加了这个简朴而隆重的奠基仪式。1997年8月16日,坐落于乐亭县新城区大钊路上的李大钊纪念馆建成开放。纪念馆坐北朝南,占地面积130亩,建筑面积8 656平方米。从南大门进入纪念馆广场,首先映入眼帘的是八根功绩柱,每根功绩柱高5.1米,呈六棱形,用淡红色毛面花岗岩镶砌而成。八根功绩柱站位八方,围成一个圆形,如高举的丰碑,象征着李大钊在中国革命史上立下的丰功伟绩。

从纪念广场的北端,登上38级台阶,到达瞻仰大厅。这38级台阶,象征着李大钊走过的38年人生历程,寓意让前来参观的人们,踏着先驱的革命足迹,学习李大钊事迹,寻找李大钊留给我们的宝贵精神财富,继承他的革命遗志,完成他的未竟事业。李大钊纪念馆是李大钊同志生平业绩的展览中心、研究中心,1997年6月被中共中央宣传部确定为全国首批百个爱国主义教育示范基地之一。此后,又先后被评定为全国百个红色旅游经典景区之一、全国三十条红色旅游精品线路之一、全国廉政教育基地、4A级旅游景区、全国法治教育基地。

2021年7月14日,李宏塔专程来到李大钊纪念馆,将自己荣获的、象征党内最高荣誉的"七一勋章"捐赠给了纪念馆。他说:"从获得'七一

1996年8月18日,李柔刚在李大钊纪念馆奠基仪式上留影

第九章 笙磬同音福瑞至，守常家风有人传

李大钊纪念馆

李葆华、田映萱的长眠之地

勋章'那刻起,我就希望把它捐给家乡,因为是家乡的热土孕育了我爷爷和父亲这样忠诚的革命者。今天我如愿把勋章捐给家乡,希望家乡越来越好。"无疑,这枚沉甸甸的勋章入馆,使李大钊纪念馆锦上添花,也向世人昭告:李宏塔是李大钊家族的后来之秀,守常精神后继有人。

2005年2月19日,李葆华因病医治无效在北京逝世,享年96岁。2009年2月23日,田映萱因病在北京逝世,享年90岁。

李葆华和田映萱是李大钊确立的忠于信仰、严守节操、清正勤谨、恭德慎行的家风忠诚坚定的传承者。"不能给父亲抹黑,只能给父亲增光"是他们一生坚守的底线。

二、相濡以沫度天年

20世纪之初,李大钊与赵纫兰结为夫妻,成就了觉醒年代中的一段佳话。不知是巧合还是其他缘由,70多年后,李宏塔和祖父一样,也找了一位姓赵的姑娘作为伴侣。她就是赵素静。

1949年1月24日,赵素静出生于安徽省蚌埠市一个普通工人的家庭。她从小就受淳朴厚道的父母的教育和影响,养成了勤劳朴素、正直无私、坦荡真诚的优秀品质。庄子曾说:"朴素而天下莫能与之争美。"应该说,朴素就是赵素静为人的底色,她朴素得清澈而透明。

李宏塔和赵素静是在合肥化工厂相遇、相识、相爱的。1969年底,赵素静从化工技校毕业,被分配到合肥化工厂,在李宏塔同一个车间担任班组化验员。缘来如花开。赵素静对身材高大、谦虚好学的李宏塔留下了深刻的印象,而李宏塔对赵素静也颇有好感。李宏塔和赵素静在生产中遇到业务上的问题,时常在一起认真研究探讨。如此一来二往,二人相互加深了了解。

在那个年代,年轻人对谈恋爱还是有些害羞的。如何捅破这层窗户纸?李宏塔便托赵素静的师傅给自己当介绍人。赵素静虽不好意思开口,但心里有数。师傅一说,她便同意与李宏塔正式开始进一步交往。

当时，赵素静与一起从化工技校分到厂里的另三个女工住在一间集体宿舍里，那三位女工已经在谈恋爱，对象要么是名牌大学毕业的大学生，要么是医生。她们觉得赵素静这么好的条件，却找个工人，而且父母还是"走资派"，都劝她不要谈，可赵素静不为所动。

为了取得家庭的支持，赵素静在一次回家探亲时，把与李宏塔交朋友的情况告诉了父母亲。听到这个消息，疼爱女儿又饱经世故的父母既高兴又担心。他们提醒女儿："我们是普通工人家庭，小李为人虽然很好，但他的父亲是'大走资派'，你要做好可能受牵连的思想准备。"赵素静是个戏曲爱好者，这时她想到了《天仙配》和《西厢记》中的情节，青年男女交往只要情投意合，就应该排除其他任何干扰，使"有情人终成眷属"。更何况她小时候就听说过一些"李青天"的故事，相信李葆华不是坏人。但她也完全理解父母的担心，于是她对父母亲说："你们放心吧，只要小李对我好，其他的我都不怕！"她取得了通情达理的父母的支持。

李宏塔与赵素静之间的关系发展很快，到1971年，他们就把结婚证领了。可是因为没有房子，后来李宏塔又上了大学，因此一直没有正式结婚。这中间的苦楚，李宏塔刻骨铭心。

1976年9月，李宏塔从合肥工业大学毕业回到合肥化工厂，可是婚房仍无着落。眼看婚期再也不能拖了，无奈之下，已经恢复工作的李葆华和田映萱将家里住的四间小平房腾出两间，给他们作为婚房。

1977年国庆节，李宏塔和赵素静摆了一桌酒，请几个要好的战友和工友聚在一起，举办了一个简单却温馨的仪式，完成了他们拖了七年之久的婚礼，建立了幸福的小家庭。

1978年12月12日，这个小家庭有了弄璋之喜，儿子出生了。他们请父亲李葆华给孩子起名，李葆华稍作思考后，给爱孙起了个充满哲学思辨的名字：李柔刚。

有了孩子，李宏塔又被提拔到合肥团市委，工作更忙了。赵素静住到了市中心，却仍在合肥化工厂上班，每天骑自行车从家里到单位，单程就要四五十分钟。又要上班，又要做家务，还要带孩子，辛苦可想而知。许

李宏塔一家三口合影

多同事劝赵素静,叫她找李葆华或李宏塔帮她调到城里换个轻松的工作,还不是一句话的事嘛?可赵素静知道李家的家风,仍然咬紧牙关,风里来雨里去,来回奔波,就是不开这个口,而李宏塔也从不提这个事。厂党委书记李耀东实在看不下去,只能在自己的职权范围内给赵素静换了个总机室话务员的工作,上班可以轻松一点。1989年,李耀东调到合肥市经委当了领导,为了让赵素静能多些时间照顾家,他在李宏塔不知道的情况下将赵素静抽调到市经委职教办公室,以后又帮她正式调入安徽职业技术学院,直到退休。

赵素静在家不仅是位好妻子、好母亲,也是一位好儿媳。赵素静深知没有雨露就没有五谷丰登,公公婆婆一生中在赤心报国、负重致远的同时,也历尽艰辛将四个孩子抚养成人,自己有缘成为这个家庭的成员,应该也必须像亲生儿女一样对两位老人尽孝。

2005年李葆华去世之后,年近九旬的田映萱身体大不如前。经检查,她患了脑血栓,右侧肢体丧失功能形成偏瘫,生活自理能力下降,为此家里请了一位保姆照顾。那时在合肥工作的赵素静还未退休,她常利用假期到北京家中看望婆婆。在北京的几天时间里,赵素静每天搀扶着田映萱散步,陪着她聊天,为她洗澡和换洗衣物。

田映萱很喜欢赵素静,两人情逾骨肉、亲密无间。田映萱常说:"我洗澡离不开小赵。"田映萱长期以来习惯于纤尘不染的生活环境,她因病不能自己洗衣服,但又觉得保姆洗不干净,所以只要赵素静在北京,她就把换下的衣服让赵素静洗。她直言不讳地对保姆说:"这些衣服让小赵洗,她洗得干净。"赵素静每次都是勤勤恳恳、认真仔细地把婆婆换下的衣服洗净、晒干、叠好。她说:"羊羔尚且知跪乳之恩,我为老人做这点家务事完全是应该的,卑卑不足道啊!"

40多年里,赵素静不仅始终关怀备至地照顾着李宏塔,而且也非常支持李宏塔夙兴夜寐的勤奋工作和一清如水的廉洁自律。

1998年夏天,洪水在安徽省肆虐横流,不少县市农村灾情严重。作为省民政厅厅长的李宏塔心急如焚,他顶着酷暑亲自率队深入灾区,脚踏泥泞、汗流浃背,进帐篷、入农家、下农田实地调查灾情,慰问灾民。眼看着有些无依无靠的灾民在救灾款和救灾粮没到前就揭不开锅了,李宏塔心急如焚。为解灾民断炊之急,他毫不犹豫地把出发前刚刚领到的本月全部工资拿了出来,一一分发给这些灾民。他们从灾区回来的第二天早上,赵素静在小区大门口遇到民政厅一位处长的妻子,她问赵素静:"厅长回来后把工资交给你了吗?"赵素静说:"他回来很疲劳,早早休息了,还没来得及给我。"处长妻子说:"听我爱人说厅长在灾区把工资全部捐给灾民了,跟随他的同志们都十分感动。这个月他可能没有钱交给你了。"赵素静听到这个消息,其实已经不觉得惊奇,早就习以为常了。她由衷地对惜老怜贫慷慨解囊的李宏塔感到理解。回到家,她像往常一样,并不向李宏塔提工资的事,而是依然默默地用自己的工资做了一番精打细算,仍然把家里简朴的生活安排得井井有条。

　　儿子李柔刚要参加高考的1996年,李宏塔一家仍然住在一套两居室的旧宿舍里。李柔刚每天紧张的复习就是在房间一个角落的一张小桌子上进行的。尤其是在李宏塔、赵素静下班回到家后,李柔刚要努力抗拒着母亲烧饭、父亲打电话及接待来访人员的种种干扰,强迫自己把注意力集中到书本上。李柔刚知道,民政厅分过多次住房,两袖清风的父亲虽然是老资格的副厅长,但他认为自己的住房不错了,比自己困难的同志们更需要分到房子,所以一直不要房子,也不许家属向民政厅申请新住房。李柔刚看到许多同学都有自己的房间学习和休息,他充满了向往。对此他不敢对父亲说,于是就悄悄地告诉了母亲。作为贤妻良母的赵素静何尝不理解儿子这个要求并不高的期望,但她明白"建大功于天下者,必先修于闺门之内"的道理,更知道李宏塔清俭廉正的家风传承。于是,她再次推心置腹地跟儿子讲了曾祖父李大钊、祖父李葆华廉洁奉公的故事。为了鼓励儿子排除干扰抓紧复习、争取考个好成绩,她还给儿子讲了东晋车胤囊萤夜读、孙康映雪苦读的故事。母亲的理解和开导让李柔刚的心胸豁然开朗,他依旧趴在小桌子上奋笔疾书、苦读不辍。这一年,他以优异的成绩考上了中国人民解放军电子工程学院。

第九章　笙磬同音福瑞至，守常家风有人传

李柔刚大学时期与父母合影

李宏塔和赵素静在几十年的共同生活中虽然清风劲节、朴素节俭，但却营造了一个宜室宜家的家庭氛围，这与他们二人相互体谅、相互理解、相互支持是密切相关的。

罗素说过："幸福的秘诀是：尽量扩大你的兴趣范围，对感兴趣的人和物尽可能友善……你能在浪费时间中获得乐趣，就不是浪费时间。"李宏塔从年轻时就有许多业余爱好，读书、打桥牌、下围棋、集邮、集旅游景点门票、打篮球、游泳、跑步等他无所不通。就说游泳吧，在安徽省民政厅工作时参加省直机关游泳比赛，他将其他选手甩开几十米，一人就拿了50分，大幅度提高了民政厅代表队的总分。赵素静知道，一个人的核心竞争力超过一半来自不紧急的事：读书、锻炼身体、与智者交朋友、业余爱好。所以，对待李宏塔的业余爱好，她总是安心乐意地支持。

李宏塔曾担任过安徽省桥牌协会名誉主席，他精湛的桥牌技艺使他在牌局上游刃有余、独擅胜场，他也通过桥牌广泛结交和联系了各界朋友。聂万健30多年前担任太湖团县委书记时，曾与李宏塔有过一次牌局上的对决。聂万健回忆说："1988年9月的一天，时任省民政厅副厅长的李宏塔来太湖县检查指导工作。因为他在团省委工作时是我们的老领导，十分关心基层工作，于是我就利用晚上去看望他。我知道他的桥牌技艺精湛，当时就提出向他学习打桥牌的要求，他欣然应允。我当即组织了两个队，进行了一次小型的桥牌对抗赛。在牌局中，他平易近人、非常谦虚，没有一点盛气凌人的架子。就是在同伴配合出错时，他也没有任何指责，而是循循善诱，予以鼓励。他的这种谦逊大度使来参加打牌的人都由衷敬佩，那晚大家都深感其乐融融。李宏塔退休后，曾在2017年和2018年连续两年组织来我县举行安徽省桥牌邀请赛，我还与他多次在华东六省一市桥牌邀请赛上相遇。窥一斑可知全豹。从对桥牌的喜爱和在牌局中显现的道德修养，就可以看出他是一个严格要求自己、没有不良嗜好、亲民爱民、严于律己、正直坦诚的好干部，体现了红色基因的传承。"

赵素静十分欣赏李宏塔炉火纯青的桥牌技艺和乐观向上的生活情趣，虽然她不会打桥牌，然而却是一个"掼蛋"高手。凡是和李宏塔一起

第九章　笙磬同音福瑞至，守常家风有人传

李宏塔在桥牌竞技场上

275

到外地，只要有闲暇时间，赵素静就会拖着李宏塔参加几轮扑克牌的"掼蛋"，而且常常是与李宏塔打对家。

"掼蛋"起源于江苏省淮安市，是由地方的扑克牌局"跑得快"和"八十分"发展演化而来。2017年4月，国家体育总局棋牌运动管理中心正式对外发布《淮安掼蛋竞赛规则》，使这项纸牌游戏的竞赛活动有了国家级的统一规则。赵素静与李宏塔在掼蛋牌局中牌技珠联璧合，他们严守规则，配合默契，得胜双赢的机会不少。有时李宏塔在组合中处于赵素静的下家，赵素静如抓到一手好牌，对这位下家也绝没有侥幸心理和好人主义，毫不犹豫地将"炸弹"接二连三地投放，直到大获全胜。每到此时，李宏塔就笑着说赵素静是"掼蛋打得好，说明有头脑"，大家在会心的笑声中继续对抗。

2021年7月23日是中国共产党第一次全国代表大会召开100周年纪念日，这一天，安徽电视台专访了李宏塔和陈独秀的孙女陈长璞，请他们以孙辈和党员的双重身份回溯历史，解读中国共产党两位主要创始人的家国情怀，从百年党史中感悟建党精神，践行初心使命，汲取奋进力量。在这次专访过程中，李宏塔动情地说道："我们有党的好传统、好作风，最主要就是我们能够紧紧地依靠人民群众。在战争年代，我们很多工作能不能做好，就看你能不能团结群众。现在还是要不断进行传统教育，我们自己有些好东西不能丢，群众观念是不能忘的。我逐步从工人到机关，由一般干部到领导干部，始终要求自己做到敢担当、善作为，时刻牢记父母亲的教诲，干干净净做事、明明白白做人。"

"桃红李白皆夸好，须得垂杨相发挥。"李宏塔和赵素静退休后，二人依然各自忙碌着：李宏塔穿梭于中华慈善总会、中国预防性病艾滋病基金会、安徽省桥牌协会、安徽省集邮协会、上海大学及一部分省内外单位邀请的活动中。他也仍旧坚持力所能及的体育运动，每天早起后快速步行一万步以上，风雨无阻、坚持不停。他怕运动量不够，又给自己增加了每天一个小时的书法练习，动静结合、美在其中。赵素静则在把家庭生活安排得井井有条的同时，仍然保持着对戏曲尤其是黄梅戏的爱好，时常在

第九章　笙磬同音福瑞至，守常家风有人传

李宏塔夫妇难得逛公园时留下的纪念照

电视节目中收看。他们退休后仍然互帮互谅，家庭生活是平静幸福的，这为他们参加力所能及的社会活动起到了充电蓄能的作用。正像培根所说："无论国王还是农夫，家庭和睦是最幸福的。"2022年1月12日，李宏塔入选年度安徽省"十大新闻人物"，1月21日，又被评为"心动安徽最美人物"，为他原本丰富多彩的退休生活锦上添花。

几年前，赵素静因做甲状腺肿瘤切除手术而不能大声说话，好在夫妻二人的长期相处凤协鸾和，在家务操持中，赵素静一个手势、一声轻唤，李宏塔马上就能心领神会、配合到位。凡是李宏塔需去往外地参加活动，赵素静总是陪伴左右。她每天给李宏塔准备好治疗高血压的药物，督促他按时按量服用。如看到李宏塔过于劳累，她就及时协调主办单位领导减少活动安排并提醒他要早休息。李宏塔和赵素静深知，夫妻关系是家庭关系的核心，家之兴替不在于富贵贫贱，而在于家人的和睦互敬、安常处顺，在于夫妻共同营造一个宁静淡雅、节俭朴素、充满温馨、琴瑟和谐的家庭氛围。愿得一心人，白首不相离。几十年来，他们二人就是这样携手并立在人生之舟的船头，以众人盛赞的恭德慎行，平稳驶向更加光明的未来。

三、自有后来人

孔子说："与善人居，如入芝兰之室，久而不闻其香，即与之化矣。"李柔刚虽然是独生子，但是李宏塔赵素静夫妇对他从来不娇惯，他们以自己的言谈举止对儿子形成了潜移默化的影响，使他从小就养成了简朴、勤勉、独立、刚毅、谦和、善良的性格。

1996年，李柔刚从合肥八中高中毕业。他在这一年的高考中，以优异的成绩考入了中国人民解放军电子工程学院，成为这所军校一名学、硕、博连读的学生。

中国人民解放军电子工程学院建立于1979年，是一所为全军培养信息战人才的高等军事院校。2017年，这所学院与其他四所军事院校合并进入中国人民解放军国防科技大学,更名为国防科技大学电子对抗学院。学院位于合肥市蜀山区,校园地势起伏有致,常年绿树繁花,假山、亭榭、喷泉、人工湖点缀其间,环境十分优美。学院教学、生活设施良好,管理严格正规,师资力量雄厚,科研成果丰硕,为全国重点院校。到校报到办理入学手续后,李柔刚穿上了军装,成为一名像祖父、祖母和父亲一样光荣的共和国军人。可能是受祖辈父辈具有的军人情结影响,李柔刚在很短的时间里就适应了军事院校的管理规定,使自己的言行都能符合中国人民解放军内务条令、纪律条令、队列条令的规范。

学海无涯苦作舟。李柔刚在大学的学习中是手不释卷、专心致志的,而在大学的日常活动中他又是活泼矫健、生气勃勃的。每天,按照课程表规定,他的身影不仅出现在信息化教学大楼和图书馆,还出现在田径跑道、篮球场、游泳池。他时常用曾祖父的教诲鞭策自己:"凡事都要脚踏实地地去作,不驰于空想,不骛于虚声,而惟以求真的态度作踏实的工夫。以此态度求学,则真理可明。以此态度作事,则功业可就。"

学问勤中得,萤窗万卷书。经过入学两年的认真磨炼、刻苦学习,李柔刚已成长为一个军政素质高、品学兼优的军事院校大学生。1998年10月,正在读大三的李柔刚光荣地加入了中国共产党。在鲜红的党旗下,他与其他几名新党员一同举起右拳,郑重宣誓……

李柔刚回忆说:"时隔这么多年,具体的情形已经记不清了,只记得宣读到最后八个字'牺牲一切、永不叛党'时,心里突然为之一震。""牺牲一切、永不叛党"——这不正是曾祖父母、祖父母和父母亲他们一生的写照吗?

2000年,本科毕业、取得了学士学位的李柔刚,继续在母校开始了为期六年攻读硕士、博士学位的艰苦学习,他的导师是邵国培教授。邵国培是我国著名军事运筹学与军事系统工程专家,他是解放军电子工程学院原院长、博士生导师、教授,少将军衔,兼任中国系统工程学会副会长、中国军事运筹学学会常务理事,是第十届、第十一届全国政协委员,享受国务院特殊津贴。

梅花香自苦寒来。邵国培1964年在安徽省阜阳一中以优异成绩考入北京大学数学力学系,"文化大革命"中毕业后被分到阜阳地区的利辛县(今属亳州市)一中担任教师,他在这个贫困县的中学一干就是八年。1978年,邵国培以优异成绩考取了自己的母校北京大学数学系,1981年毕业,取得理学硕士学位。这一年,已经34岁的他穿上了军装,到解放军电子工程学院任教。任教期间,邵国培曾两度赴苏联和俄罗斯作访问学者。

"令公桃李满天下,何用堂前更种花。"邵国培博览群书、才贯二酉、儒雅可敬、平易近人,他在科研工作中严谨缜密、一丝不苟,在演讲时睿智幽默、谈笑风生,在授课时旁征博引、深入浅出,给师生们留下了深刻印象。2004年春,《黄埔》杂志记者与他预约前来学校采访,他细心而谦和地询问接受采访时是穿便装还是军装,尊重他人的素质修养由此可见一斑。

六年中,邵国培教授为人师表、言传身教。李柔刚亲受其炙,不仅打下了扎实的专业基础,还学到了许多书本上没有的知识,更使他进一步明确了作为一名共和国军人的光荣使命。

2006年,李柔刚以优异的成绩取得博士学位,并留在母校担任了教师,开始了他传道、授业、解惑的职业生涯。

2008年5月,李柔刚与年轻的中学数学教师陈怡举行了简朴的婚礼,他们组成了一个幸福的小家庭。陈怡现在在合肥市四十八中担任数学教师,她与李柔刚分别站在中学、大学的三尺讲台,以诲人不倦的精神对青少年进行着培养教育。

在十多年独立的家庭生活中,李柔刚经常用曾祖父李大钊论述夫妻关系的一段名言规范自己:"两性相爱,是人生最重要的部分。应该保持他的自由、神圣、纯洁、崇高,不可强制他,侮辱他,屈抑他,使他在人间社会丧失了优美的价值。"

李柔刚和陈怡都是事业心很强的年轻人,他们婚后的时光如秋月春风,是美满幸福的。但他们都没有因情丧志,仍然在各自的教育工作岗位上困知勉行、继往开来。二人共同的理想信念和职业道德凝结、升华为爱

第九章 笙磬同音福瑞至,守常家风有人传

李柔刚、陈怡合影于俄罗斯

情的合力,倏然化为创造光辉未来的抛物线,描画着他们绚丽的事业和生活。

2009年12月29日,李柔刚和陈怡的女儿出生了,他们给爱女起名李思芓。李宏塔和赵素静对孙女视为掌上明珠,十分疼爱。李柔刚夫妇差不多每周都要带着孩子来看望爷爷奶奶,全家三代人在一起欢度周末,其乐融融。

2022年9月的新学年,在合肥市四十八中上学的李思芓成为一名初中二年级的学生,她勤奋好学、知书达理、娴静文雅。每次来到爷爷家,她总要凝视着高祖父李大钊的塑像,静静地思考一番。有时,她对爷爷奶奶说:你们给我讲讲高祖父和曾祖父曾祖母的故事吧!听了这些感天动地、气冲霄汉的故事,李思芓总是热泪盈眶、心潮澎湃。她开始理解了:有了祖辈们"日月经天,江河行地"的艰苦奋斗,才有了我们今天的一切。

李柔刚在教学岗位上的优秀表现,让慧眼识人的邵国培看在眼里喜在心头。在一次同李柔刚谈心时,邵国培对他说:北京大学是我的母校,也是你的曾祖父工作过、战斗过的地方;我曾两次去苏联及俄罗斯学习,知道李大钊也曾在苏联访问和工作。我们与俄罗斯有关高校有互访培训计划,建议你有机会去学习一下。李柔刚知道"读书万卷经文饱,不及江湖万里行"的道理,他感谢恩师的指点。

2010年秋天,李柔刚在学院领导的关心下,被组织选派到俄罗斯军事通信学院学习。

俄罗斯军事通信学院坐落在圣彼得堡市区,成立于1919年,是俄罗斯军队通信兵最高学府。李柔刚虽然已是博士学位,但他仍十分珍惜这次学习机会,不矜不伐,虚心求教,学习成果竿头日上,受到俄方导师和中俄同学们的好评。

在紧张的学习中,李柔刚没有忘记要追寻曾祖父在俄罗斯的足迹。

1924年,是共产国际成立的第五年。6月上旬,李大钊率中共代表团一行六人到达莫斯科,出席6月17日至7月8日召开的共产国际第五次代表大会。会后,他留在莫斯科任中共驻共产国际代表,一直工作到11月才

第九章　笙磬同音福瑞至，守常家风有人传

读初中时的李思芋

奉命回国。这期间，李大钊在莫斯科、列宁格勒（今圣彼得堡）等多处访问，应多方邀请作报告、演讲，留下了截至目前可知的10余篇重要文献。

圣彼得堡是俄罗斯西北地区的中心城市，也是俄罗斯的第二大城市，又被称为俄罗斯的"北方首都"。它始建于1703年，1712年至1918年间曾是俄国的首都，市中心的冬宫是当时沙皇的皇宫。1917年，随着涅瓦河上阿芙乐尔号巡洋舰的一声炮响，列宁领导的十月革命在这里获得成功，从此开创了一个全新的时代。

在俄罗斯的第一个假日，李柔刚没有去车水马龙的涅瓦大街，也没有去金碧辉煌的斯莫尔尼宫和号称"喷泉之都"的夏宫，他乘上学院旁的地铁，来到了冬宫。始建于1754年的冬宫面向涅瓦河，坐落在圣彼得堡宫殿广场上，是圣彼得堡的标志性建筑。李柔刚边回忆着历史书上对十月革命的叙述，边认真参观了建筑面积达4.6万平方米的冬宫。在曾被参加十月革命的军队冲开的冬宫大门旁，他驻足良久。

出了冬宫，李柔刚站在涅瓦河畔远眺现已作为参观景点的阿芙乐尔号巡洋舰，心潮如奔腾不息的涅瓦河水，久久不能平静。他想道：1917年11月7日，列宁领导的布尔什维克党武装力量向临时政府所在地冬宫发起总攻，推翻了临时政府，建立了苏维埃政权。十月革命的胜利将无产阶级革命的理论变为现实，它是人类历史上第一次胜利的社会主义革命，建立了第一个无产阶级领导的社会主义国家，开创了人类历史的新纪元，它为世界各国无产阶级革命、殖民地和半殖民地的民族解放运动开辟了胜利前进的道路。正是通过积极宣传十月革命，才使曾祖父李大钊的思想认识迅速提高，从一个爱国的民主主义者转变为一个马克思主义者，成为中国共产党的主要创始人之一。

在浩浩荡荡的历史长河中，中国共产党是人民的选择，更是历史的选择。"昨日因成今日果，前人栽树后人凉。"在涅瓦河畔的李柔刚思接百年，回顾世事沧桑，面对未来前程，再一次感受到自己肩上的担子更重了。

志不求易者成，事不避难者进。2013年，在俄罗斯军事通信学院三年紧张的学习结束，李柔刚取得了学院颁发的硕士学位，学成而归。

第九章　笙馨同音福瑞至，守常家风有人传

李柔刚在俄罗斯

从俄罗斯回国后，李柔刚在军校的三尺讲台上学为人师，以其博览群书、钻坚仰高、治学严谨、为人谦逊的品格，在师生中广受赞扬。2017年，他升任副教授，被任命为电子对抗学院某教研室主任，授予大校军衔。

此生无悔披铁甲。如今的李柔刚，已经从那个在树荫下听爷爷讲述革命故事的少年，成长为一名英姿勃发的军校教师。担任教研室主任的他，一面辛勤教书育人，一面用行动感染、带动身边的同事们，践行着共产党人的初心。

2019年5月，在纪念"五四运动"100周年的活动中，一些兄弟单位邀请李柔刚做党史学习辅导。接到邀请，他认为这是自己应尽的义务，于是欣然应允并开始精心备课。他查阅了大量史料，作了详细的笔记，还专门向从事过共青团工作的父亲李宏塔请教。在备课过程中，他仿佛看到100年前爱国热情激荡在中国大地，曾祖父李大钊作为"五四"运动的领导人，始终和爱国青年学生们站在一起，共同战斗，用他们惊天动地的勇气铸就了"爱国、进步、民主、科学"的"五四"精神。五四运动爆发于民族危难之际，是一次自觉发动的爱国运动，它点燃了救国救民、振兴中华的希望火炬，促进了马克思主义理论在中国的广泛传播，为中国共产党的成立在思想上和干部上做了准备，成为中国旧民主主义革命走向新民主主义革命的转折点，在近代以来中华民族追求民族独立和人民幸福的历史进程中具有里程碑意义。李柔刚感到，备课的过程，也是自己对五四运动的认识进一步升华的过程。他被革命先驱们不屈不挠的斗争精神深深地感动着、激励着，他怀着对革命先驱们的崇敬之情走上讲台认真授课，受到大家热烈欢迎。当主办单位要付给李柔刚课时费时，他一口谢绝。他说："作为革命后代，我有责任让更多人了解这段历史，讲无产阶级的奋斗精神，如果还用'课时费'去交换，就违背初心了。"

小时候，李柔刚对曾祖父李大钊最初的印象，就是爷爷家和自己家都挂着的李大钊写的那副对联"铁肩担道义，妙手著文章"，其他多是家人的只言片语。上中学后，通过历史课堂、书本和媒体，他才逐渐了解到曾祖父更多的事迹，对曾祖父的认知也逐渐清晰透彻起来。尤其是在2021

年观看了央视播放的电视剧《觉醒年代》之后，不惑之年的李柔刚心绪难平。曾祖父为了党的事业勇于牺牲，可谓"浩气还太虚，丹心照千古"，他的形象既远又近：远到他的生命早早定格于山河破碎、风雨飘摇的年代，斯人已逝，故迹难觅；近到透过荧屏，自己仿佛伴随着曾祖父重新走过了那个呼唤人们觉醒的年代。李大钊始终把自己的学识与拯救国家危亡、民族命运紧紧联系在一起，正是这强烈的爱国为民之心，促使他奋不顾身、英勇战斗。身为军人和大学教师的李柔刚砥志研思地回顾曾祖父的人生轨迹，他说："我时常在想，究竟是什么在支撑曾祖父，让他为中国革命事业奉献了青春乃至生命。直到有一天，我无意中读到曾祖父的绝笔《狱中自述》，才最终找到了答案。"他终于读懂了曾祖父所处的时代，也读懂了曾祖父那一代人坚定不移的选择。

比起只能在文字、影像中"接触"的曾祖父，爷爷李葆华的形象在李柔刚的脑海中要饱满许多。上中小学时，只要一放假，李柔刚就到北京看望爷爷奶奶。爷爷很喜欢聪明伶俐、勤奋好学的李柔刚，他耐心地教李柔刚下围棋，从"星位""天元"这些基本概念讲起。李柔刚很快就掌握了下围棋的要领，开始与爷爷对弈。"对面不相见，用心如用兵"，爷孙俩的围棋之战经常难分难解，甚至忘了吃饭。爷爷有时给李柔刚讲一些革命故事，由于年幼懵懂，对故事中的历史人物和事件，李柔刚只是出于好奇地聆听，许多情节已逐渐淡忘，但地下组织的共产党员们在重重险境下忘我工作战斗的细节，却令他永远铭记于心。

在和爷爷二十余载的人生交集过程中，爷爷给李柔刚留下了白发朱颜、慈祥和蔼、话语不多、极为简朴的深刻印象。他从未感觉到革命时期出生入死、新中国成立后又为国家建设作出突出贡献的爷爷与其他老人有什么不同。大多数时间，爷爷留给他的不是散步不停的运动形象，就是在小院子里抱瓮灌园、侍弄花草的背影。李柔刚回忆说："爷爷十分关心下一代的健康成长，每当接到大、中、小学邀请他参加活动，只要他有时间就一定参加。我工作后，每次出差北京到家里看望他时，他都要问我一些有关工作和生活上的情况，思路特别清晰。"

李柔刚和爷爷奶奶在一起

1920年，北京大学校园内，李大钊与一批具有进步思想的青年知识分子，组建了中国第一个马克思学说研究会，发起成立了共产党早期组织。100年后的2020年夏天，合肥地区发生洪汛，一直关注民生疾苦的李柔刚面对洪灾挺身而出，从大学校园赶到了抗洪救灾第一线。他与曾祖父虽然是在两个时代、两个战场，但却跨越百年遥相呼应，承担着相同使命。

2020年7月中下旬，合肥市暴雨成灾，持续的高水位给巢湖安全度汛带来了巨大挑战。位于肥西县三河镇的五合村居民安置点东临巢湖，南边、西边和北边已经被逐渐上涨的洪水围困。汛情就是命令，为了确保安置点不进水，国防科技大学电子对抗学院按照省市防汛部门要求，准备组织抗洪抢险突击队紧急驰援。李柔刚积极响应院党委号召，向党组织递交了一份《请战书》：

尊敬的党组织：

　　当前，合肥地区汛情严峻，受灾人民处于危急时刻。作为共产党员，我迫切渴望同战友们一起奔赴前线参与抗洪抢险，继承革命传统，践行初心使命，不负组织嘱托。

　　恳请组织批准！

请战人：李柔刚

7月27日上午，在学院南门广场，李柔刚与100多名战友一同登上军车，奔赴抗洪抢险一线。参与这次任务的突击队成员是大四的学员，他们都很年轻。李柔刚虽然已是年逾四十，但他视自己为普通一兵，在抗洪大堤上当仁不让，不顾浑身的泥水和汗水，冲在先，干在前，与小伙子们一起奋力装、运沙袋、构筑子堤，终于战胜洪水。

李柔刚就是这样用一个又一个行动接过曾祖父传下来的革命接力棒，践行党的宗旨，兑现了自己在党旗下的铿锵誓言。

赵素静看到李柔刚一步步地成熟起来，作为母亲，她感到欣慰。她很感谢党组织和部队对自己儿子的教育培养。谈到儿子，熟谙戏曲的赵素静用《红灯记》中李玉和的唱词赞扬道:"我家红灯有人传!"

家风对一个人成长的影响不可低估,有什么样的家风,就有什么样的精神状态、价值追求。"一家仁,一国兴仁;一家让,一国兴让。"李大钊清廉家风薪火相传、后继有人,李宏塔功若丘山。在全社会倡导好家风,可以起到正作风、塑政风、兴党风、带民风的积极作用。好家风成就好家庭,好家庭培育好子女,好子女建设好社会。我们相信,李宏塔义无反顾身体力行的艰苦朴素、清正廉洁、以严治家的坚定信念和优良作风,定会在中华大地上家传户诵、代代相传。

附录：李宏塔年表

1949年5月9日	出生于北平市。
1956年9月	进入北京市实验小学就读。
1961年9月	转入上海市高安路小学六年级。
1962年9月	升入上海市第五十四中学就读。
1963年9月	转入安徽省合肥一中就读。
1965年8月	入伍,到中国人民解放军6315部队,战士。
1966年4月	在部队加入中国共产主义青年团。
1969年3月	退伍,入职合肥化工厂氯碱车间,工人。
1973年9月	入合肥工业大学电机系发配电专业学习,学生。
1976年7月	大学毕业回合肥化工厂,技术员。
1977年10月1日	与赵素静结为夫妻。
1978年4月	在合肥化工厂加入中国共产党。
1978年9月	任共青团合肥市委副书记。
1978年10月16日至26日	出席中国共产主义青年团第十次全国代表大会并当选为共青团第十届中央委员会委员。
1978年12月12日	儿子出生于合肥,父亲李葆华为其起名:李柔刚。
1980年4月	任合肥团市委书记、中共合肥团市委党组书记。
1981年1月	任中共合肥市委常委、合肥团市委书记、中共合肥团市委党组书记。
1983年10月	任安徽团省委副书记、党组成员。

1983年10月29日	参加中共中央在北京举行的李大钊烈士陵园落成典礼。
1983年12月16日	在安徽省青年联合会第五届一次会议上当选安徽省青联副主席。
1984年3月8日	兼任安徽省高职校招生委员会副主任。
1986年3月至9月	任安徽省农村工作队驻泗县工作队队长。
1987年6月	任安徽省民政厅副厅长、党组成员。
1993年3月	任安徽省民政厅副厅长、党组副书记。
1998年4月	任安徽省民政厅厅长、党组书记。
2001年9月	参加中央党校进修部第37期进修班学习。
2004年1月8日	荣获全国拥军模范等称号。
2004年12月3日	当选安徽省志愿者协会首任会长。
2005年7月3日	在《中国纪检监察报》登载的长篇通讯《在李大钊革命家风沐浴下》中受到关注和报道。
2008年1月30日	在安徽省政协十届一次全体会议上当选为政协副主席,同时担任省政协党组成员。
2008年起	先后担任第十一届、第十二届全国政协委员。
2009年5月	当选安徽省集邮协会会长。
2010年5月	当选安徽省桥牌协会会长。
2013年6月	任中华慈善总会副会长。
2018年8月	退休。
2019年3月	担任中华慈善总会顾问。
2021年6月29日	荣获"七一勋章"。
2021年7月1日	受邀登上天安门城楼参加建党100周年庆祝大会。
2021年7月14日	专程到河北省乐亭县将荣获的"七一勋章"捐赠给李大钊纪念馆。
2021年8月	担任中国预防性病艾滋病基金会顾问。

2021年11月	被聘为上海大学董事会名誉校董。
2022年1月12日	入选2021年度安徽"十大新闻人物"。
2022年1月21日	被评为"心动安徽最美人物"。
2022年10月16日	参加中国共产党第二十次全国代表大会。
2022年10月23日	在北京以视频发言方式参加上海大学建校100周年纪念大会。

后　记

在李宏塔、赵素静夫妇及他们的爱子李柔刚的倾力支持帮助下，我们终于完成了本书的撰写工作。

进入新时代，在"两个一百年"奋斗目标历史交汇的重大时刻，中国共产党领导人民进行伟大的社会革命，涵盖领域的广泛性、触及利益格局调整的深刻性、涉及矛盾和问题的尖锐性、突破体制机制障碍的艰巨性、进行伟大斗争形势的复杂性，都是前所未有的。党面临的"四大考验""四种危险"将长期存在，前进道路上随时可能遇到难以想象的狂风暴雨甚至惊涛骇浪。展望新征程新任务，任重道远。要永葆党的先进纯洁和强大生命力，在坚持从严治党不动摇的同时，也需要把优秀的共产党员树立为榜样，让全体党员尤其是党员领导干部向他们学习。

榜样的力量是无穷的。面对奔腾不息的历史长河与人流如潮的纷繁社会，我们选择为李宏塔人物传记并非偶然。

2022年10月，著名社会学家邓伟志教授向我们建议：应该写写李大钊这个令人肃然起敬的大家庭中的李宏塔。

邓先生的建议如醍醐灌顶。40年前，在安徽省共青团岗位上工作的李宏塔就是我们的老领导，那时的他就给团干部们留下了平易近人、艰苦朴素、求真务实、身先士卒的深刻印象。30多年中，不论何时何地，李宏塔始终如一地初心不改，坚定"不私而天下自公"的信念，做到廉洁从政、两袖清风。2021年建党100周年之际，李宏塔荣获象征党内最高荣誉的"七一勋章"。可见，李宏塔的事迹和精神是该写该颂、能学能做、可追可及的。

后　记

李宏塔见多识广、阅历丰富,社会公众早已对他好评如潮,对他的报道溢于各类媒体,似乎没有留白,再写什么呢?

习近平总书记在党的二十大报告中指出:"全面建设社会主义现代化国家、全面推进中华民族伟大复兴,关键在党。""全党必须牢记,全面从严治党永远在路上,党的自我革命永远在路上,决不能有松劲歇脚、疲劳厌战的情绪,必须持之以恒推进全面从严治党,深入推进新时代党的建设新的伟大工程,以党的自我革命引领社会革命。"这一重要要求,充分体现了时刻保持解决我们这样一个大党独有难题的清醒和坚定,充分展示了以伟大自我革命引领伟大社会革命的坚定意志和决心,充分把握了全面从严治党就必须补足精神之"钙"、铸牢思想之"魂"这一要害。

坚持自我革命,是确保党不变质、不变色、不变味,确保中国共产党跳出治乱兴衰历史周期律的重要举措,它深化了对建设什么样的长期执政的马克思主义政党、怎样建设长期执政的马克思主义政党的规律性认识。

坚持自我革命,首先就是要求每个党员在家庭生活中保持共产党人的高尚品格和廉洁操守,涵养新时代共产党人的良好家风,形成天下为公的家国情怀。

古人说:"慎独者,慎其闲居之所为。"我们多次聆听过李宏塔《李大钊清廉家风代代传》的报告,他们三代人一个个感人肺腑的廉洁故事令人沦肌浃骨、难以忘怀。从这些故事中可以看到,家风与党风、政风的关系密不可分。家风关系党风,连着政风,影响民风。

于是,我们决定以清廉家风的传承为写作主线,把李大钊、李葆华、李宏塔、李柔刚四代人在家庭生活中食淡衣粗、以俭修身、以苦励志、以廉养心,以及他们在为事业奋斗中为公为民、克己奉公、乐善好施的故事付诸笔端,昭示读者。

怎么写,是我们动笔前反复思考和讨论的主题。

我们认为,沿着写作主线展开时,要把握住"走近"的含义不仅仅是走近李宏塔个人,纵向上是走近他们一家四代一百多年的历史脉络,横向上是走近李宏塔的战友、同学、同事、朋友,以及和他广泛结交、全力相助的基层群众。通过一件件真实的事件，以求在纵横多个交汇点上显现出李宏塔一以贯之修身齐家、服务于民、体恤于民、造福于民，内不愧心、外不负俗的原因和表现。解读李宏塔"视孤寡老人为父母、视孤残儿童为子女、视民政对象为亲人"的高尚情怀，是如何在正身立德的过程中升华起来的，是如何由李大钊、李葆华一代一代传承下来的。希望这些故事能对广大共产党员从思想上固本培元，提高党性觉悟，树立正确价值追求，增强拒腐防变能力，涵养"富贵不能淫、贫贱不能移、威武不能屈"的浩然正气产生积极的推动作用。

在沿着写作主线展开时，我们力求对故事抓大不放小。古人云："合抱之木，生于毫末；九层之台，起于垒土"，"不以一毫私意自蔽，不以一毫私欲自累"。走上社会后，李宏塔是从部队的普通一兵逐渐成长起来的，也是通过做一件件小事逐渐成长起来的。在部队跳入河中为老乡推船、在工厂奋不顾身冲向氯气泄露的车间抢险……身居领导岗位后，他在做大事的同时仍然坚持慎独慎微、不因善小而不为，如拿出自己的工资救济受灾的老乡、帮素不相识的清洁工人抬垃圾箱……窥一斑而见全豹，这些小事，最直接、最深刻、最生动地体现了李宏塔的政治品格、精神风采和作风操守，蕴藏着深厚的真理力量、实践力量、人格力量。同时，也启发我们，加强新时代廉洁文化建设，弘扬党的光荣传统和优良作风，全面推进党的自我净化、自我完善、自我革新、自我提高，绝不能忽视从小事做起。只有从小事做起，持之以恒，才能成为"一个高尚的人，一个纯粹的人，一个有道德的人，一个脱离了低级趣味的人，一个有益于人民的人"。

写作的过程，是我们认真、系统、全面地向李宏塔学习的过程，也是我们重温中国共产党奋斗历史，向李大钊等革命前辈致敬的过程。在此，首先要感谢李宏塔夫妇及其子李柔刚对我们的信任、支持及不厌其烦的指导、帮助。

在写作过程中，除了整理、鉴别和选择参考书籍、报刊和网络上的资料外，我们还根据线索，用当面访谈或电话、微信访谈的方式，向在北京、辽宁、河北、安徽、广东、上海等地许多认识或原来不认识的朋友们进行了采访或征求修改意见，得到了他们热情的支持和帮助，使李宏塔的故事更全面、更生动、更感人。在此，我们要向北京的段若鹏、高飞、牛亚巍、郑念、高波、金宜、刘珊，辽宁的王殿波，河北李大钊纪念馆的李敏、刘晓艳、王晶晶、左婷、赵书明、甄珍、安君欢，安徽的汤健、董鸿宾、王守权、李友贵、高进、陆军、高宝林、聂万健、汤锡川、丁磊、丁利武、朱建平、高蓓、郭霄珍、王宜城、程群、毕家祯、李大进、白冠军、刘英、古亚伟、欧阳刚、刘宇锋、陈勇、武晶晶、李子涵，广东的朱玉萍、郑宏杰、李梅，上海的崔亚东、胡荣鑫、董宏业、桂泽发、倪代川、谢德连、于国颖、谢庆生、金建国、黄皖庆、杨力敏、罗玉迎、王中伟、蔡六零、陆金云、朱健、陈列、蔡念睿、朱亚云、董婉芳、朱菊花、冯永仙、潘虹、曹晴艳、任培文、罗召光、倪修龙、龚哲、关懿栜等同志表示感谢！

在本书的写作、出版过程中，得到了上海大学党委成旦红书记、刘昌胜校长、欧阳华副书记等领导的关心和支持，上海大学对外联络处陈然、杨静、黄浩，马克思主义学院王国建、张高峰等老师不仅投入了大量时间和精力对写作进行指导，还为采访创造条件、提供方便，解除了我们的后顾之忧；中国李大钊研究会秘书长胡俊老师在书稿的立论上给予了有力的指导。在此一并向他们表示衷心的感谢！

书稿草就后，邓伟志先生进行了认真审阅，不仅对书稿提出了十分有益的修改建议，而且作了别具匠心的序文，为本书画龙点睛、增光添彩。上海大学出版社领导对本书的出版发行高度重视，傅玉芳总编和本书责任编辑陈强审稿虑周藻密、精益求精。在此也一并向他们深表感谢！

期望本书能为李大钊清廉家风传入万家、传承万世作出贡献。

胡开建　叶　庆
2023 年 3 月 30 日